荣获 2011 年度出版行业优秀畅销书奖

科技文献检索与利用

（第 5 版）

王立诚　主　编

东南大学出版社
SOUTHEAST UNIVERSITY PRESS
·南京·

内容提要

本书在第4版的基础上，结合近几年人才培养的需要及各类型数据库的发展和变化情况，对有关数据库的利用进行了补充和更新，并新增了“相关学科专业适用数据库应用参考”、“专题信息检索与利用”和“图书馆服务实用指南”三个章节。全书系统地阐述了科技文献检索与利用的基本原理和基础知识，介绍了国内外主要科技文献检索工具及其使用方法，结合学生在校学习期间以及今后走向工作岗位获取文献的需要，按文献出版类型分别介绍了获取的方法和途径，旨在培养学生自学和科研能力，同时帮助大学生拓展适应社会发展的能力。本书不仅可作为高等院校有关专业教材，还可供图书情报工作者、科技工作者和信息管理人员使用。

图书在版编目(CIP)数据

科技文献检索与利用／王立诚主编. —5版. —南京：东南大学出版社，2014.4（2020.1重印）

ISBN 978-7-5641-4799-0

Ⅰ.①科… Ⅱ.①王… Ⅲ.①科技情报—情报检索—高等学校—教材 Ⅳ.①G252.7

中国版本图书馆CIP数据核字（2014）第053530号

科技文献检索与利用（第5版）

主　　编　王立诚
责任编辑　张　煦

出版发行　东南大学出版社
社　　址　江苏省南京市四牌楼2号（邮编　210096）
出 版 人　江建中
经　　销　全国各地新华书店
印　　刷　南京京新印刷有限公司
版　　次　2014年4月第5版　　2020年1月第6次印刷
书　　号　ISBN　978-7-5641-4799-0
开　　本　700 mm × 1 000 mm　1/16
印　　张　16.25
字　　数　337千
定　　价　32.80元

第5版前言

《科技文献检索与利用》第4版出版4年来，大学生对信息需求发生了变化，同时电子文献收录内容和检索方法也有了变化；为适应人才培养需要，现在第4版基础上，对全书进行再次修订。第5版在保持第4版原有特色的基础上，对全书章节进行了较大的增加，增加了“相关学科专业适用数据库应用参考”、“专题信息检索与利用”和“图书馆服务实用指南”等三个章节。

培养学生掌握科技文献检索方法和技能，提高学生自学能力和科研能力，是高等学校教学中的一项重要任务。本书自1998年出版以来，至今先后再版4次，这次再版，认真总结了这4年来教学过程中的经验，吸收有关专家的建议；结合大学生对信息全方位的需求，我们不仅要培养学生自学能力和科研能力，同时要培养学生适应社会发展需求的应对能力。第5版在保持第4版按文献出版类型分别介绍获取的方法和途径外，增加了四六级考试信息、考研信息、公务员考试信息、出国留学信息和就业信息的获取与利用，增加了图书馆服务实用指南等内容；并结合计算机检索发展，对部分数据库的调整和变化情况进行了修订介绍，使新版更科学、更实用。第5版共分十三章，由王立诚同志对4版进行了再版修订，并执笔撰写了新增加的三章内容。

本书再版修订过程中，东南大学出版社张煦副编审对本书的修订和增加的三章内容提出了宝贵建议，并对本书修订出版提供了大力支持和帮助；同时本书修订中参考了大量国内外文献资料，许多作者的研究成果为我们提供了丰富的素材。在此，一并表示感谢！

编　者

2014年1月2日

目　录

第一章 绪 论

第一节 科技文献检索的意义

科技文献检索是指对文献资料的查找与获得。检，即查找；索，即获得与索取。也就是说，检索者利用检索工具按照文献编排的特点，采取一定的途径、方法和步骤，将所需文献资料查找出来，并加以利用。

在科学技术飞速发展的今天，科技文献的数量、种类急剧增加，要从浩如烟海而又极其分散的文献中迅速、准确地查获自己所需要的文献资料，是何等困难。为了节省时间、少走弯路，就必须掌握打开知识宝库的钥匙——科技文献检索。

人们无论是学习、工作，还是进行科学研究，都离不开文献的检索与利用。具体说来，科技文献检索具有以下六个方面的意义。

一、有利于大学生信息素养的培育

信息素养又称信息素质、信息能力等，是指人们能够充分认识到何时需要信息，并有能力去获取、评价和有效利用所需信息的能力。我们已经处在一个被信息海洋淹没的现代信息社会中，信息资源越来越成为整个社会经济和社会活动的基本要素。为了适应信息社会的生存环境，信息素养成为与科学素养、人文素养并列的大学生素质修养的重要部分。

高等教育应主动肩负起培育具有较高信息素养的优秀人才的重任，这也是近年来国内外大学教育的一个重要趋势。首先，培育信息素养是提升高校教育水平的内在要求。信息社会需要的不是信息的简单传递者或使用者，而是具有较强信息意识和能够熟练运用现代信息技术手段，将大量支离破碎的信息与数据进行归纳与综合，使之条理化的有较高信息素养的人才。其次，培育信息素养是培养创新思维的现实需要。创新思维是信息活动中最重要的智力因素之一，它直接参与信息过程的具体操作，对培养每个人的科研能力、创新能力具有重要作用。同时，信息能力的核心是熟练使用计算机、网络和数字技术的实践能力，所以，培育信息素养的过程还是提高学生实践能力的过程。最后，培育信息素养是学生创业发展与终身学习的基本条件。在信息社会,信息素养不仅是人们自身生存的基础,更是人们适应信息社会和在高新科技产业快速发展的背景下创业发展与终身学习所必备的基本素质与基本条件。高等教育必须通过信息素养的培育使学生成为具有终身学习能力的人才。高校不断提高信息检索课的普及率,其目的就是为了逐步培养学生的信息意识和获取、分析、使用、创造信息的能力,即培育学生的信息素养。

二、有利于复合性、开拓性人才的培养

在高等教育中,对大学生来说,最主要的是自学、思维、表达和组织管理等方面能力的培养;对硕士生来说,在学习阶段中,主要是学会如何独立地从事研究工作,善于总结前人经验,在前人成就的基础上有所创新;对于一个博士生来说,主要是培养在总结前人经验的基础上,选择具有创造性的研究方向的能力,能够开辟新的研究领域。因此,为了跟上科学技术发展日新月异的步伐,适应社会发展需要,高等学校在给学生传授基本知识的同时,必须注重培养学生的自学能力和自主创新能力。

现代科学技术的发展日新月异,随着时间的推移,旧知识不断被新知识所代替。与此同时,科研成果从发明到推广应用的周期大大缩短,知识的有效期不断缩短。据估计,科技人员所具有的科技知识 12.5%是在大学获得的,87.5%是在工作岗位上学习积累的。另据估计,如果大学毕业后 5 年之内不补充新知识,原有知识的 50%便会陈旧失效。这表明,科技人员的知识绝大部分是在实践中学习积累的。如果能将学生从静态知识引向动态知识,使他们掌握一种获取新知识的方法和技能,随时补充、更新知识,就能适应科学技术和生产发展的需要。我们开设文献检索与利用课的目的,就是让学生具有较强的情报意识和主动觅取更深、更广、更新知识的技能,是培养学生自学和独立研究能力的一个重要环节,也是培养学生创新能力的有效途径之一。

三、有利于促进智力资源的开发利用,推动社会进步与发展

历代流传下来的和目前正在源源不断地涌现出来的文献,是一个巨大的知识宝库,是一种如同能源、材料等一样重要的智力资源,是一种极其宝贵的精神财富。后人只有在掌握前人所积累知识的基础上,利用这些理论作为指导,通过实践,才能不断更新知识,促进和推进社会历史的发展。

近年来,随着科学技术的迅猛发展,科技文献量成几何级数增长,与人们有限的阅读时间、利用能力形成尖锐矛盾,极大地妨碍了人们对科技文献资源的开发与利用,影响到科技文献资源对社会进步与发展所起作用的发挥。掌握科技文献检索的技能与方法,就能帮助人们根据自己的需要,从大量的科技文献中迅速查找到相关文献资源,并加以充分利用。

四、有利于帮助研究人员继承和借鉴前人的成果，避免重复研究和走弯路

整个科学技术史表明：积累、继承和借鉴前人的研究成果，是科技发展的重要前提。正如牛顿所说："假如我看得远一点，那是因为我站在巨人的肩膀上。"因此研究人员在开始着手研究一项课题前，必须利用科学的文献检索方法来了解这个课题是如何提出来的，前人在这方面做过什么工作，是如何做的，有何成果和经验、教训，还存在什么问题，以及相邻学科的发展对研究这项课题提供了哪些新的有利条件等与研究课题有关的科技信息。只有这样，才能正确制定研究方案，防止重复研究并少走弯路，使自己的研究能站在一个较高的起点上。

我国的文献检索工作相对发达国家而言还比较落后，重复研究的现象比较严重。一方面重复研究国外已有的技术，另一方面国内各机构之间相互重复研究及引进生产的现象也很严重，因此研究人员只有加强科技文献检索意识和能力的培养，才能彻底改变这种状况。

五、有利于节省研究人员查找文献的时间，提高科研效率

根据国内有关材料表明：研究人员花费在查资料上的时间是相当多的，一般占本人研究工作时间的1/2左右。如果能有完善的检索设施和周到的检索服务，将这部分时间减少到最低限度，无疑会节省研究人员大量时间，使科技人员把主要精力和时间用于构思和研究上，那就等于增加或延长了科研人员的寿命。这是发展科学技术的一项巨大潜力。我们开设文献检索课的目的之一，就是要有效缩短科技人员搜集大量文献资料的时间，进而缩短科研周期，达到多出成果、快出成果、提高科研效率的目的。要掌握独立吸收和运用文献信息的技能，必须同时具有三个方面的知识，即外语知识、专业知识和文献检索知识。如果仅仅具备一定的外语知识和学科专业知识，而没有一定的文献检索与利用知识，就会面对汪洋大海般的科技文献陷入找不到、读不完的困境，就不能有效地利用文献信息资料，以调整知识结构，解决实际问题。因此，在高校中开设"科技文献检索与利用"课，有目的地培养学生文献信息获取能力，使其具备自我知识更新和获取最新信息的能力，其意义是十分重大的。

六、有利于为决策提供科学依据

虽然科技信息本身不能确保决策正确无误，但它是决策的基础。一个国家、地区或组织要发展什么，限制什么，引进什么，都需要有准确、可靠和及时的科技信息作依据，才能作出正确的决策。20世纪70年代末，荷兰飞利浦公司推出数码激光唱片，这项突破性的音响技术吸引了欧美大公司纷纷投入巨资设厂生产。日本在得知

这条信息后,经过细致研究分析,作出了不放弃原已占领的磁带市场的决策。他们悄悄地研制出效果更佳、功能更强的数码录音带及配套设备,使有些激光唱片刚刚投产或刚完成庞大基建工程便面临严峻的挑战。可见,如果决策者重视和善于利用科技信息,就有可能避免重大损失,还有可能先人一着,从中获益。事实证明,不仅科技人员需要科技信息,计划、管理、决策部门也同样需要科技信息。

第二节 信息、知识、情报、文献的基本概念

一、信息

1. 什么是信息

信息一词在中国历史文献中最早见于唐诗中,拉丁词是 Information,20 世纪中叶以后其本质才不断被揭示,并被引入哲学、信息论、系统论、控制论、传播学、情报学、管理学、通信、计算机科学等领域。信息作为日常用语是指音信、消息。每个人每天都在不断地通过感觉器官从外界接收信息。我们通过阅读,从书刊、报纸上获得信息;通过交谈从别人谈话中获得信息;通过看电视、听广播获得信息……但对于什么是信息的准确概念,到目前为止,尚无定论。

信息作为一个科学术语,广义指事物属性的表征,狭义指系统传输和处理的对象,最早出现于通信领域。上世纪 20 年代,哈特莱在探讨信息传输问题时,提出了信息和消息在概念上的差异。

实际上,任何一种音信和消息(如通知、报道、新闻等),或任何一个系统传输和处理的对象(如数据、事实、信号等),都不外是关于某一事物的某种属性(如状态、外形、构造、成分、重量、数目、运动、静止、声音、滋味等)的反映,因此,信息的日常涵义与科学涵义,广义与狭义是相通的。

由于信息论被广泛运用于各学科,因而人们对信息的认识和定义各有差别,自 1948 年以来,学术界有关"信息定义"的表述,据不完全统计有 60 多种。例如:"通信系统传输和处理的对象,泛指消息和信号的具体内容和意义。通常须通过处理和分析来提取。信息的量值与其随机性有关,如在接收端无法预估消息或信号中所蕴含的内容或意义,即预估的可能性越小,信息量就越大。(《辞海》1999 年修订版)"用来通信的事实,在观察中得到的数据、新闻和知识。"(《韦伯斯特字典》)"信息意为消息、情报、知识、资料、数据等。"([美]威尔伯·施拉姆、威廉·波特著《传播学概念》)"信息可以定义为:生物以及具有自动控制系统的机器,通过感觉器官和相应的设备与外界进行交换的一切内容。"(严怡民主编《情报学概念》)"信息就是谈论的事情、新闻和知识。"(《牛津字典》)"信息就是接受者在接受之前所不知道的知识或消息。"(周海鹏主编《信息技术大辞典》)

我们认为:信息是被反映事物属性的再现。信息不是事物本身,而是由事物发出的消息、指令、数据等所包含的内容。一切事物,包括自然界和人类社会都会产生信息。

例如:事物本身→发出信息

(1) 汽车喇叭声→提醒让路

(2) 人的表情(哭或笑)→伤心或开心

(3) 电子秤数据→身高、体重

(4) 交通信号灯→红灯停、绿灯行

2. 信息的属性

所谓信息的属性,是指信息本身所固有的性质。维纳在《控制论》一书中提出“信息就是信息,不是物质也不是能量。”作为特殊形态的客观事物,信息主要有以下性质:

(1) 普遍性　信息充满着广袤的宇宙,是物质固有的普遍属性。信息不仅存在于人类社会,也存在于自然界。人与人之间、机器之间、人机之间、动物之间、植物之间、细胞之间等,都可以进行信息交流。

(2) 客观性　就世界的整体而言,信息统一于物质世界,信息的根源是物质世界,信息的存储、传播依靠物质和能量,它无所谓始,也无所谓终,它与整个物质世界共存。

(3) 中介性　就物质世界的层次来看,信息既区别于物质又区别于精神。它的内核不是具体的物质和能量,尽管有些信息是通过文字、图像等具体物质形式表现出来的,但它本身却没有质量,也不占有空间。我们见到的占有空间的并不是信息本身,而是存储和携带信息的物质载体。同时它也不像意识那样依赖于人脑存在,故不具有主观性,它是介于物质世界和精神世界之间过渡状态的东西,人们通过信息来认识事物。

(4) 增殖性　随着事物的不断变化,信息将不断扩充,人们对事物的认识也将不断深入。

(5) 传递性　信息可以在时间上和空间上从一点转移到另一点,可以通过语言、动作、文献、电话、电报、广播、电视、通信卫星、电子计算机等进行传递。

(6) 可储性　信息可以收集、加工、整理、筛选、归纳、综合,并可以通过记忆和各种载体来载荷。

(7) 转换性　只要信息的含义、内容不变,其存在形式可以相互转换,如文学作品、小说可以改编成电影、电视剧等。

(8) 可知性　信息是可为人们感知的,但由于人们认识水平的差异,对于同一事物,不同观摩者获得的信息量可能不同。

(9) 共享性　信息可以多向多次传播,为人们所共享,但不失去其内容,与实物交易不同。

3. 信息的功能

(1) 扩大了人们关于世界的科学图景,揭示了客观世界层次和要素新的一面,有助于人们认识宇宙发展中进化与退化的辩证统一关系。

(2) 可以用来消除人们在认识上的某种不确定性,其消除不确定性的程度与信息接受者的思想意识、知识结构有关,人类认识就是不断地从外界获取信息和加工信息的过程。

(3) 同物质、能量一样,信息是一种资源。物质提供材料,能量提供动力,信息则提供知识、智慧和情报。

4. 信息的类型与载体

(1) 信息的类型可从不同的角度划分。按其形成的领域可分为自然信息和社会信息;按其存在的状态可分为瞬时信息和保留信息;按其表现的形式可分为文字信息、图像信息、语音信息等。

(2) 信息本身不是实体,必须借助于一定的载体才能表现、传递和利用。载体是信息得以保存的物质实体。从古代的甲骨、金石、锦帛、竹简到现今的纸张、感光材料、磁性材料,信息的载体和存储技术已发生数次质的飞跃。为人类存储、检索和利用信息提供了极大的方便。

在人类步入信息社会的时代,信息同物质、能量构成人类社会的三大资源。物质提供材料,能量提供动力,信息提供知识和智慧。因而,信息已成为促进科技、经济和社会发展的新型资源,它不仅有助于人们不断地揭示客观世界,深化人们对客观世界的科学认识,消除人们在认识上的某种不确定性,而且还源源不断地向人类提供生产知识的原料。

二、知识

1. 什么是知识

知识是人类认识的成果和结晶,是人类在认识和改造世界的社会实践中获得的对事物本质的认识。

在生产、生活、科学研究等活动中,人脑通过对客观事物发出的信息的接收、选择和处理,得到对事物一般特征的认识,形成了概念。在反复实践和认识的过程中,人脑通过对相关概念的判断、推理和综合,加深了对事物本质的认识,构成了人们头脑中的知识。

人们认识客观事物的过程就是人脑对外界事物传来的信息进行加工的过程,而认识飞跃的结果即为知识。即信息是大脑思维的原料,而知识是大脑对大量信息进行加工后形成的产品。

2. 知识的类型

知识有个人知识和社会知识之分。个人知识是个人具有的专用知识，与社会知识相对应。个人知识存在于个人大脑、笔记或书信中，只有个人才能加以利用。个人知识主要来自两方面：一是根据愿望学习吸收社会已有的知识；二是通过总结经验、分析研究，创造发现的新知识。个人知识不断为社会知识补充新的内容，个人创造的新知识一旦进入社会交流系统，就成为社会知识。社会知识是社会系统集体拥有的知识。社会知识存在于文献中，也存在于人类社会的口头传说中。社会知识是人类知识的基本部分，一个团体或社会的所有成员能够通过文献等不同媒介自由地获得社会知识。个人知识的不断创新发展丰富了社会知识，社会知识又是个人知识的丰富源泉。

根据国际经济合作发展组织(OECD)的定义，人类现有的知识可分为四大类：

(1) Know what(知道是什么)——关于事实方面的知识。

(2) Know why(知道为什么)——关于自然原理和规律方面的知识。

(3) Know how(知道怎么做)——关于技能或能力方面的知识。

(4) Know who(知道归属谁)——关于产权归属的知识。

3. 知识的属性

所谓知识的属性是指知识本身所固有的性质，知识主要有以下几种性质：

(1) 意识性　知识是一种观念形态的东西，只有人的大脑才能产生它、识别它、利用它。知识通常以概念、判断、推理、假说、预见等思维形式和范畴体系表现自身的存在。

(2) 信息性　信息是产生知识的原料，知识是被人们理解和认识并经大脑重新组织和系列化了的信息，信息提炼为知识的过程是思维。

(3) 实践性　社会实践是一切知识产生的基础和检验知识的标准，科学知识对实践有重大指导作用。

(4) 规律性　人们对实践的认识，是一个无限的过程，人们获得的知识在一定层面上揭示了事物及其运动过程的规律性。

(5) 继承性　每一次新知识的产生，既是原有知识的深化与发展，又是更新的知识产生的基础和前提，知识被记录或被物化为劳动产品后，可以世代相传利用。

(6) 渗透性　随着知识门类的增多，各种知识可以相互渗透，形成许多新的知识门类，形成科学知识的网状结构体系。

4. 知识的作用

知识在人类社会的发展中起着巨大的作用。

(1) 知识是文明程度的标志，衡量一个国家、一个民族文明程度的高低，主要看其创造、吸收、掌握和应用知识的能力。

(2) 知识可以转化为巨大的生产力，劳动者素质的提高、工具的进步、劳动对象的扩大、经济的发展,都是知识推动的结果。

(3) 知识是建设精神文明的动力,是科学教育的内容,能促进人类智能的改善。

三、情报

1. 什么是情报

情报与信息在英文中为同一个词 Information,但信息的外延比情报广,信息包括情报。至于情报的概念,由于其应用范围非常广泛,因此国内外众说纷纭,概括起来有以下几种:

(1) 情况报道说 《辞海》(1999 年 9 月修订版)获取的他方有关情况以及对其分析判断的成果。按内容和性质分为政治情报、经济情报、军事情报和科技情报等。其中军事情报按使用范围,分为战略情报、战役情报和战术情报。

(2) 知识说 前苏联情报家米哈依洛夫认为:"情报……作为存储、传播和转换对象的知识。"

(3) 信息说 申农认为:"情报……可以定义为在通讯的任何可逆的重新编码或翻译中保持不变的东西。"

我国情报界近年提出:"情报就是一种信息。""情报,即为一定目的,具有一定时效和对象,传递着的信息"等等。(夏宗辉教授《论情报的概念》)

(4) 知识、智慧说 草间基《论情报管理》一文中认为"情报是意志、决策,部署、规划、行动所需的知识和智慧。"

此外,还有一些提法,如数据说、桥梁说等等。

我们认为,情报就是人们在一定时间内为一定目的而传递的具有使用价值的知识或信息。情报是一种普遍存在的社会现象,人们在物质生产和知识生产的实践活动中,源源不断地创造、交流与利用各种各样的情报。

2. 情报的属性

所谓情报的属性是指情报本身固有的性质。主要表现在以下几方面:

(1) 知识性与信息性 情报必须具有实质内容,凡人们需要的各种知识或信息,如事实、数据、图像、信息、消息等,都可以为情报的内容。没有内容的情报是不可能存在的。

(2) 动态性 无论多么重要的成果,人们不知道其存在就不能成为情报。情报处于运动状态中,用户主动搜集情报,情报机构采用先进载体和手段主动传递、研究情报、促使更多的静态知识成为动态情报。

(3) 效用性 人们利用情报是为了获得实际效益,在多数情况下是为了竞争,同一情报因时间、地区、对象不同呈现出的效益也不同;情报针对性越强,越能促进人们达到目的。

(4) 社会性 情报来源于人类社会的认识活动,存储于社会系统,并为社会广泛地选择利用。

(5) 语言性　情报必须通过自然语言和人工语言进行表达和传播，正是由于情报的语言性才使它能够记录在各种载体上。

(6) 可塑性　在情报的加工整理过程中，既可概括归纳，使之精炼浓缩，又可补充综合使之系统全面。

(7) 时间性　特定情报只有在合适的时间内传递和利用才会产生更大效用，随着时间的推移，情报的效用性也会随之降低。

3. 情报的功能

在信息社会中，情报将发挥越来越重要的作用。这主要包括：

(1) 启迪思维，增进知识，提高人们的认识能力。

(2) 帮助决策，协调管理，节约各项事业的人力、物力和财力。

(3) 了解动向，解决问题，加快人们各项活动的进程，以便在信息社会的竞争中获胜。

四、文献

1. 什么是文献

"文献"一词在中国最早见于孔子的《论语·八佾》篇中，其含义千百年来几经变化：汉代郑玄解释为文章和贤才；宋代朱熹释之为典籍和贤人；宋末元初的马端临理解为书本记载的文字资料和口耳相传的言论资料；近现代的一些工具书又将其解释为"具有历史价值的图书文物资料"和"与某一学科有关的重要图书资料"；1983 年颁布国家标准《文献著录总则》将其定义为"记录有知识的一切载体"。在国外，"文献"一词最早是由法国的保罗·奥特勒(P. Otel)于 1905 年提出来的，尔后逐渐在一些国家使用，初期含义不尽一致，后来也渐趋统一。现多认为文献是各种知识或信息载体的总称。

文献由三个基本要素构成：第一是知识信息内容，这是文献的灵魂所在；第二是载体材料，即可供记录知识或信息的物质材料，如龟甲兽骨、竹木、帛、金石、泥陶、纸张、胶片、胶卷、磁带、磁盘、光盘等；第三是记录方式，即用文字、图形、代码、符号、声频、视频等方式和技术手段把知识或信息记录在一定物质载体上。知识、载体、记录方式三位一体，不可分割，缺少三者之一都不能成为文献。

2. 文献的属性

所谓文献的属性，是文献本身所固有的性质，可概括为 4 个方面：

(1) 知识信息性　这是文献的本质属性，知识是文献的实质内容，没有记录下任何知识或信息内容的纸张、胶卷、磁带不能称之为文献；离开知识信息，文献便不复存在。传递信息、记录知识是文献的基本功能。人类的知识财富正是借助文献才得以保存和传播的。

(2) 物质实体性　载体是文献的存在形式,人们头脑中的知识无论多么丰富,只要没有记录在一定的物质载体上,就不能称其为文献。文献所表达的知识信息内容必须借助一定的信息符号、依附一定的物质载体,才能长时期保存和传递。

(3) 人工记录性　文献所蕴涵的知识信息是通过人们用各种方式将其记录在载体上的,而不是天然荷载于物质实体上的。

(4) 动态发展性　文献并非处于静止状态,而是按新陈代谢的规律运动着。随着人类记录水平的提高,信息交流的频繁,文献的数量日趋庞大,形式日益多样;与此同时,文献的老化速度也在加快,生命周期日益缩短,形成了有规律的运动。

3. 文献的功能

(1) 存储知识信息　文献是知识的物质存在形式,是积累和保存知识的工具,人类所有的知识成果都只有记录于文献,才能保存和流传;文献的产生是人类文明史上的重要里程碑,人们正是通过文献了解科技信息,通过文献得悉某一科技成果或创造发明诞生于何时,被记录在何种科技文献之中等具体情况。

(2) 传递知识信息　文献能帮助人们克服时间与空间上的障碍,传递和交流人类已有的知识和经验,促进知识信息的增加和融合,沟通人们思想感情的联系和交流,成为人类知识信息交流的重要途径。

(3) 教育和娱乐功能　通过阅读文献,人们可获取科学文化知识,掌握专业技能,提高认识水平和基本素质,还可以娱乐消遣,陶冶情操,丰富精神生活,提高创造能力。

五、信息、知识、情报、文献的辩证关系

(1) 信息的概念十分广泛,既存在于人类社会及人的思维活动中,也存在于自然界,其中被人们认识并系列化了的那部分信息转化为知识,在人们实践活动中有使用价值的那部分信息成为情报的一部分。

(2) 知识仅存在于人类社会,是人脑意识的产物,信息是产生知识的原料,信息在转化为知识时经过人脑的判断、推理、综合,同时转换了载体,其中在人们实践活动中有使用价值的那部分知识成为情报的主要部分。

(3) 情报属于人工信息的范畴,信息与知识都是它的来源。符合人们特定需要的信息和知识一旦成为情报之后,便具备了动态性、效用性、时间性等特征。由此可见,信息的范畴比知识、情报大,知识只是信息中的一部分,情报则从信息与知识两方面获取。

(4) 文献是最主要也是使用最广泛的一种情报源,是我们获取信息或知识的主要途径之一。文献不仅是知识的记录,还可能是信息的记录。知识属于已为人们认识的领域,是对信息的认识和总结。但是迄今有许许多多的信息尚未被我们所认识,对于我们来说未知世界还很辽阔,还有待于我们去探索。对于这些不能被划入

人类的知识范畴,而被以某种方式记录下来的未知信息,依然成为文献。例如:自然界的一些罕见的自然现象,被人们拍摄成照片、图像等,但人们一时还无法认识这些信息,这些照片也是文献。所以,“文献”应理解为“记录有信息与知识的一切载体。”文献是信息的一种载体,信息可以通过文献载体传播。

第三节 科技文献的类型和特点

一、科技文献的类型

科技文献的类型非常繁多,根据不同的划分标准可分成许多类型,例如按文种划分有中文和外文之分,按出版年代划分有古代、近代、现代之分,按不同标准划分的文献类型之间又相互交叉。我们这里主要按以下三种标准来划分科技文献的类型:

1. 科技文献出版的种类

根据文献的出版类型的不同,科技文献大体可分为10种。

(1) 科技图书 它是品种最多、数量最大的科技知识和科研成果的文献载体。科技图书一般是经过加工重组的文献,同其他类型出版物相比,具有系统、完整、全面、成熟、定型、独立等特点,因而是目前科技文献最主要的出版形式。但科技图书出版时间较长,不能及时、迅速地反映最新的科研成果。

科技图书按其内容和读者对象可分为以下四类:

① 专著 是从事某项专业的专家所撰写的某一专题、某一学科方面的全面系统的著作,它是构成科技图书的主体,主要为科技人员提供参考使用。

② 科普读物 指以普及科学知识为目的的读物,有初、中、高级之分。这种读物发行量很大,读者面较广。

③ 教科书 指根据教学大纲要求,结合学生知识水平编写的教学用书,其内容一般都是基本原理和事实,具有通俗易懂、准确可靠等特点。

④ 参考工具书 指各种手册、年鉴、词典、百科全书、图册、组织机构指南、人名录、地名录一类的工具书。这类书出版周期长,但信息量大,内容全面,是查找事实、数据情报信息有用的工具书。

(2) 科技期刊 它是科技信息的主要文献类型,是一种定期或不定期的连续出版物。同科技图书相比,它具有出版周期短,反映新成果及时,内容新,信息量大且文献类型多样等特点。据统计,文献需求的68%来自期刊论文,期刊的利用率最高,约占科技文献的84%。目前全世界出版的期刊约10万余种,而且正以每年1 500种的速度递增。

(3) 科技报告 它是科技成果的总结,或是研究过程每一阶段进展情况的实际记录。由于科技报告反映的是新兴科学和尖端科学的研究成果，能代表一个国家的研究水平，所以世界各国都很重视。目前，美、英、德、日等国每年产生的科技报告达20万件左右，其中美国占80%，美国政府的AD、PB、NASA、DOE四大报告在国际上最为著名。

科技报告在形式上通常是一个报告单独成册，且注有研究机构名称和统一编号；在内容上它叙述详尽具体，数据完整、可靠，技术专深全面，可直接借鉴；在发表速度上，它快于其他类型文献。

(4) 会议文献　指在学术会议上所交流的论文、报告及有关文献。学术会议都是围绕某一学科或专业领域的新成就和新课题来进行交流、探讨的。会议文献的学术性很强，代表了一门学科或专业领域最新的研究成果，反映着世界上科学技术发展的水平和趋势。近年来，科技会议不断增多，会议文献也相应增加。据统计，每年国际上要举行上万次学术会议，发表的学术论文达10万余篇。

(5) 专利文献　它是指实行专利制度的国家出版的专利说明书，也包括专利局出版的各种检索工具书。专利文献具有新颖性、创造性和实用性的特点，且范围广泛，出版迅速，格式规范，文字简练、严谨，有助于科技人员借鉴国际先进技术，避免重复劳动。

(6) 技术标准　它是对工农业新产品和工程建设的质量、规格、参数及检验方法所做的技术规定，是从事生产、建设的一种共同的技术依据。技术标准的制订工作一般是由主管部门完成的。标准的新陈代谢十分频繁，随着技术水平的不断提高，标准也需不断补充、修改。国际经济贸易的发展，又促使标准日趋国际化，因而标准文献体现了本技术领域的发展水平，科技人员可以从中获取大量有价值的信息。标准文献的特点是具有独立完整性和法律约束性。

(7) 政府出版物　它是各国政府及所属机构颁布的文件，如政府公报、会议文件和记录、法令汇编、条约集、公告、调查报告等。所包括的内容范围广泛，几乎涉及整个知识领域，但重点则在政治、经济、法律、军事、制度等方面。政府出版物按其性质可分为行政性文献和科技性文献。它具有正式性和权威性的特点，这对于了解各国科学技术发展状况具有独特的参考价值。

(8) 学位论文　指高等院校博士、硕士、学士毕业时所撰写的学术性研究论文。学位论文是非卖品，一般不出版发行，有时在期刊上摘要发表。学位论文是经过审查的原始成果，并且有一定的独创性，它所探讨的问题专深，论述系统详尽，有较高的参考价值。

(9) 产品样本　它是对定型产品的性能、构造、原理、用途、使用方法和操作方法、产品规格等所作的具体说明。产品样本是由制造商和销售商出版发行的。它的内容范围从家电、药品、玩具制品直到工业用各种技术复杂的设备元件。产品样本往往配有外观照片、结构图，直观性强，技术成熟，数据可靠。它既反映了企业的技术水平和生产动态，又促进了新产品、新工艺的推广应用。

(10) 技术档案　指生产建设、科学技术部门和企业、事业单位针对具体的工程或项目形成的技术文件、设计图纸、图表、照片、原始记录的原本以及复制件。包括任务书、协议书、技术经济指标和审批文件、研究计划、研究方案、试验项目、试验记录等。它是生产领域、科学实践中用以积累经验、吸取教训和提高质量的重要文献。科技档案具有保密性，常常限定使用范围。

除了以上 10 种主要文献类型之外，还有报纸、新闻稿、统计资料、未刊稿(手稿)、地图、乐谱、广告资料等类科技文献。以上 10 种类型文献中，除图书和期刊分别作为两种独立的类型外，其他 8 种均列入特种文献资料类。所谓特种文献资料，就是介于图书与期刊之间，似书非书、似刊非刊的一种文献类型，人们把它称为图书化的期刊，期刊化的图书。

2. 科技文献的等级结构

根据文献的加工程度的不同，可将科技文献划分为 3 个等级结构。

(1) 一次文献　也称一级文献或原始文献。它是作者在科学研究、教学和生产实践中以自己的研究成果为依据创作而成的文献，诸如专著、报刊论文、研究报告、会议文献、学位论文、专利说明书、技术档案、技术标准、科技报告等，多属一次文献。只要是原始的著述，无论是何种文献类型或载体形式，都是一次文献。

(2) 二次文献　也称二级文献或检索性文献。它是文献情报人员将大量分散的、无序的原始文献进行筛选、整理、报道和组织所形成的文献。它们具有按文献的内容特征(如主题、分类)，或文献的外表特征(如著者、篇名等)来报道揭示和检索一次文献的功能，能系统地反映一次文献信息，为读者提供检索所需文献的线索，是查找一次文献的工具。如目录、索引、文摘、题录等，均属二次文献。

(3) 三次文献　又称三级文献或参考性文献。它是指利用二次文献的线索，系统地检索出一批相关文献，并对其内容进行综合、分析、研究和评述而编写出来的文献。它又可分为综述研究类和参考工具类两种类型。前者如动态、综述、学科总结、专题述评、进展报告等；后者如科技词典、百科全书、年鉴、手册、名录、大全等。三次文献源于一次文献，又高于一次文献，是一种再创性文献。从文献情报的角度看，一次文献是检索对象(目标)，二次文献是检索工具(手段)，三次文献是情报研究成果(既可作为检索目标，又可作为检索手段)。

从人的社会分工情况看，一次文献的生产者是广大的读者(包括出版社编辑人员)；二次文献是图书、情报工作者的产品；三次文献则一般是那些既懂专业又熟悉情报的专家的研究成果。从哲学、社会学角度看，一次文献是知识积累和社会进步的主要基石(知识宝库)；二次文献是使人类知识得到充分利用的工具(知识宝库的钥匙)；三次文献则是在更高层次上系统地再现一次文献(知识宝库的金钥匙)。从知识加工的角度看，一次文献是对知识的第一次加工(创造性)，二次文献是对知识的第二次加工(有序化),三次文献是对知识的再加工,它既是有序化,又带有一定的创造性,并常常在形式上也返回到一次文献(如专著、综述文章等)。

我们把科技文献划分为3个结构层次,只是一种近似的划分。从一次文献到二次文献、三次文献是一个由博到约、由分散到集中、由无序到有序、由有序到有机的结构化、系统化的过程。

除了一、二、三次文献的概念外,还有零次文献和半文献的说法。所谓零次文献是指通过交谈或听报告等所得到的信息,它们通常未经记载或仅仅是一些零乱的笔记。半文献又叫灰色文献,指非公开出版的内部文献,它们往往是通过正规销售途径得不到的资料(交换或赠送)。这两种级别的文献构成非正式渠道的信息交流。

3. 科技文献载体种类

根据文献载体形式的不同,可将科技文献分为4种。

(1) 印刷型　以纸质材料为载体,采用各种印刷术把文字或图像记录存储在纸张上而形成。它既是科技文献的传统形式,也是现代文献的主要形式之一。主要特点是便于流通,但因载体材料所存储的信息密度低,占据空间大,难以实现加工利用的自动化。

(2) 缩微型　以感光材料为载体,采用光学缩微技术将文字或图像记录存储在感光材料上,有缩微平片、缩微胶卷和缩微卡片之分。主要特点有:存储密度高,体积小、重量轻,这类文献便于收藏、生产迅速、成本低廉;但须借助缩微阅读机才能阅读,设备投资较大。现在可以通过计算机缩微输入机(CIM)把缩微品上的信息转换成电子信息存储在计算机中,使缩微品转换为磁带备用,也可以通过计算机缩微输出机(COM)把来自计算机中的信息转换成光信号,摄录在缩微平片或胶卷上,摄录速度可达每秒12万字符,大大缩短了缩微型信息资源的制作周期。

(3) 声像型　以磁性和光学材料为载体,采用磁录技术和光录技术将声音和图像记录存储在磁性或光学材料上,主要包括唱片、录音录像带、电影胶卷、幻灯片等。主要特点是存储信息密度高,用有声语言和图像传递信息,内容直观、表达力强,易被接受和理解,但须借助于一定的设备才能阅读。

(4) 电子型　按其载体材料、存储技术和传递方式,主要有联机型、光盘型和网络型之分。联机型以磁性材料为载体,采用计算机技术和磁性存储技术,把文字或图像信息记录在磁带、磁盘、磁鼓等载体上,利用计算机及其通信网络,通过程序控制将存入的有关信息读取出来。光盘型以特殊光敏材料制成的光盘为载体,将文字、声音、图像等信息采用激光技术、计算机技术刻录在光盘表面上,利用计算机和光盘驱动器,将有关的信息读取出来。网络型是利用国际互联网 Internet 中的各种网络数据库读取有关信息。电子型文献资料具有存储信息密度高,读取速度快;易于网络化和网络化程度高;高速度、远距离传输信息,使人类知识信息的共享能得到最大限度实现的特点。在文献信息资源的各种载体中,电子型文献已逐步占有主导地位。

二、科技文献的特点

科学技术的进步，促进了科技文献的发展。现代科技文献的发展具有以下明显的特点。

1. 数量急剧增长

科学技术的蓬勃发展，科研成果的大量涌现，科学交流的频繁开展，极大地丰富了科技文献的宝库。据不完全统计，全世界每年出版的图书有 80 万种以上；科技期刊近 8 万种，发表的期刊论文在 600 万篇以上；提供的专利说明书 100 万种左右；国际会议文献 1 万种以上；技术标准逾 20 万件。科技文献数量之多，浩如烟海。全世界各种文献数量之和将超过 1.2 亿种，平均每天出版文献达 30 万件，其中科技文献占有相当大的比重。

科技文献的出版发行，不仅数量庞大，而且增长的速度也令人惊叹。据统计，非科技内容的文献每 30～50 年才增长 1 倍，而科技文献平均每 7～8 年增长 1 倍，某些尖端科学领域和新兴学科的文献，其增长的速度更快。如原子能科学、环境科学和计算机科学的文献，每 2～3 年就翻一番。

2. 内容交叉重复

现代科技成果的文献表现形式呈现出一种较突出的现象，即文献内容的交叉重复，具体表现在三个方面：一是同一类科技文献用多种类型见之于世，如会议论文，先以会议文献形式出现，再在专业刊物上发表，继之收入论文集，后又出版单行本等等；二是同一篇科技文献同时或先后用多种文字或多种载体发表；三是国与国之间的科技文献的相互重复，表现在各国竞相翻译出版内容相同的科技文献，由此而造成文献的交叉重复，给文献的管理与利用带来诸多困难。

3. 文献出版分散

现代科技文献出版的分散现象体现在两个方面：其一是同一专业文献往往分散刊载在许多相关专业或综合性刊物上，例如，控制论方面的论文可能会出现在神经科学的期刊上，而数学领域的论文又常常刊载在机械制造或物理学期刊上等等。其二是专业性刊物所发表的文献一般涉及多种学科领域的科研成果，表现了相关或相近学科相互交叉渗透的特点。文献的这种分散出版现象也给文献的利用带来不便。

4. 文献失效加快

社会的进步，科技的发展，使科技文献有效使用时间日益缩短，失效周期明显加快。据国外资料介绍，各类文献的平均时效为：图书著作 10～20 年，期刊论文 3～5 年，科技报告 10 年，技术标准 5 年，学位论文 5～7 年，产品样本 3～5 年。科技发达的国家认为，大部分科技文献的使用寿命一般为 5～7 年，甚至更短。据此，日本将科技文献的保存时间定为 5 年。这种知识老化的特点正迫使人们纷纷重返大学后续教育的课堂，甚至这样做还不够，正如国际教育发展委员会主席埃德加·富尔所说的那样:“我们再也不能刻苦地、一劳永逸地获取知识了,而需要终身学习如何去建立一个不断演进的知识体系——学会生存。”

5. 文献语种增多

科技文献语种的多样化,现已成为读者利用科技文献的一大障碍。过去,世界科技文献多用英、德、法等几种语言写成,现在大量的科技文献是用日、俄、意、波、汉等语言写成的。据报道,科技文献出版的文种有70~80种之多,比较集中的文种分布也不下10种。文种的多样化严重地影响了科技文献的收集、整理、检索和利用。据有关调查资料报道,世界各国出版的期刊中,有1/2的期刊是用一半左右的科学家所不懂的语言文字出版的。

6. 文献载体电子化,文献传播网络化

计算机技术和现代信息存储技术的应用,使文献信息的载体从传统的纸质媒介向光学、磁性媒介发展,文献信息的缩微化、电子化已成为主要的发展趋势。尤其是始于20世纪70年代的电子信息资源,已形成单机版和网络版两大系列。电子单机版主要以磁盘、光盘(CD-ROM)、集成电路卡等为载体,其中光盘以海量存储器著称,配以多媒体技术,发展尤为迅速。电子网络版以数据库和电信网络为基础,以计算机的硬盘为载体。电子文献具有容量大、体积小,能存储图文音像信息,可共享性高,检索速度快,易于复制和保存,具有很大的发展前景。计算机技术、电子技术、远程通信技术、光盘技术、视听技术、网络技术等,构成了信息的现代传播技术。联机检索、交互式图文检索、电子原文传递等现代化信息传播方式已进入实用阶段。信息检索已发展到网络化阶段,人们可以利用“Internet”这一分布全球的互联网,多途径、多选择、多层次地检索所需文献信息。

思考题

1. 简述科技文献检索的意义。
2. 信息、知识、情报、文献的概念是什么?
3. 试述科技文献检索的定义及作用。
4. 科技文献有什么特点?
5. 试述一、二、三次文献的概念?它们之间的关系如何?

第二章 科技文献检索基础知识

第一节 科技文献检索原理

一、文献检索原理

由于科技文献快速增长和内容高度分散，这给文献检索和利用带来了越来越多的困难。采用传统的浏览来直接获取文献，已不能满足需要。人们需要采用科学的方法，来获取所需文献，编制文献检索工具（存储文献）和利用文献检索工具（检索文献）。

文献检索包括对文献的加工整序（存储）和查寻（检索）两部分，其检索原理简单地说，就是在文献的存储过程中，对每一篇文献进行分析、著录（所谓著录，就是对某一特定文献的篇名、著者、主题、学科属性、文献出处等表示出来），以极其简洁的形式加以揭示，赋予特定的标识（如分类号、主题词等），并将某种标识按照一定的检索语言——分类语言、主题语言等集中组织起来，成为有规律的检索系统，即检索工具。检索过程就是检索者在查找所需文献时，以该系统所用的标识作为提问标识，与系统中的文献特征标识进行比较，并将文献特征标识与提问标识一致的文献线索从检索系统中检出，检出的部分就是检索的结果。以上两个过程可用图 2-1 来表示。

二、文献检索类型

文献检索根据检索目的和对象的不同，可分为书目检索、数据检索、事实检索和全文检索。

1. 书目检索

书目检索以题名（书名、篇名等）、著者、文献号码、文献出处和收藏处等为检索对象，它们是文献的外表特征和内容特征的描述，检索的是与课题相关的一系列书目线索，用户通过阅读后才决定取舍。

2. 数据检索

数据检索以数值形式表示的数据为检索对象，例如某种金属的熔点，某种材料

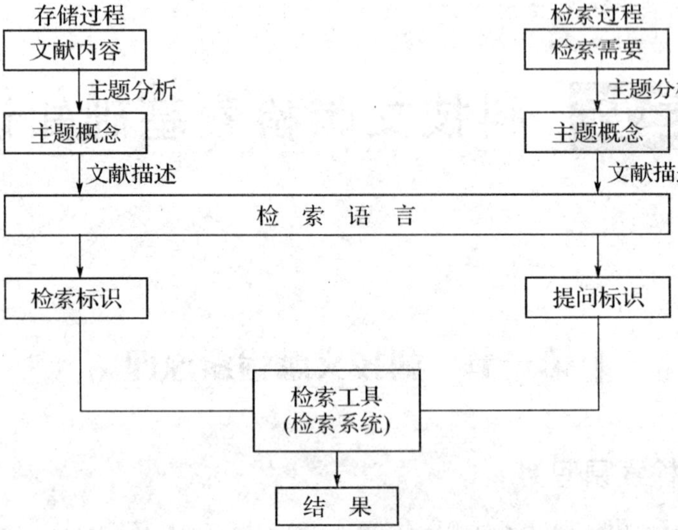

图 2-1　文献存储与检索原理图

的电阻。另外,有关计算公式、数据图表、化学分子式等都属于数据检索范畴。

3. 事实检索

事实检索以事项为检索对象,凡查询某一事物(事件)的性质、定义、原理,以及发生的时间、地点、过程等等,都属于事实检索的范畴。诸如某类产品由哪些厂家生产,哪个牌号最好等即属于事实检索。

4. 全文检索

全文检索以文献所含的全部信息内容为检索对象。即检索系统存储的是整篇文献或整部图书的全部内容,检索时可以查到原文以及有关的句、段、章等文字。

三、文献检索手段

文献检索时根据使用的不同工具和手段,可划分为手工检索和计算机检索两种类型。

1. 手工检索

手工检索多以书本式或卡片式检索工具为主,手工检索需要了解标引规则,用户根据文献标引规则查阅有关文献,是计算机检索方法的基本功之一。手工检索能了解各类检索刊的收录范围、专业覆盖面、特点和编制要点,可以提高查全率和查准率。因此,手工检索仍不失为较好的检索手段。手工检索也便于检索策略的制订和修改,手工检索过程发现问题,可以及时修改和提出。合乎逻辑提问式,选准检索词,再利用计算机检索,缩短机检时间,查全查准。利用手工检索,灵活性高,费用低,又能与机检互为补充,手工检索方法仍是重要的检索手段。

2. 计算机检索

计算机检索就是指人们在计算机检索网络或终端上，使用特定的检索指令、检索词和检索策略，从计算机检索系统的数据库中检索出所需要的信息，然后再由终端设备显示和打印的过程。计算机检索的过程中，用户对检索课题加以分析，明确检索范围，弄清主题概念，然后用系统语言来表示主题概念，形成检索标识及检索策略，输入到计算机进行查找。这一查找的过程实际上是计算机自动比较匹配的过程，当检索标识、检索策略与数据库中的信息特征标志及其逻辑关系相一致时，则属"检索命中"即找到了符合要求的信息。计算机检索不仅能够跨越时空，在短时间内查阅大型数据库，还能快速地对几十年前的文献资料进行回溯检索，而且大多数联机或网络检索系统数据库中的数据更新速度非常快，用户通过计算机检索随时可以得到更新的信息。计算机检索又可分为联机检索、光盘检索和网络检索。

(1) 联机检索

联机检索是由一台主机带多个终端的检索系统。这种系统具有分时的操作能力，能够使许多相互独立的终端同时进行检索。检索是以人机对话的方式进行的，用户在自己的终端上输入检索提问式，联机服务中心的计算机就可以立即处理用户的请求，在数据库中查找符合用户提问的数据，并将检索结果回送至用户的检索终端上。用户可以随时修改检索提问，直到获得满意的结果，并可通过打印或传输立即得到检索的最终结果。联机检索是较早开始使用的计算机检索系统。

世界上比较著名的联机检索系统有美国洛克希德公司的 DIALOG 系统、美国系统开发公司的 ORBIT 系统、美国医学图书馆的 MEDLINE 系统、欧盟所属的欧洲科技信息联机检索网络 EURONET、欧洲空间组织的 ESA/IRS 系统、日本科技信息中心的 JICST 系统等。

(2) 光盘检索

光盘检索是指利用计算机设备对只读式光盘数据库(CD - ROM)进行检索。光盘是一种用激光记录和读取信息的盘片，具有信息存取密度高、容量大、速度快、成本低等优点。尤其是只读光盘(CD - ROM)作为数据库的存储媒介是非常合适的，因此出现了光盘检索系统。光盘检索单机系统的构成非常简单，用户只要有一台配有光驱的计算机和光盘数据库以及相应的软件，就可以进行光盘数据库检索；光盘检索网络系统是将光盘数据库放在一个计算机局域网上，用一台光盘服务器来管理多用户对光盘数据库的访问，把多张光盘放在光盘塔、光盘库或磁盘阵列中，使多个终端用户能实时共享上百张光盘数据库信息。

(3) 网络检索

网络检索是指利用计算机设备和国际互联网(Internet)检索网上各服务器站点的信息。随着 Internet 的发展，图书馆、信息服务机构和科研机构以及一些大的数据库生产商纷纷加入到 Internet 上，为信息需求者提供各种各样的信息服务，构成丰富的网络资源。其内容涉及自然科学、工程技术、农业、医学、文化教育以及商业、财政金融等各个领域,信息量大,更新速度快,彻底打破了信息检索的区域性和局限性,用户足不出户就可以获取所需要的文献信息。Internet 的迅速发展和广泛应用,改变了计算机检索的方式和方法,将信息检索拓展到一个更广阔的领域。

四、检索语言

在存储和检索过程中,检索语言起着重要的语言保障作用。它沟通文献存储和检索两过程,沟通标引人员和检索人员双方思路,既是编制检索工具的依据,也是计算机信息存储及检索系统用以表达文献主题概念的人工语言。如果没有检索语言作为标引人员与检索人员的共同语言,就很难使得标引人员对文献主题内容的表达(文献标引)与检索人员对相同内容的课题文献需求(课题标引)取得一致,文献检索也就不可能顺利实现,甚至根本无法实现。

目前,世界上有数以千种的检索语言。如《中国图书馆分类法》(中图法)、《中国科学院图书馆图书分类法》(科图法)、《杜威十进分类法》、《国际十进分类法》、《汉语主题词法》和《工程标题词表》等,这些都是检索语言的文本,就是检索词表。各种检索语言所采用的分类号或主题词都是检索语言的语词。在一部检索工具中,成千上万的文献著录款目正是根据某种语言编排的,使无序变成有序,一索即得。

检索语言的种类较多,分类方法不一,通常将检索语言分为两大类:表达文献外表特征的语言和表达文献内容特征的语言。见图 2-2。

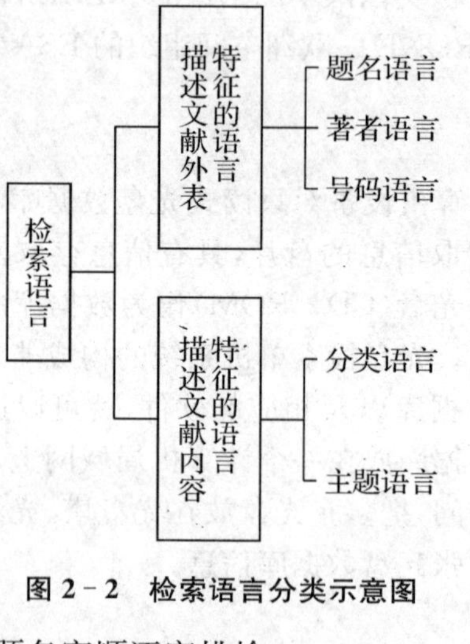

图 2-2 检索语言分类示意图

- 题名语言是按文献题名字顺逐字排检。
- 著者语言是按著者姓名,按姓前名后的字顺逐字排检。
- 号码语言是按文献代码,如专利号、标准号,报告号、ISBN 号、ISSN 号等的顺序排检。

• 分类语言是以号码为基本字符，用分类号来表达各种概念，将各种概念按学科性质进行分类和系统排列。

• 主题语言是用语词来表达各种概念，即用自然语言中的名词、名词性词组或句子作为主题词，来表达各种概念，将各种概念不管其相互关系，完全按字顺排列。

检索语言的种类繁多，但是目前应用较多的是分类语言和主题语言，现分别介绍。

1. 分类语言

分类法产生得最早、用得最多的是图书分类法。图书分类法也叫图书分类表，就是按照图书的内容、形式、体裁和读者用途等，在一定的哲学思想指导下，运用知识分类的原理，采用逻辑方法(层次型或树型)编制出来的。例如我国的《中图法》和《科图法》，就是以毛泽东同志知识三分法(把所有知识分为哲学、社会科学、自然科学三大类)为基础，同时体现马列主义、毛泽东思想的指导性和一些综合类文献可分的实用性而成的。下面介绍几种常见的图书分类法。

(1) 中国图书馆图书分类法—简称中图法　1973 年编成试用本，1975 年出第 1 版，1982 年出第 2 版，1990 年出第 3 版，1999 年出第 4 版，并更名为《中国图书馆分类法》，2010 年出第 5 版。它是我国图书情报界为实现全国文献资料统一分类编目而编制的一部大型分类法，广泛用于各类型图书馆。现以第 5 版为例，进行介绍。

① 编制说明　主要介绍分类法的编制过程，所依据的编制原则、部类及大类的设置和次序的理由，对各种分类问题的处理方法、标记方法、使用方法等。

② 类目表　它是分类法的中心部分，包括主表和附表。主表包括基本部类、基本大类、简表、详表。基本部类分为：马克思主义、列宁主义、毛泽东思想；哲学；社会科学；自然科学；综合性图书。基本大类是对基本部类的进一步划分，组成 22 个基本大类(一级类目)，基本大类是分类法的骨架，它为用户迅速了解分类表全貌，准确查到所属类目提供了方便。简表是基本大类的再次展开，可作粗略分类之用。详表是简表的进一步展开，是类目表的主体部分。中图法 22 大类是基础，每一大类下根据学科的具体内容层层细分为二级、三级、四级、……类目，这样逐级划分下去就形成了等级分明的科学系统(其结构见图 2 - 3)。

类目表的另一重要部分——辅助表，又叫复分表，是一组组子目表，用来对主表所列举的类目进行细分。

③ 标记符号　《中图法》的标记符号采用的是拉丁字母和阿拉伯数字混合编排形式。拉丁字母代表基本大类，另在工业技术大类中，由于学科较多便于细分也用拉丁字母代表，其余二级、三级、四级……类目都用阿拉伯数字细分，数字编号采用小数制，在三位后加点，这样易读易记。

在《中图法》的基础上，编辑出版《中图法》简本和《中国图书资料分类法》，在体系结构上与《中图法》完全一致，只不过是数目繁简不一，使用对象各有侧重而已。

科技文献检索与利用(第5版)

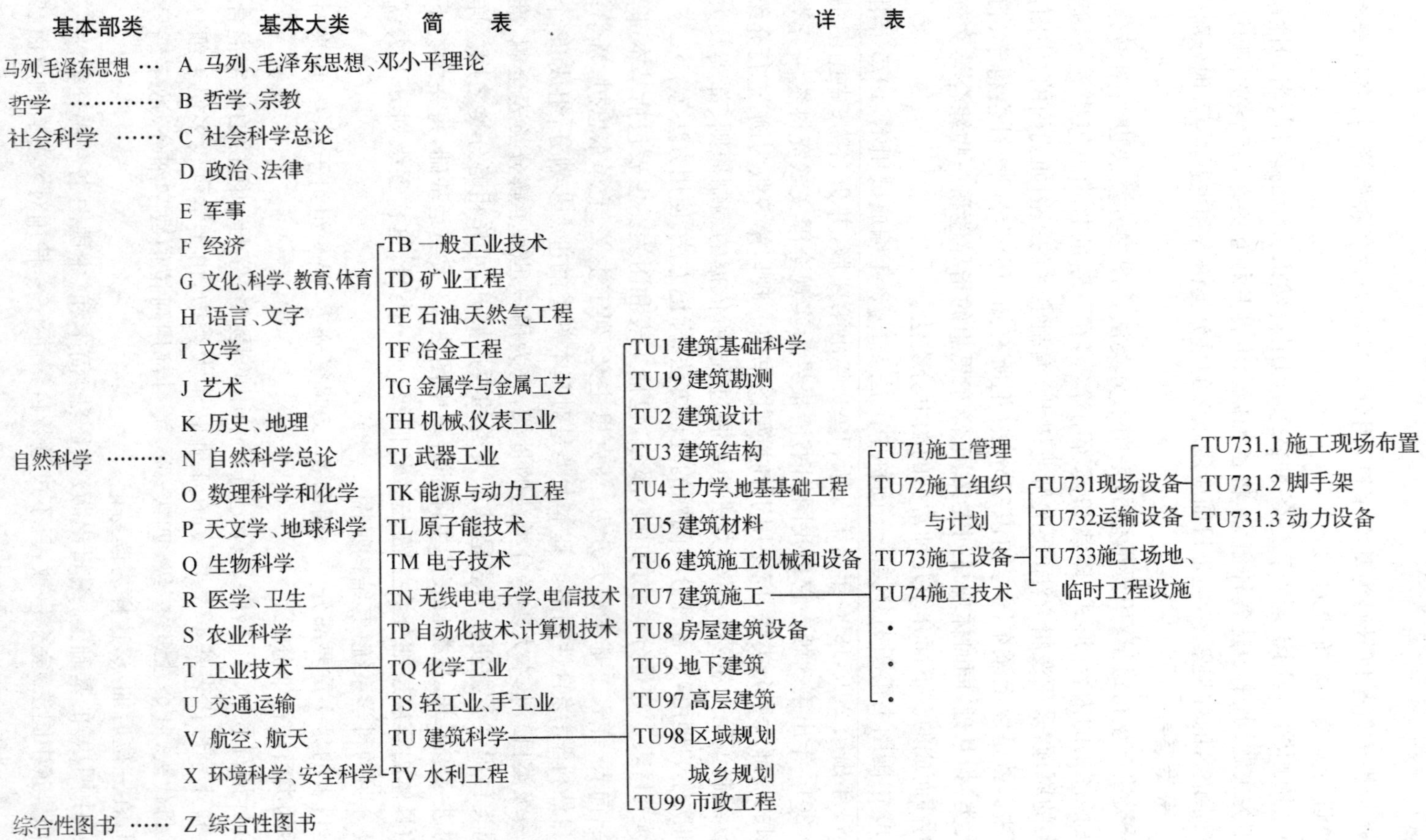

图 2－3　《中图法》结构示意图

(2) 中国科学院图书馆图书分类法——简称科图法 1958年出第1版，1974年出第2版，最新版本是1994年出的第3版。总体结构分为5大部类，下分25个大类。不同于中图法的是标记符号采用的是纯阿拉伯数字。科图法以对自然科学分类见长，广泛用于中科院系统各分院、研究所，各部属研究所，各企业及部分高等院校等。图2-4是科图法的25个基本大类及71个工程技术类下的有关类目结构图。

(3) 国际十进分类法—UDC(Universal Decimal Classification)，简称《UDC》。由比利时学者鲍威尔·奥特勒(Paul Otlel)和亨利·拉芳(Henri la)在杜威法的基础上扩充而成的UDC分类法，初版于1905年，现已出第3版。这是一种组配式的体系分类法，现有23种文本，被称为世界图书信息的国际交流语言。其主表(大类类目表)把知识分为10大门类，详表(全部类目)有近20万个类目，是各种分类法中类目最详尽的一种。UDC的标识体系由等级分明的阿拉伯数字结合多种辅助符号构成。其可组配的特点如：669.1是黑色金属生产，543是化学分析，则钢铁分析就是669.1:543。这样将派生出几乎无穷的类目，远远不止20万条了。

2. 主题语言

主题语言是一种选自自然语言直接性的检索语言，使用词语标识主题语言实际上是相对于分类语言而言的一切以主题字顺体系为基本结构的检索语言总称。在主题语言中，不但对词所采取的规范化措施有所不同，而且选词原则、编制方法及使用规则都有相当的差异。主题语言包括标题词语言、单元词语言、叙词语言和关键词语言。标题词语言、单元词语言、叙词语言是用规范化名词标引和检索文献主题概念的语言，关键词语言是直接选自文献内容的具有实质意义的自然语言(非规范化)作为标引和检索文献的语言，用主题语言作文献标识具有以下优点：

① 直接性好 主题词来源于自然语言，标识比较直观，符合人们的辨识习惯。主题词在词表中按字顺排列，序列明确，易学易查，容易掌握。主题语言揭示文献论述的具体事物或主题概念，一般不涉及学科类别的判断，直观易懂。

② 专业性强 由于主题词表列举的标识数量较多，多数标识的指代范围较窄，所以利用主题词表检索文献具有直指性强、专指度高的特点。

③ 灵活性高 无论文献主题如何专深、学科专业如何交叉、渗透，只要有明确的表达主题的术语，一般都可以把它直接选作标识语言，而不像分类语言那样受到线性结构和学科体系固定的约束。该语言反映新学科的速度比较快，主题语言可以随时进行增删和修改。

主题语言的缺点是有时一个课题可能涉及多个主题，使该课题分散在许多主题词之下，不好分类集中，不利于从学科角度检索文献。

(1) 标题词语言 它是在分类语言的基础上发展起来的。分类语言用代码标识符号代表文献学科主题内容，使用起来不直接。为了克服这一缺点，标题词语言直接用规范化语词对文献主题内容的概念进行标引，使检索者和存储标引人员一目了然，

基本部类 / 基本大类 / 简表 / 详表

- 马列、毛泽东思想 …… 00 马列、毛泽东思想
- 哲学 …… 10 哲学
- 社会科学 …… 20 社会科学总论
  - 21 历史、历史学
  - 27 经济、经济学
  - 31 政治、社会生活
  - 34 法律、法学
  - 36 军事、军事学
  - 37 文化、科学、教育、体育
  - 41 语言、文字学
  - 42 文学
  - 48 艺术
  - 49 无神论、宗教学
- 自然科学 …… 50 自然科学
  - 51 数学
  - 52 力学
  - 53 物理学
  - 54 化学
  - 55 天文学
  - 56 地球科学
  - 58 生物科学
  - 61 医药、卫生
  - 65 农业科学
  - 71 工程技术
    - 72 能源学、动力工程
    - 73 电技术、电子技术
    - 74 矿业工程
    - 75 金属学、物理冶金
    - 76 冶金学
    - 77 金属工艺、金属加工
    - 78 机械工程、机械制造
    - 81 化学工业
    - 83 食品工业
    - 85 轻工业、手工业及生活供应技术
    - 86 土木建筑工程
      - 86.1 土木建筑工程一般著作
      - 86.2 结构工程
        - 86.21 结构理论
        - 86.22 竹木结构
        - 86.23 土、砖、石结构
        - 86.24 混凝土结构、加筋混凝土结构
        - 86.25 金属结构
        - 86.26 混合结构
          - 86.261 钢木结构
          - 86.263 临时结构
          - 86.269 其他
        - ·
        - ·
        - ·
      - 86.3 房屋建筑工程
      - 86.4 地下建筑工程
      - 86.5 桥梁工程、隧道工程
      - 86.6 区域规划与市政、卫生、环境工程
      - 86.8 水利工程
    - 87 运输工程
- 综合性图书 …… 90 综合性图书

图 2-4 《科图法》结构示意图

现常用的标题词语言有美国《EI》的《SHE》和美国《CA》的《SIG》。

(2) 单元词语言　它是在标题词语言的基础上发展起来的。标题词语言的语词受标题词表严格限制，在科技迅猛发展的今天，无论词表编制者如何有远见，所列语词总不能完全反映最新科技成果。所以单元词语言就采用单元词通过组配(字面)来表达文献的主题概念。

(3) 叙词语言　单元词语言以单元词字面组配表达文献内容的主题概念，标引深度高。但由于是字面组配，常出现虚假组配导致误检。为了克服单元词不能反映各单元词的概念关系，叙词语言应运而生。叙词语言是采用概念组配的原理，对文献主题要领进行标引。比如"彩虹电器"的标引，字面组配为"彩虹"+"电器"，显然"彩虹"一词是虚假的；然而用概念组配则为"彩虹牌商品"+"电器"，"彩虹牌商品"就避免了虚假组配，防止了检索"彩虹电器"时把有关"彩虹"方面的文献误检出来。现常用的叙词语言词表有《汉语主题词表》、《INSPEC 叙词表》等。

(4) 关键词语言　标题词语言、单元词语言、叙词语言都是受词表控制的规范化语言。为了便于计算机自动抽词编制一些检索工具的索引，关键词语言被广泛使用。关键词语言是不受词表控制的非规范化语言，由计算机按禁用词表在文献题名中或摘要中排出非关键词和禁用词，如冠词、介词、连词、助词、代词及某些缺乏检索意义的形容词、副词、名词等，将所剩下的词(即关键词)进行自动轮排，形成关键词索引。关键词语言发展很快。现美国的《化学题录》主题索引及美国《CA》的期刊主题索引均以关键词语言编制。

下面介绍一种主题语言的词表——《汉语主题词表》。

《汉语主题词表》是一部大型综合性叙词表。为适应学科与专业的需要，该词表在统一体系结构的要求下，按社会科学与自然科学两个系统分别排列。全部词表包括：主表(字顺表)、附表、词族索引、范畴索引和英汉对照索引，共分 3 卷 10 个分册，收录正式叙词 91 158 条，非正式叙词 17 410 条。

该表的卷册划分如下：

第一卷　社会科学
　　第一分册　主表(字顺表)
　　第二分册　索引
第二卷　自然科学
　　第一至第四分册　主表(字顺表)
　　第五分册　词族索引
　　第六分册　范畴索引
　　第七分册　英汉对照索引
第三卷　附表

主表是《汉语主题词表》的主要部分，是标引、检索文献和组织目录、索引的主要工具。收入正式叙词 65 200 个(其中包括族首词 2 821 个,成族词 50 029 个,无关联词 12 423 个),非正式叙词 12 913 个。

附表是从主表中析出的几种专用词汇表。它所收录的叙词,包括"世界各国政区名称"、"自然地理区划名称"、"组织机构"和"人物"等 4 个范畴领域中比较重要的专有名词。4 个附表共计 8 200 余条(后两种附表,有的专业尚未选录)。这些叙词都具有单独概念的性质和较强的检索意义或组配作用。因而将它们按一定范畴集中于附表,使用方便。附表按叙词汉语拼音字母顺序编排。卷后分别附 4 个附表的英汉对照索引。

词族索引、范畴索引和英汉对照索引是主表的索引。主表与词族索引之间的联系是通过带星号"*"的族首词。在主表中每一个叙词下,即在参照项"Z(族)"或"S(属)"之后,列有该词所属的族首词(带有*号),并通过其汉语拼音在词族索引中找到该词所属词族,从中即可找到所需找的叙词。词族索引与主表之间的联系,是通过汉语拼音,即词族索引中的每一个叙词都可以通过叙词的汉语拼音从主表中查到。自然科学部分范畴索引,是将自然科学部分的全部叙词,包括正式叙词和非正式叙词,划分为 43 个大类,在大类之下,展开成 501 个二级类,769 个三级类。二级类或三级类下直接列出叙词。二级类或三级类下的叙词按汉语拼音字母音序排列。由于主表中的全部叙词款目是按汉语拼音字母音序排列的,范畴索引则弥补了主表之不足,它便于从分类角度查找叙词。

第二节　科技文献检索工具

一、检索工具的定义

检索工具是人们用来存储、报道和查找文献的工具。因此,它具有存储和检索的功能。存储是把分散、无序的文献,采用一定的检索语言使其集中,组织起来,成为有规律的检索系统,变成检索工具。检索是人们按照有关检索语言,采用一定的方法和途径,检出自己所需的文献。一般检索工具必须具备 4 个基本条件。

(1) 必须详细著录文献的外部特征和内容特征。所谓外部特征,是指文献篇名、著者姓名、文献序号等;所谓内容特征则是指文献的学科属性、主题内容等。

(2) 必须具有既定的检索标识。如主题词、分类号、著者姓名、文献序号、文献篇名等。

(3) 全部文献必须根据标识,系统地、科学地排列,成为一个有机的整体。

(4) 能够提供多种检索途径。

具备上述条件,才能成为检索工具。事实上,前 3 条是对文献存储过程所提出的要求,最后一条则是对文献检索过程所提出的要求。

二、检索工具的作用

(1) 检索工具能将不同类型、不同语种的文献按学科或主题加以集中、组织在一起,避免了直接检索的分散性、盲目性和偶然性,从而在查全率和查准率两个方面都能保证其检索效率。

(2) 借助于检索工具检索文献可以缩短检索过程、节省读者的时间。检索者不必去阅读大量分散的各种类型及文种的原始文献,因而大大地提高了检索速度。

(3) 检索工具中的标识(分类号、主题词等)是按照一定的检索语言来编排的,因此,它可以提供有规律的检索途径,使检索者得以根据需要灵活地从多种角度进行检索。

(4) 帮助科技人员消除语言文字的障碍。目前世界上出版的科技文献所使用的语言有 60～70 种之多,科技人员直接查阅文献时,常常受到语种的限制而漏查一些有重要参考价值的文献,而一种检索工具可以用一种语言来收录和报道不同文种的文献,检索者只要掌握少数几种语言后,就能查阅多种文字的文献资料。

三、检索工具的形式

随着科学技术的发展,记录文献载体的形式越来越多,检索工具的形式也就变得多样化了。

1. 书本式

(1) 期刊式检索工具　这种检索工具具有科技期刊的出版特点,即有统一的刊名,分卷分期、定期连续出版。如美国的《化学文摘》、日本的《科技文献速报》等。它以收录近期的文献资料为主,使科技人员能及时掌握当前科技发展的最新动向。它具有连贯性,能不断地积累文献资料,提供多种检索途径,使科技人员能极方便地进行回溯性检索。总之,它具有及时、连续、系统、完整、全面、方便等检索功能,因而它是主要的检索工具形式。

(2) 单卷式检索工具　这种检索工具多数是以一定的专题内容而编印的,选题一般具有独立的意义。它专业性强,收集的文献比较集中,往往累积反映了一个相当长时期(数年以及数十年)的文献,并以特定范围的读者作为对象。单卷式检索工具收录文献一般比较全面系统,排列组织比较切合专业研究的需要,因此,对于专题文献检索比较方便,使用价值较高。

(3) 附录式检索工具　附录式检索工具不单独出版,而是附于书刊之后。其特点是专业性强,引用的参考文献与文章的中心内容密切相关,而且是从大量的文献中精选出来的,所以引用的文献质量比较高,具有重要的参考价值。

2. 卡片式

它是以卡片形式出版的检索工具,即把每条款目印在卡片上,然后按一定的方法把卡片一张张排列起来,成为成套的卡片,就形成卡片式检索工具。这种卡片式检索工具可以按使用者的需要自由抽补,比较灵活,无须像书本式检索工具那样另编累积索引。但是卡片式检索工具也有不少缺点,如体积大、不便携带,而且排卡片费时,易丢失,难管理。随着计算机技术的广泛应用,卡片式检索工具已逐步不再使用了。

3. 缩微式

它是以缩微胶卷形式出版的检索工具,可以是传统文献的缩微化形式,也可以是计算机输出的缩微品。这种检索工具的特点是出版速度快,大大缩小了检索工具的体积,缺点是阅读时需借助于阅读设备,而且更新、增补也不方便。

4. 机读式

这种形式的检索工具是随着计算机应用于图书情报工作而出现的,它是以光、电、磁等作为存储和传递的介质,以计算机为主要手段进行信息检索的工具。其特点是传递速度快,内容丰富,使用方便,交互性强,是检索工具今后发展的主导形式和方向。

四、检索工具类型

一般地说,检索工具可按其收录文献的对象和揭示方式划分。

1. 目录型检索工具

目录是著录一批相关文献,并按照一定的次序编排而成的一种揭示与报道文献的工具。著录对象为一个完整出版单位的出版物。例如,一本以《高等数学》为名称的图书,一种以《物理学报》为名称的期刊,都是以独立名称作为出版单位的出版物。目录就以此为著录对象描述出版物的基本特征。至于每种出版物里具体篇章,目录型检索工具一概不予著录,因此,这类检索工具仅提供检索线索,了解出版单位、销售单位、收藏单位是否有自己需要的文献。

目录的种类按出版物类型划分,有图书、期刊、标准、专利等目录;按语种划分,有中文、西文、日文、俄文等目录;按使用对象划分,有读者目录和公务目录;按载体划分,有书本目录、卡片目录、机读目录等;按检索途径划分,有书名目录、分类目录、主题目录、著者目录等;按编制单位划分,有出版社目录、书店目录、馆藏目录、联合目录、国家书目等。

2. 文摘型检索工具

文摘是简明扼要地报道文献内容的检索工具,它不包括对原文的补充、解释或评论。文摘是二次文献的核心,检索工具的主体。文摘可以深入揭示文献内容,吸引读者阅读原文,节约科技人员阅读文献的时间和精力,便于决定对原文的取舍,为撰写述评性文章提供重要参考资料。文摘还同时著录文献的部分特征,如篇名、著者、文献出处等。文摘的类型按摘录详细程度可分为报道性文摘、指示性文摘和专用文摘三种。

(1) 报道性文摘　这种文摘著录每篇被收入文献的出处和基本观点、研究方法和设备、试验结果的推理、数据和公式等核心内容。一条文摘一般为400～500字，必要时可增至1 000～2 000字。有时读文摘就可取代读原文，是原文的浓缩。

(2) 指示性文摘　指示性文摘，又称简介，是对标题的补充说明，主要指明原文的出处和概括原文探讨问题的范围和目的，以读者对原文内容不发生误解为原则。一条指示性文摘一般在100字左右，有的甚至只有一句话，以起到解题作用。所以阅读指示性文摘不能替代阅读原文。

(3) 专用文摘　这是指各种专业文摘机构根据各自的专业特点和读者要求而规定的文摘形式。这种文摘所反映的不是原文内容的全部观点，而是与本专业有关的那一部分，所以又称为专业文摘。

3. 题录型检索工具

题录，就是由一组著录项目构成的一条文献记录。它的特点是按“篇”报道，与文摘比，题录是一种不带文摘正文的文摘款目，主要着眼于报道时间上的“快”。与目录比，相似之处主要体现在两者一般都仅仅描述文献的外部特征。区别之处是题录通常以篇为基本著录单位，目录一般以一个完整的出版单位为基本著录单位。在揭示文献的深度方面，题录强于目录而逊于文摘。逊于文摘之处不仅是不带文摘正文，而且一般是所附索引的种类不全，检索性能较差。但它是文摘性检索工具的重要补充，可以弥补文摘刊物收录文献不够全面和出版迟缓的缺陷。

主要采用题录方式来摘录和报道新文献的一类检索工具，都属于题录型检索工具。它的基本作用是定期地迅速地并且尽可能完全地把世界上发行的有关某一领域的科技文献记录下来，以备检索和利用。

关于这类检索工具和称谓，国内叫法不一，过去习惯称它为“论文索引”、“篇目索引”或“索引”。

4. 文献指南和书目之书目

文献指南比目录、索引、文摘等出现得迟，它的内容主要是介绍某一学科的主要期刊和其他类型的一次文献检索方法，以及介绍利用图书馆的一般方法等。美国的《参考书指南》是历史悠久并不断出新版的著名文献指南。

书目之书目，就是检索工具的目录，可以说是检索工具的检索工具。由于各种检索工具本身数量大、种类多、内容杂，它们反映文献的范围和检索手段各不相同，因此就需要将它们进行排比、组织、配合，即将书目、文摘、题录等检索工具，按照其类型、学科范围或文种排列起来，并附上简介，指出其所收录检索工具的内容、特点和使用方法。

5. 机读型检索工具

机读型检索工具就是在计算机存储设备上按一定方式存储相互关联的数据集

合,它包括联机、光盘和网络检索数据库等各种形式,可以随时按不同的目的提供各种组合信息,以满足检索者的需求。按照数据库所含的信息的内容可以划分为以下类型:

(1) 文献书目数据库　文献书目数据库是存储某个领域原始文献的书目,即二次文献数据库,记录内容包括文献的题名、著者、原文出处、文摘、主题词等,大多数是印刷本检索工具的机读版。如美国工程索引数据库(EI Compendex),英国科学文摘数据库(INSPEC),美国化学文摘数据库(CA Search)等等。

(2) 信息指南数据库　信息指南数据库主要是记录一些机构、人物、产品、项目简述等事实数据,通过该类数据库可以查到公司、机构的地址、电话、产品目录、研究项目或名人简历等信息。这类数据库也称为事实数据库。

(3) 数值型数据库　数值型数据库是专门提供以数据形式表示的一种源数据库。记录中存放的是各种调查数据或统计数据,如人口统计资料、科学技术实验数据和市场调研数据等。

(4) 全文数据库　全文数据库是存储文献内容全文或其中主要部分的数据库,简称全文库。它是将期刊论文、学位论文、会议文献、法律法规、新闻报道,以及百科全书、手册、年鉴等的全部文字和非文字内容转换成计算机可读形式。全文数据库可以解决用户获取一次文献所遇到的困难,能向用户提供一步到位的查找原始文献的信息服务。

(5) 多媒体数据库　多媒体数据库是近年来出现的新型数据库,它将图形、图像、文字、动画、声音等多媒体数据结构结合为一体,并统一进行存取、管理和应用,检索时可以获得图文并茂的效果。

第三节　科技文献检索途径、方法、技术和步骤

一、检索途径

文献检索工具是把大量的文献进行分析以后,按照一定的特征排检组织而成的文献集合体。而检索文献就是根据一些既定的标志,从文献的不同特征、不同角度来查找文献。因此检索途径是和文献的特征密切相关的。一般文献外表特征有书名、著者、序号等,内容特征有分类、主题等。所以查找文献的检索途径,可分为:书名途径、著者途径、序号途径、分类途径、主题途径等。

1. 书名途径

书名途径是根据书刊资料的名称来着手查找的途径。使用的工具如:“图书书名目录”、“期刊刊名目录”等。这类目录索引,均按书刊资料的名称字顺来排列。由于文献篇名较长,检索者难于记忆,加之按名称字顺编排,造成相同内容文献分散,不能满足族性检索的要求。

2. 著者途径

著者途径是根据已知文献著者姓名查找文献的途径。文献著者包括个人著者，共著者和团体著者。常用的索引工具有"著者索引"和"机构索引"等。这类索引均按著者姓名字顺排列和检索。由于编辑简单，出版快速，内容集中，使用方便，国外许多检索工具都有这种索引。因为从事科学技术研究的个人和团体，他们都是各有专长，同一著者发表的文章，其专业范围大致相近或有着密切的联系。于是，在同一著者姓名下，往往集中了学科内容相近，或者有着内在联系的文献，能在一定程度上集中同类文献，满足按类检索的要求。但是，某一个人或团体著者，发表的文献是有很大局限性的，不能满足全面检索某一课题文献的需要。所以，著者虽是常用的检索途径，但不是主要的检索途径，而是一种辅助性检索途径。

3. 序号途径

序号途径是以文献号码为特征，按号码大小顺序编排和检索的途径。这类检索工具有："报告号索引"、"合同号索引"、"入藏号索引"、"专利号索引"等等。这类索引编制简易，查找方便迅速，但事先必须掌握文献号码。例如美国《化学文摘》有"专利号索引"和"专利对照号索引"，美国《AD 报告》有"报告号索引"、"合同号索引"，世界专利的目录周报中有"国际专利分类号索引"。如果知道了文献的号码，利用相对应号码索引，检索文献就既快又准。但是利用这种索引通过序号途径查找资料受到很大的限制，不能把它作为文献检索的主要途径。

4. 分类途径

分类途径是按照文献主题内容所属的学科分类体系和事物性质进行分类编排所形成的检索途径。常通过分类索引、分类号或类别来进行检索。例如，我国编制的科技文献检索工具，主要按《中国图书馆分类法》或《中国图书资料分类法》分类，以固定的号码表示相应的学科门类。如"T"代表工业技术大类，"TH"表示机械、仪表工业类，"TK"表示动力工程类。这样，凡是属于机械、仪表工业类的文献，以及经加工形成的目录、文摘等都集中在"TH"类。

这种检索途径实质上是以概念体系为中心分类排检的，比较能体现学科的系统性，反映事物的派生、隶属、平行的关系，便于从学科专业角度来检索，能较好地满足族性检索的要求。分类途径的主要缺点是分类法总是要落后于科学技术的发展，新兴科学、边缘科学在分类和编排时不易处理，难以确切反映某学科体系属性，造成使用不便。其次，从分类途径检索，必须了解学科分门别类的体系，并将文字概念转换成检索标识，在转换过程中，常易发生差错，造成漏检和误检，影响检索结果。

5. 主题途径

主题途径是根据文献主题内容编制主题索引，通过主题索引来检索文献的途径。主题索引是利用从文献资料中抽取的能代表文献内容实质的主题词按字顺编排的索引，检索时，只要已知研究课题的主题概念，然后按字顺查找主题词，不必考虑学科体系。

主题途径有一重要的优点，就是由于主题途径是以文字作检索的，因此表达概念比较准确、灵活，可随时增补、修改，以便及时反映学科新概念；其次能满足特征性检索要求，适合查找比较具体、专深的课题资料。主题途径是使用较多、比较方便的一种检索途径，也是最主要的检索途径。但主题检索途径的缺点是它要求使用者必须具备较高的专业知识、检索知识和外语水平。

二、检索方法

文献检索方法有4种，即直接检索法、间接检索法、追溯检索法、循环检索法。

1. 直接检索法

直接检索法又称为直查法，是指不利用检索工具或检索系统，通过直接浏览或查阅原始文献，来获取所需信息的一种检索方法。其优点是能明确判断文献所包含的信息是否具有针对性和实用性，缺点是存在着很大的盲目性、分散性和偶然性，查全率无法保证。如果检索课题单一，文献相对集中，又熟悉原始文献，可用这种检索方法。而对有多个主题、文献离散较大的课题，则难以获得理想的检索效果。当然由于检索工具(系统)报道文献信息的速度和范围受客观条件限制，还有一定的局限性，所以在某些情况下也不可忽视直接检索的作用。

2. 间接检索法

间接检索法又称常用法，就是利用检索工具进行查找文献的方法，这是文献检索中最常用的一种检索方法。常用法又可以分为顺查法、倒查法和抽查法3种。

(1) 顺查法　这是一种由远及近的检索方法，从课题分析所得出的该课题研究的起始年代起，由远及近地进行逐年查找。顺查法有较高的查全率。用顺查法逐年检出的文献可以在一定程度上反映出该课题研究发展的全过程。但是这种方法耗时费力，效率较低。

(2) 倒查法　倒查法与顺查法正相反，是利用选定的检索工具，由近及远地逐年逐卷地进行查找。根据课题需求获取近期文献，即以"查准"为主时，最好采用倒查法。对于一些新的研究课题可以采用倒查法，这样比顺查法节省时间，效率较高

(3) 抽查法　抽查法是在课题研究所处的发展高峰期的若干年中进行查找。抽查法往往是用来解决要求快速检索的课题。抽查法有较高的检索效率，但使用这种方法的前提是必须事先了解该课题研究发展的历史背景。

3. 追溯检索法

所谓追溯法是指利用参考文献进行深入查找相关文献的方法。追溯法包括两种方法，一种是利用原始文献所附的参考文献进行追溯；另一种是利用《科学引文索引》进行追溯。

利用原始文献所附的参考文献进行追溯，最好是首先查获一二篇与研究课题的

主题内容相关的述评或专著。这类文献本身相当于一个小型专题情报源，它往往附有大量的涉及课题各个方面的参考文献。以此作为起点进行追溯。这种方法只适于手边没有什么检索工具时采用，它没有利用检索工具进行检索那样全面和系统。

利用《科学引文索引》进行追溯，首先要知道（或查出）一位有关文献作者的姓名。若以后有人引用了该作者的文献，那么在《科学引文索引》的“引文索引”(Citation Index)部分，在该作者的姓名下就会列出引用者的姓名和引用文献来源。若再以所查到的引用者姓名作为新的引文作者姓名，进一步查出他的引用者和引用文献来源，这样循环往复，可以追溯出许许多多的相互引用的作者和文献，直到认为检索结果满意为止。

4. 循环检索法

循环法也叫分段法，实际上是常用法和追溯法的结合，先利用检索工具查找出一批有参考价值的相关文献，然后利用这些文献所附的参考文献或原文中涉及的重要线索进行追溯查找，由此获得更多的相关文献。通过对已获得的相关文献的主题分析，提出新的检索项，再利用检索工具检索，如此循环（分段）使用常用法和追溯法进行检索，直至检索结果满足检索提问需要为止。

三、检索技术

检索技术是指利用计算机检索系统，检索有关信息而采用的相关技术，主要有布尔逻辑运算符、位置运算符、截词运算符、字段限定检索和加权检索。

1. 布尔逻辑运算符

在计算机检索过程中，检索要求涉及的概念往往不止一个，而同一个概念往往又涉及多个同义词或相关词。为了准确地表达检索提问，必须利用逻辑运算符将不同的检索词组配起来。常用的逻辑运算符有以下 3 种。

(1) 逻辑“与”

这种组配关系用“AND”或“ * ”表示，用于检索概念之间的相交关系运算，一般用于组配不同的检索概念。例如要查同时含有概念“A”和概念“B”的文献，可表示为“A AND B”或“A * B”，其检索结果为集合 A 与集合 B 的相交部分（交集）。如图 2－5中阴影部分所示。逻辑“与”在检索中只是限制记录中同时包含概念 A 和概念 B，并不规定两词的先后顺序。

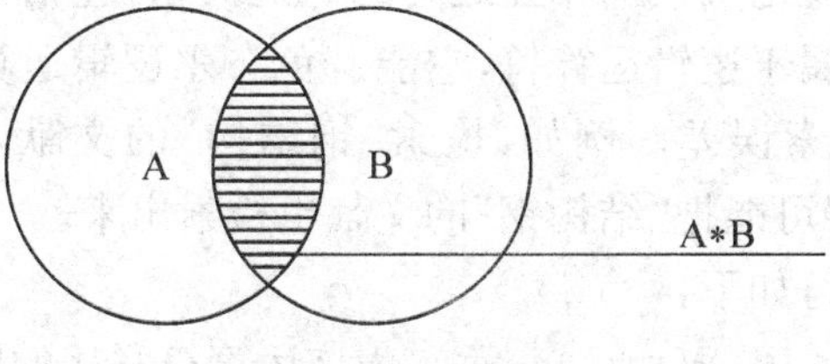

图 2－5　逻辑“与”

(2) 逻辑"或"

这种组配关系用"OR"或"+"表示,它用于检索概念之间的并列关系,可用其组配表达相同概念的检索词,如同义词、相关词等。例如要查含有概念 A 或概念 B 的文献,可表示为"A OR B"或"A+B",其检索结果为集合 A 与集合 B 合并相加部分(并集)。如图 2-6 中阴影部分所示。

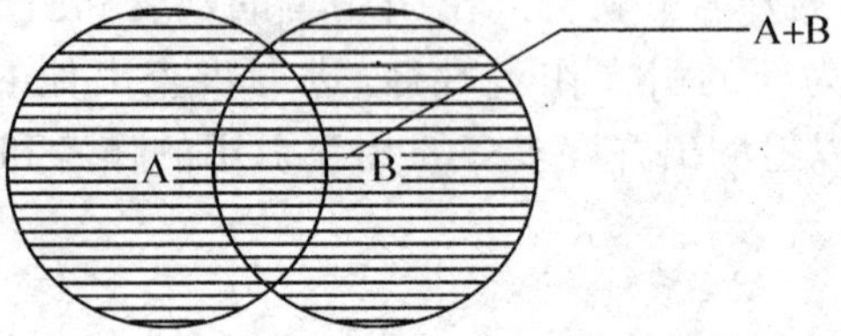

图 2-6 逻辑"或"

(3) 逻辑"非"

这种组配关系用"NOT"或"-"表示,它用于在某一记录集合中排除含有某一概念的记录,例如要在含有概念 A 的集合中排除含有概念 B 的文献,可表示为"A NOT B"或"A-B",其检索结果如图 2-7 中阴影部分所示。在使用逻辑"非"的过程中须十分小心,因为它有可能将相关文献排除掉。

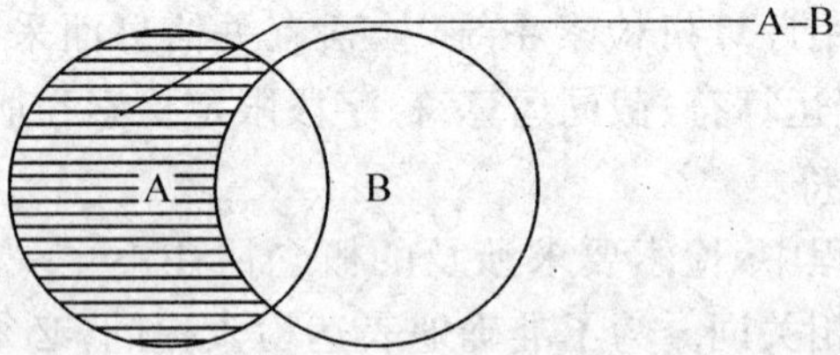

图 2-7 逻辑"非"

在以上布尔逻辑运算符中,其运算优先级顺序为 NOT, AND, OR,不过可以用括号改变它们之间的运算顺序,还要注意对于同一个布尔逻辑提问式来说,不同的运算顺序会有不同运算的结果。在组配中我们必须注意,逻辑"与"和逻辑"非"可能缩小检索范围,提高查准率;逻辑"或"可以扩大检索范围,提高查全率。

2. 位置运算符

位置运算符用于规定检索词相互之间的邻近关系,包括在记录中的顺序和相对位置。位置运算符亦属于逻辑运算符,它能避免布尔逻辑运算符不考虑检索词位置关系而引起的某些检索误差。例如,检索"钢结构"的文献,如果用逻辑"与"组配"钢"与"结构",那么很可能把"结构钢"的文献也检索出来。

常用的位置运算符如下:

(1) with 运算符　用(W)或()表示。用该运算符联接的两个词必须保持原有次序，且彼此邻接，中间不能插入任何词。

(2) n Words 运算符　用(nW)表示。用该运算符联接的两个词前后次序不能变，但在它们之间可插入至多 n 个词。

(3) Near 运算符　用(N)表示。用该运算符联接的检索词无须保持原有次序，但必须相邻。

(4) n Near 运算符　用(nN)表示。用(nN)所联接的检索词在记录中的前后次序可改变，而且两个检索项之间可至多插入 n 个词。

(5) Field 运算符　用(F)表示。用(F)联接的检索项必须出现在记录的同一字段中，而不限定它们在此字段中的相对位置或次序。

(6) Subfield 运算符　用(S)表示。用(S)联接的检索词必须同时出现在同一字段中，但不限定次序(一般数据库规定在同一句子中)。

(7) Link 运算符　用(L)表示。用(L)表示其两侧的检索词之间有主从关系，前者为主，后者为副。(L)可用来联接主、副标题，它们被列在记录的规范词字段。

(8) Citation 运算符　用(C)表示。用(C)表示算符两侧的检索词可以不分字段、不按顺序，只要检索词出现在一篇文献记录即算命中。

在位置运算符和逻辑运算符混合组配时的运算次序为：先算括号内的，然后是位置运算符，最后是逻辑运算符。

3. 截词运算符

截词检索就是把检索词加上某种符号截断，在检索的过程中检出包含该词的记录。截词检索可采用右截断(前方一致)、左截断(后方一致)、左右同时截断(中间一致)、完全一致和指定位数一致 5 种方式。其中，前 3 种方式用得较多。截词运算符常用“+”、“*”或者“?”表示。在不同的检索系统中截词运算符所代表字母的个数有着不同的具体含义，要具体问题具体对待。截词运算可以提高查全率。

(1) 前方一致　即将检索词的词尾部分截掉，比较被检索项的前面部分。这种方法可以省去输入各种词尾有变化的检索词的麻烦。

(2) 后方一致　即将检索词的词头部分截掉，比较被检索项的后面部分。这种方法可以省去输入各种词头有变化的检索词的麻烦。

(3) 中间一致　即将检索词的词头、词尾部分同时截断，在检索较广泛课题的资料时比较有用。

4. 字段限定检索

字段限定检索是指限定检索词在数据库记录中的一个或几个字段范围内查找的一种检索方法。检索时，机器只在限定字段内进行搜索，这是提高检索效率的又一个措施，字段检索可为两类：后缀式(Suffix)和前缀式(Prefix)。前者对应基本索引，反映文献的主题内容，后者对应辅助索引，反映文献的外部特征。例如，在DIALOG检索系统中前缀限制符为：AU=(限查特定作者)、JL=(限查特定刊名)、

LA=(限查特定语种)、PN=(限查特定专利号)、PY=(限查特定年代)。后缀限制符为:/DE(限在叙词标引词中查)、/ID(限在自由标引词中查)、/TI(限在题目中查)、/AB(限在文摘中查)。在多数检索系统中,如果用户不对检索式注明字段限定范围,系统会默认在4个基本字段(篇名、文摘、叙词、自由标引词)中检索。

5. 加权检索

加权检索就是对每个检索词加"权",即赋予一定的数值,以表示它们的重要程度。系统相应的确定一个阈值,阈值是满足检索条件权值总和的最低值。如果一篇文献所含有检索词的权值和大于等于阈值,该文献即被检索命中。例如检索词计算机(5)、软件(8)、应用(4),阈值是9,则:

计算机、软件、应用	权值和=17,大于9,命中。
计算机、软件	权值和=13,大于9,命中。
软件、应用	权值和=12,大于9,命中。
计算机、应用	权值和=9,等于9,命中。
软件	权值和=8,小于9,不命中。

在加权检索中,计算机将文献按权值大小排列。凡在用户指定的阈值之上的作为检索命中结果输出。根据命中文献量的多少,可灵活地调整阈值,阈值愈高,命中的文献就愈少,但查准率愈高。

四、检索步骤

文献检索是根据课题要求,按照一定的途径、方法和技术,查找检索工具和检索系统,将所需文献查找出来。文献检索全过程一般可分为以下几个步骤。

1. 分析研究课题

文献检索过程是一种逻辑推理的过程,首先要对所检课题进行分析。

(1) 明确课题要求　明确检索该课题的目的;明确课题对检索范围的要求,包括时间、地区和文献类型等;明确课题对检索深度的要求,明确是要求提供题录、文摘,还是提供全文。

(2) 明确待查课题学科性质、技术内容和其他有关情况　必须根据待查课题的学科性质和技术内容来选定相应的检索工具,并从中正确选定检索标识(即检索入口),确定检索途径。

2. 制定检索策略

所谓制定检索策略,是为完成检索课题,实现检索目的,对检索的全过程进行谋划之后所制定的全盘检索方案。具体内容包括以下几方面。

(1) 选择检索手段　检索手段有手工检索、计算机检索。各种检索手段各有优缺点,应根据检索手段的可能性以及课题的经费条件和时间等因素综合考虑,选择合适的检索手段。

(2) 选择检索工具或检索系统及数据库　根据检索课题的多方面要求，在了解相关检索工具、检索系统及其数据库的性质、内容和特点后，选择一种或多种检索工具或数据库进行检索。

(3) 选择检索方法　根据检索条件、检索要求和检索课题的特点选择合适的检索方法，比如追溯法、顺查法等等。

(4) 选择检索途径和检索标识　检索途径的选择取决于两方面的条件，一是课题的已知条件和课题的范围及检索效率要求；二是所使用的检索工具所能提供的检索途径。如果只提出内容上的要求，就要根据课题的大小、检全或检准的偏重、检索工具的条件等决定从分类、主题或其他内容特征途径进行检索，还是几条途径按一定次序配合检索。如果从分类、主题、代码等途径检索，需要进一步准确、完整地选择检索语言的标识来表达检索课题。这往往是检索能否成功或高效的关键。

(5) 构造检索式　在计算机检索系统中，需要将检索课题的标识用逻辑运算符进行组配，并选择检索字段和检索提问的先后次序。

3. 试验性检索

无论是手工检索还是计算机检索，对于较大的检索课题，一般应先进行快速、少量的试验性检索，以检验检索策略是否合理和有效。根据试验结果确认或修改原定的检索策略。

4. 正式检索

按照预先制定的检索策略进行实际检索，但仍要根据检索的阶段性成果或碰到的实际问题适当调整策略和进程。灵活运用检索工具、检索途径和检索方法是检索成功的保证。

5. 原文获取

检索结果有两种可能性，一种是文献线索，另一种是全文；如果是文献线索，要对文献线索进行整理，分析其相关程度，根据需要，可利用文献线索通过馆藏或文献传递等途径获取原文。目前国内外有关文献传递服务机构主要有以下几家。

(1) 中国高等教育文献保障系统(CALIS)

中国高等教育文献保障系统(China Academic Library & Information System，CALIS)。CALIS馆际互借与文献传递系统是CALIS公共服务系统的重要组成部分，它依照馆际互借国际标准来设计，通过协议机制完成馆际互借事务的处理、跟踪以及结算。目前，该系统已经实现了与OPAC系统、CCC西文期刊篇名目次数据库综合服务系统、CALIS统一检索系统和CALIS资源调度系统的集成。CALIS管理中心建立了CALIS馆际互借/文献传递服务网(简称CALIS文献传递网或文献传递网)，作为CALIS面向全国读者提供馆际互借/文献传递服务的整体服务。该文献传递网由众多成员馆组成，包括利用CALIS馆际互借与文献传递提供馆际互借与文献传递的图书馆(简称服务馆)和从服务馆获取馆际互借与文献传递服务的图书馆(简称用户馆)。所有的文献申请均可通过文献传递系统网进行提交,服务馆和用户馆的文献传递管理员可随时查看所提交申请的处理情况及费用状况,用户只需与本校图书馆文献传递管理员联系并办理相关事项。

(2) 国家科技图书文献中心(NSTL)

国家科技图书文献中心(NSTL)正式成立于2000年6月,NSTL的网址为http://www.nstl.gov.cn。是科技部联合财政部、国家经贸委、农业部、卫生部和中国科学院等有关部委共同建设的一个虚拟的科技文献信息服务机构,成员单位包括中国科学院文献情报中心、工程技术图书馆(由中国科学技术信息研究所、机械工业信息研究院、冶金工业信息标准研究院和中国化工信息中心组成)、中国农业科学院图书馆和中国医学科学院图书馆。网上共建单位包括中国标准化研究院和中国计量科学研究院。

国家科技图书文献中心(NSTL)根据国家科技发展的需要,按照"统一采购、规范加工、联合上网、资源共享"的原则,采集、收藏和开发理、工、农和医各学科领域的科技文献资源,面向全国提供免费检索服务,实现了全国范围的资源共享。NSTL按照学科和篇名目次等多角度深入地揭示文献资源,并将二次文献检索与全文订购集成为一站式服务平台,用户可在文献检索的基础上直接订购所需原文,无须再输入文献信息,操作简便、效率高。全文以E-mail方式发送,24小时内即可完成。NSTL在服务上直接面向最终用户,属于无中介文献传递服务模式,其用户覆盖了国内主要的科研机构和高校系统。

(3) 国家图书馆文献提供中心

国家图书馆文献提供中心成立于1997年,网址为http://www.nlc.gov.cn。作为国家图书馆的信息服务窗口,承担检索、咨询和传播知识信息等职能;中心以充分利用文献资源、服务改革开放和发挥国家图书馆的职能为宗旨;依靠丰富的馆藏资源,为国家重点科研项目、生产单位及一般用户提供多层次、全方位的有偿服务,其中包括文献传递、馆际互借和国际互借。目前已与63个国家的500多家图书馆建立了业务联系,凡国内缺藏的文献均可申请办理国际互借、原文影印等服务。

(4) 美国联机计算机图书馆中心(OCLC)

美国联机计算机图书馆中心是世界上最大的图书馆合作组织及联机网络中心,也是世界上较大的提供文献信息服务的机构。它向全球的图书馆、信息中心及其用户提供各种文献信息服务,以帮助存取世界各国的信息并降低图书馆成本,为全球提供了成功合作的典范。OCLC成立于1967年7月15日,由美国俄亥俄州的54所大学图书馆组成,取名为俄亥俄大学图书馆中心(Ohio College Library Center,OCLC)。1977年改名为联机计算机图书馆中心,简称仍为OCLC。它基本属于一个从事政府和盈利机构都不愿意从事的而又有公共需求事务的非盈利性组织(盈利不能用于私人分配,而是必须将其投入在生产或捐助公益项目)。自1979年开展馆际互借服务以来，其会员范围已拓展到112个国家和地区的6万多家图书馆和教育科研机构，成为一家全球文献传递中心。CALIS全国工程文献信息中心和OCLC达成了CALIS联合目录成员馆使用OCLC书目资源的协议。网址为http://firstsearch.oclc.org/fsip。用户也可以与本单位的馆际互借业务部门联系，由该部门向清华大学图书馆的馆际互借处提出文献传递请求。

(5) 美国CARL公司的Uncover系统

Uncover是CARL公司(Colorado Alliance of Research Libraries)的一个主要产品，网址为http://www.gateway.ingenta.com/calispku。主要提供关于期刊文献的各种信息产品和服务，包括原文传递。CALIS全国文理中心引进了Uncover数据库，其成员馆可免费检索。Uncover以优惠的价格向CALIS的用户提供原文传递服务，并能够在24小时内通过传真将全文传递给用户。

(6) 英国不列颠图书馆文献提供中心(BLDSC)

英国不列颠图书馆文献提供中心(The British Library Document Supply Center)是目前世界上最大的文献提供中心，网址为http://www.bl.uk/articles。是集中式电子文献传递的典范。英国不列颠图书馆有1.5亿条400种文字的文献资源，为其开展文献传递提供了强有力的保障。英国不列颠图书馆每年收到400多万次的文献提供请求，其中国际请求近30%，提供文献的满意度为85%左右，英国图书馆文献提供中心的文献传递范围十分广泛，包括期刊、图书、会议文献、缩微资料、报纸、政府出版物、专利文献、科技报告、学位论文、乐谱、影像资料以及未通过正常渠道出版的灰色文献等，主要服务方式有：标准拷贝服务、支付版权费拷贝服务、租借服务和英国学位论文提供服务等。

思考题

1. 简述文献检索原理。
2. 检索语言分哪两大类？分别叙述各种检索语言排检方法。
3. 文献检索有哪些主要途径？
4. 逻辑运算符中的逻辑“与”、逻辑“或”、逻辑“非”分别用于何种情况下的概念组配？

第三章 图书文献及其检索

第一节 概 述

一、图书的概念

"图书"一词最早出现于《史记·萧相国世家》，刘邦攻入咸阳时，"何独先入收秦丞相御史律令图书藏之。沛公为汉王，以何为丞相……汉王所以具知天下厄塞，户口多少，强弱之处，民所疾苦者，以何具得秦图书也"。这里的"图书"指的是地图和文书档案，它和我们今天所说的图书是有区别的，今之图书是以传播知识为目的，将文字、符号或图形记载于某种载体上并有一定形式的著作物，它不受时间与空间的限制，行使宣告、著述、保存与传播知识的职能。图书是对人类生活、精神面貌、风俗习惯、经济形态、科学文化的重要记录，对人类文明历史与智慧的记录与传承是其最根本的功能，依赖图书的繁衍与传播，人们获得最经济、最简便、有系统的知识，个人学识得以增进，人类经验得以传承、人类谋求的文明之进步与社会福祉得以梦想成真，因此人类在以非凡能力与勇气改造着自然的同时也创造着记录自身发展的图书。图书以其出版量大，质量稳定、系统，便于存放、携带等优点成为人类社会重要的信息交流媒介之一。《2012 年全国新闻出版业基本情况》显示，2012 年全国共出版图书 414 005 种（初版 241 986 种，重版、重印 172 019 种）。全世界投放市场的图书品种更是浩如烟海。如何在图书的汪洋大海获取自己所需要的图书成为现代人的重要技能之一。

二、图书的检索

1. 图书检索途径

从图书的外表特征出发检索图书有书名、著者、出版社、ISBN 号等途径。ISBN 指国际标准书号（International Standard Book Number），2007 年以前的国际标准书号由十位数字组成，被三条短横线分为四段，每一段都有不同的含义。第一段是地区号，又叫组号（Group Identifier），大体上兼顾文种、国别和地区；第二段号码是出版社代码(Publisher Identifier);第三段是书序码(Title Identifier)由出版社自己给出;第四组是计算机校验码(Check Digit)。四组数字之间应该用连字符(-)连接,如ISBN7-5641-0347-7。新的国际标准书号由13个数字组成,前缀加上978,其余部分与原ISBN相同。从图书的内容特征出发检索图书有分类与主题两种途径。在利用数据库检索图书信息时,这些内外表特征均形成相应的检索途径选择项,并与各种检索技术相互支持配合,完成对复杂主题的检索。

2. 图书检索工具

根据检索工具对图书揭示深度的不同,我们一般有两种类型的工具,一是可以获得图书全文的一次工具,这包括光盘版的全文图书库和网络全文数字图书网,国内的如超星数字图书馆、书生数字图书馆、世纪顶新外文数字图书馆(CDFL)和方正数字图书系统(Apabi数字图书系统);国外的如OCLC的Netlibrary、Spring—Link,以及Ebrary外文电子图书数据库。二是可通过目录、索引及光盘和网络的目录数据库等二次检索工具首先获得有关图书的相关信息,再继续查找全文,这包括印刷的书目工具、各种信息机构的图书馆藏目录数据库、地区性的或国际性的联机图书目录查询系统,以及专业出版机构的图书书目查询系统,如出版机构、网上书店、读书俱乐部、图书论坛和书评网站相关书目信息。

第二节 中文图书及其检索

一、书目检索工具

1. 书目的基本概念

书目是图书目录的简称,是对一批图书文献的相关进行著录,形成记录款目,并按一定次序编排而成的一种揭示与报道文献的检索工具。书目报道了图书的著者、书名、出版社及其相关信息。

按照载体类型区分,书目型检索工具分成印刷型和数据库两大类。按照编制目的区分,书目检索工具可分为登记书目、通报书目、推荐书目、专题书目等。按著录文献内容范围,书目检索工具可分为综合书目、专题书目、地方文献书目等。按揭示文献收藏范围情况,可分为馆藏目录和联合目录。

古代书目和现代书目有着较大的区别。古代书目不仅著录图书的外形特征,还侧重从学术角度解释其内容特征,有的书目还注重介绍图书的版本情况或指出伪造之书,读者从中可窥视古今学术发展的轨迹,并能够鉴别、考辨图书的版本及真伪。因此,古代书目的显著特征是对读者治学起着“辨章学术,考镜源流”的作用。现代书目较之古代书目,分类体系更为科学化,结构款目更为规范化,注重揭示和报道文献的内外特征,图书信息丰富,检索手段完备,注重书目信息的信息价值和检索功能是现代书目的显著特征。

书目对读书治学的主要功用主要表现为两点：第一，提供文献的基本信息，以供选择图书。书目向读者展示了一个国家、一门或几门学科在一定时期的图书出版情况，通过书目，我们大致可以了解各类图书的出版情况，每种图书的信息内容，可根据自己的需要和爱好选择取舍。第二，提供研究成果和资料，以利科学研究。通过书目，我们可了解本学科的研究历史和研究现状，特别是通过各类新书目，可掌握本学科最新研究成果，有利于考究学术源流、确定研究课题，并查询到与研究课题相关的事实和资料。

2. 检索中文图书常用工具

(1)《全国新书目》 原名《每周新书目》，中国版本图书馆编，创刊于1950年，1955年改定今名，现为月刊，1978年2月起对国外发行，是在国内出版物呈缴本的基础上编制的定期书目刊物，主要收录我国各出版单位正式出版公开发行的各类图书，按类编排，只能从分类角度去检索图书。它能更迅速地报道全国每月每类文献出版的情况。它是查找最新出版的图书的有效检索工具。

(2)《全国总书目》 是《全国新书目》的年度积累本，中国版本图书馆编。这是反映我国文献出版情况的大型资料性工具书，是根据全国出版单位缴送来的样本书编成，它准确、及时地反映与记录了全国公开出版和发行图书的基本情况，具有图书年鉴的性质。按类编排，可从分类角度去检索图书。《全国总书目》在分类目录之外，还设有"少数民族文学图书"、"古籍"、"工具书"、"翻译出版外国著作"等专题目录。后附有书名索引，可通过书名检索图书。

(3)《中国国家书目》 北京图书馆作为中国国家图书馆，自1987年起编制《中国国家书目》。鉴于国家书目以全面系统地揭示与报道一个国家出版的所有图书的基本特征，它反映一个国家在一定历史时期科学文化发展的状况。因此《中国国家书目》是我国最完备的图书总目。1995年《中国国家书目》开始出版了自己的CD-ROM，收录了1988年以来的中国国家书目约23.5万条，数据格式采用CNMARC，设立了题名、作者、主题、关键词、分类号、出版社、题名作者、汉语拼音等款目内容。该光盘既可以模糊检索，也可以精确检索；可以单项检索，也可以布尔逻辑组配检索。输出的形式是：字段形式、卡片形式显示与打印、机读记录形式写盘。每半年更新一次。

二、联机馆藏目录检索

联机馆藏目录主要有两大类，包括单一馆藏目录与联合目录，他们的共同特点是均有提示性良好的人机对话界面，按照这些目录查询系统的规定提供需要的检索条目即可获得相应的馆藏内容。

1. 单一馆藏目录与查询系统

在网络环境下，每一个图书馆都有自己的馆藏目录与查询系统。如进入清华大学图书馆馆藏目录(http://innopac.lib.tsinghua.edu.cn/，如图 3-1)可以查询到馆藏中西文图书、中西文纸本期刊，以及部分多媒体资源、外文电子图书、外文电子期刊和 2003 年以来清华大学公开的学位论文。2000 年以前的日文图书和 1994 年以前的日文期刊尚不能在馆藏目录中查到。古籍可通过馆藏古籍目录查询，其余馆藏文献请通过卡片目录查询。提供了从作者、题名、主题、关键词、索书号、文献号和 ISBN 号的检索途径。每个检索点都提供高级检索功能，检索词之间可进行逻辑组配，可通过检索范围、时间、文献类型、语种、出版者等控制检索结果，检索结果可按选项进行排序，如图 3-2。

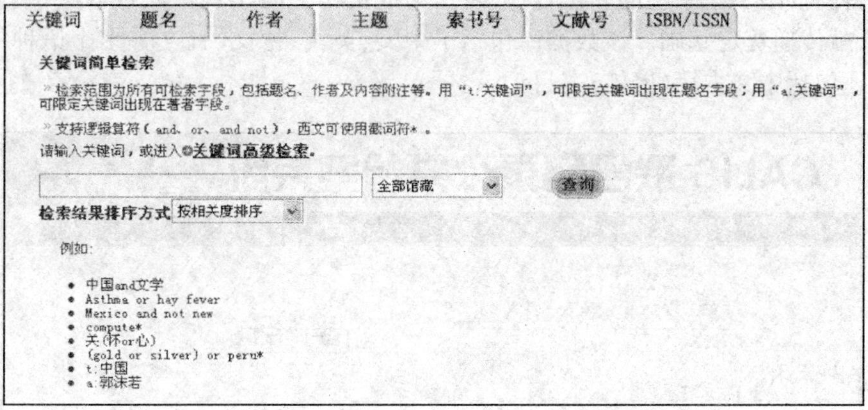

图 3-1 清华大学图书馆馆藏目录检索界面

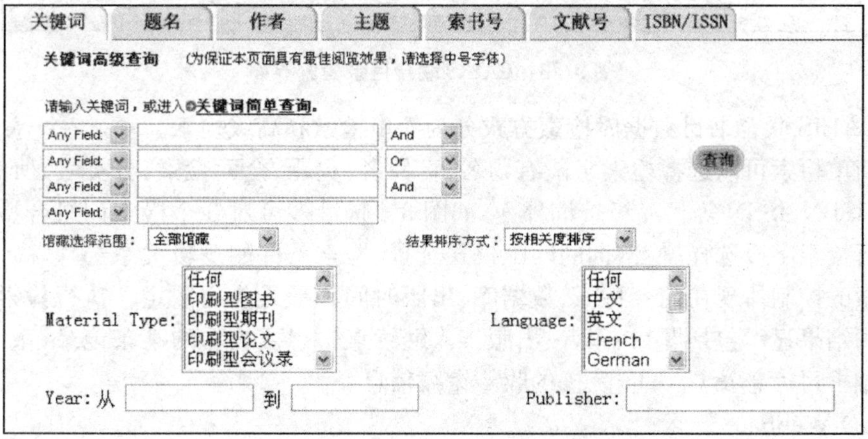

图 3-2 清华大学图书馆馆藏目录高级检索界面

2. 联合目录（Union Catalog）

联合目录一般是某个较大的机构，与某一类相近或有共性的图书馆结合形成统一界面的检索目录。如国内教育部开展的高校文献资源共享系统 CALIS 首先对全国部分高校进行的联合书目建设，国外的 WorldCat、WebPac 等。这些系统可以对多家馆藏进行统一高效的检索。

(1) CALIS 联合书目目录

CALIS 联合书目数据库（http://opac.calis.edu.cn/simplesearch.do）是全国"211 工程"100 所高校图书馆馆藏联合目录数据库，是 CALIS 在"九五"期间重点建设的数据库之一。它的主要任务是建立多语种书刊联合目录数据库和联机合作编目、资源共享系统，如图 3-3，为全国高校的教学科研提供书刊文献资源网络公共查询，支持高校图书馆系统的联机合作编目，为成员馆之间实现馆藏资源共享、馆际互借和文献传递奠定基础。该数据库包括了中文、英文、德文、日文等多个语种的书目记录，还包括中文古籍（繁体）书目记录。

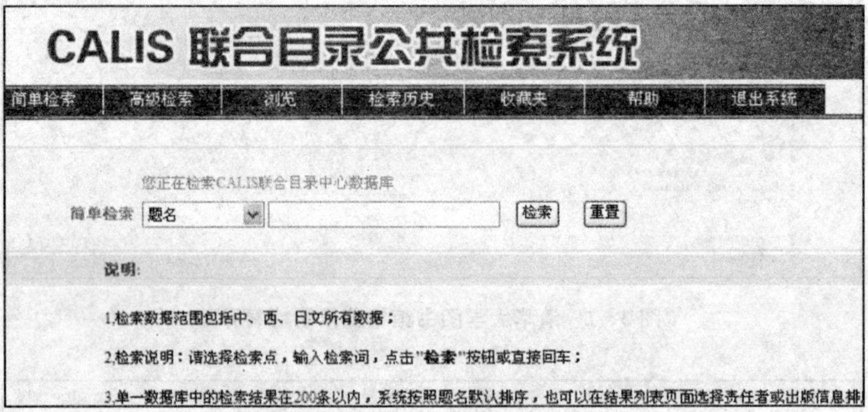

图 3-3 CALIS 联合目录检索界面

CALIS 联合书目数据库检索方式分为简单检索和高级检索。

简单检索可以选择检索字段有题名、责任者、主题、全面检索、分类号、所有标准号码、ISBN、ISSN 等。高级查询界面，如图 3-4，最多可对 3 个检索词组合检索，可以进行检索字段选择、检索词的匹配模式选择、检索条件的逻辑关系选择，高级查询对检索的控制体现在内容特征、数据库、出版时间和形式进行限定。执行检索后，若有命中结果显示包括题目、作者、出版年。继续点击想要查看的某条记录，系统将显示详细书目信息及 CALIS 院校的收藏馆藏信息。

(2) WebPac

WebPac（http://ipac.library.sh.cn）是美国 Expitch 公司推出的遵循 Z39.50（网络信息传输协议）协议的网上书目查询系统。目前上海图书馆、上海交通大学图

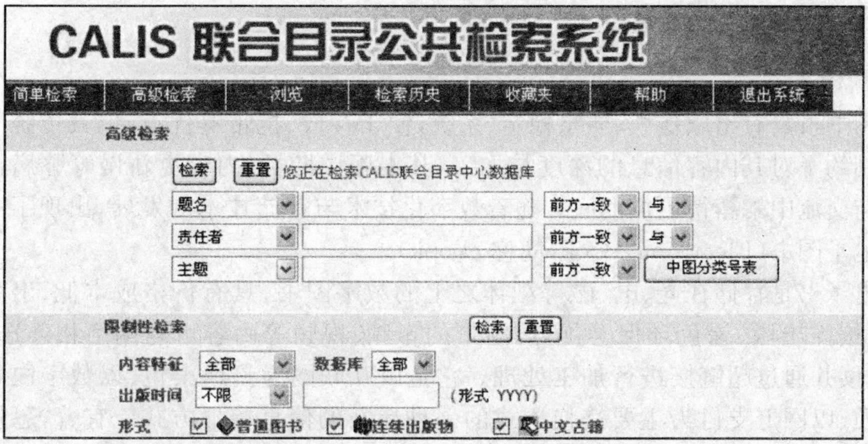

图 3-4 CALLS 联合目录高级检索界面

书馆、复旦大学图书馆、华南理工大学图书馆等均使用该产品。利用 WebPac 您可以查询到世界上任何 Z39.50 服务器上书目数据库。通过上海图书馆的 WebPac，在其统一界面下，可查询到上海交通大学图书馆、复旦大学图书馆、香港科技大学图书馆(Hong Kong Univ. S&T)、美国国会图书馆(Library of Congress)等其他图书馆的书目信息和馆藏信息。

上海图书馆的 WebPac 提供了著者、题名、关键词、主题、标准书号 5 个检索点，精简查询、关键词、字顺浏览 3 种检索方式，支持著者精简查询、题名精简查询、著者字顺浏览、题名字顺浏览、著者关键词、题名关键词、一般关键词等 12 种检索途径。执行检索后，在简要书目界面上，显示检索途径、检索提问词、检索结果数，以及包括题名、著者、出版地、出版时间在内的简要书目信息。点击“查询记录”链接，则进入书目信息的详细结果显示页面，在此页面上，可以查询到该书刊的提要等详细书目信息，以及索书号、所在馆、在库中还是已归还等当前流通状态，可否借阅等馆藏信息。

此外，中外均有许多机构联合共同组建区域性或行业性的联合目录，国内如上海教育网络图书馆提供上海 19 所高校图书馆图书目录数据库和上海 19 所高校图书馆外文期刊目录数据库；国外如剑桥大学图书馆(Cambridge University Library)，简称 CUL，(http://www. Lib. cam. ac. uk)，有剑桥大学联机目录(有通过网络和通过 telnet 两种方式)和日文图书联合目录外，还提供大学研究图书馆联合体联机公共目录，提供对若干大学图书馆全部馆藏的目录，包括爱丁堡、哥拉斯高、里兹、伦敦、牛津和剑桥等大学，并可通过链接 http://www. Lib. cam. ac. uk. catalogues. 查询英国国内外的其他馆藏目录。

三、电子图书检索

1. 电子书

图书虽具有出版量大、质量稳定、系统，便于存放、携带等优点，但其传统的印刷方式制约了对其内容信息的深度与加工，其出版周期长、内容更新慢等弊病在网络传播与交流中暴露得更加彻底。随着数字化技术与存储技术的发展，出现了一种新型的电子图书(Electronic Book，简称 eBook)。

电子书是存储在光、电、磁等载体之上的数字图书，具有价格成本低、出版周期快、可按需出版、绿色环保等优点，附带的音频、视频等内容可与网络相连选取、下载、阅读并通过超链接进行加工处理。它是以互联网为流通渠道、以数字内容为流通介质、以网上支付为主要交换方式的一种崭新的信息传播方式。有着"恐怖小说之王"美誉的美国著名畅销书作家斯蒂芬·金抛开传统出版社，借助于国际互联网发表了他66页的新作《骑弹飞行》，并成功创下了24小时之内被下载40万次的惊人纪录，从而成为第一位尝试网络出版发行作品的美国主流作家。2010年在伦敦召开的"2010年图书贸易"研讨会上，与会专家就图书与网络、图书的作用、图书零售模式、出版技术以及代理人的作用等问题展开了激烈讨论，并认为由印刷版向数字版的转化将是不可逆转的。

eBook 的出现不仅仅意味着一种新技术的出现使我们能将各种各样油印的、铅印的平装书、精装书、线装书、毛边书置之脑后，它更预示着一种新的观念、新的生活方式、新的世纪的到来。

早期的电子书大都以光盘形式发售；在网络出版时期，电子书格式就是其出版物形式。E书阅读需借助专用的阅读器(即 Electronic Reader，简称 eReader)，每种专用阅读器都有一个独立格式，如 SoftBook 格式、RocketBook 格式、eBookman 格式等等。电子书阅读器有软、硬件之分。软件形式的阅读器主要应用于 PC 机、PDA(Personal Digital Assistant 个人数字助理)等数字处理设备上。PC 机上最常见的是微软 LIT 格式和 Adobe 公司的 PDF 文件；PDA 则主要采用 PRC 文件格式。电子书阅读器硬件又称为专用阅读器，其提供相应格式电子书的阅读环境。

2. 网上主要中文电子图书系统

(1) 超星数字图书馆

2000年1月超星数字图书馆(http://book.chaoxing.com/，如图 3-5)在互联网上正式开通。超星数字图书馆是国家"863"计划中国数字图书馆示范工程项目，由北京世纪超星信息技术发展有限责任公司投资兴建，为目前世界最大的中文在线图书馆，提供24小时在线服务。超星数字图书馆包括计算机、教育、文化理论科学、数学、物理、化学、生物科学、力学、文学类、航空、航天类、环境、财政、金融、法律类、建筑科学、工业技术、工程技术、建筑等五十余大类的图书，全文总量4亿余页，论文

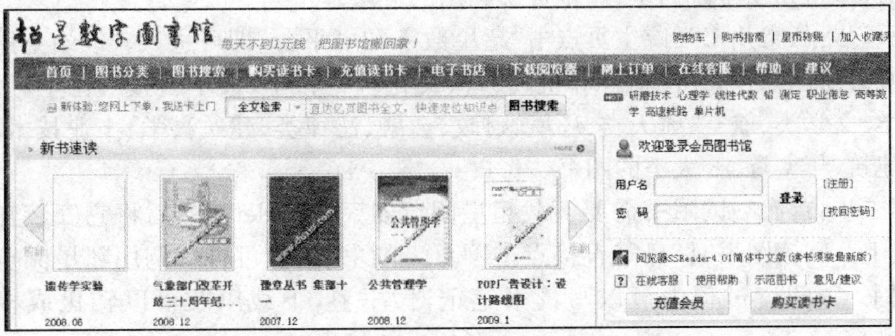

图 3-5 超星数字图书馆主页

300 万篇,数据总量 30 000 GB,并且每天都在不断地增加与更新。

① 超星数字图书馆的使用方法 目前有两种方式利用超星资源,一是个人直接购买超星读书卡,成为其注册用户使用;二是通过集体设置的镜像站点利用。新用户使用的步骤是:

A. 下载安装阅读器 超星阅览器(SSReader)是超星公司拥有自主知识产权的图书阅览器,是专门针对数字图书的阅览、下载、打印、版权保护和下载计费而研究开发的。经过多年不断改进,SSReader 现已发展成为国内外用户数量最多的专用图书阅览器之一。

B. 注册新用户 在使用超星资料之前新用户必须经过主页或超星阅览器软件的主菜单"注册/新用户注册"申请注册,获得注册后的会员名和密码,一个会员名只属于一个读者,同一时间只能在一台机器上使用,并且一周内不能在超过 7 台不同的机器上注册(同一台机器多次注册仅视为一台机器,两台机器多次反复注册仅视为两台机器)。通过阅览器下载的图书资料是加密数据,与会员名相关,只有注册该会员名的阅览器才能阅读。如果将下载资料移动到其他机器,需要用同一用户名重新注册才能阅读。会员分为付费的读书卡会员和非读书卡会员两种。进行注册成为会员后可阅读免费的超星图书,用户不但可获得免费图书的目录信息,还可点击"快速版阅读"阅读全文,但不可下载离线阅读,要想下载到本地机子上必须购买超星读书卡。

C. 购买超星读书卡 超星读书卡是超星数字图书馆会员注册卡,一旦购买超星读书卡就可以为您的"会员名"充值交费成为读书卡会员并可获得相应会员使用期限。超星读书卡按使用期限分为:季卡(有效期 3 个月)、年卡(有效期 1 年)、两年卡(有效期 2 年),从注册之日算起。期满之前或之后均可为读书卡充值。多张读书卡同时充值注册时,将自动累加有效期时间。购买超星读书卡可通过邮购、短信定购、在线购买等方式进行。作为集团用户的个体可通过各自的局域网内建立的超星数字图书馆镜像站,在 IP 地址范围内或注册用户管理下使用超星数字图书馆资料。

以进入常州工学院为例，超星资源利用的方法是：

第一步：从常州工学院主页点击“超星数字图书平台”即可进入。该站上网图书共约 40 万册图书，内容包括计算机、教育、文化理论科学、数学、物理、化学、生物科学、力学、文学类、航空、航天类、环境、财政、金融、法律类、建筑科学、工业技术、工程技术、建筑、年鉴等 48 大类的图书。

第二步：首次阅读图书需要下载超星阅览器(SSReader)，然后将它安装在您的计算机上。阅读图书时，只需直接点击网页上的书名，便可自动调用超星阅览器来阅读图书了，阅读过程中可以写读书笔记，做书签，下载以及可以转化成相应的 Word 文档。

② 超星的服务　除提供图书全文的下载和阅读服务外，超星还提供由全国各大图书馆专家联合为您导航找书的网上参考咨询服务、最新的图书资讯和书评信息服务，图书专题以及数字化图书检索服务。

③ 超星的检索功能　在检索表达式的构造上，超星支持用通配符“?”表任意的一个字符串，用%表示一个或多个任意的字符串的截词检索，构造表达式中的 and、or、not 运算分别可以用逻辑关系符 *，+，一代替实现；高级检索可以根据文献的题名、作者、目次、关键词、分类号，利用逻辑运算 and，or，not 进行组配检索；同时提供从分类途径进行检索，这时只需要点击各级类目名，层层展开就可实现，如图 3-6。

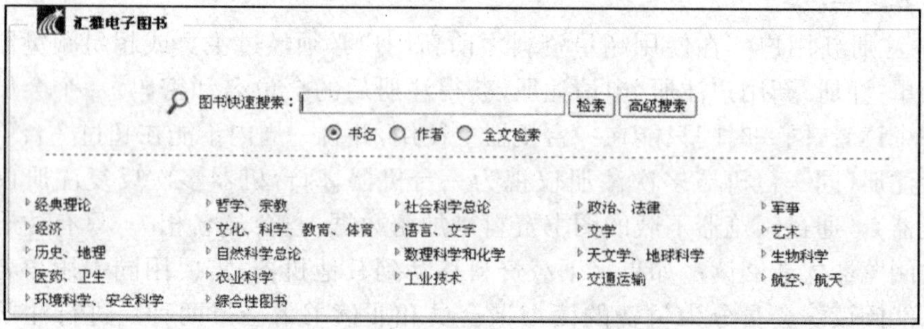

图 3-6　超星数字图书馆检索界面

(2) 书生之家数字图书馆

书生之家数字图书馆(http//www. souba. org)于 2000 年 4 月 7 日试运行，5 月 8 日正式开通，由北京书生科技有限公司创办，是集支持普遍存取、分布式管理和提供集成服务于一身的基于 Intranet 和 Internet 环境下的数字图书馆系统平台，下设中华图书网、中华期刊网、中华报纸网、中华 CD 网等子网，集成了图书、期刊、报纸、论文、CD 等各种出版物的书目信息、内容提要、精彩章节、全部全文，目前有 8 000 种中文图书，其中 7 000 余种可全文在线浏览。书生之家数字图书馆收录的基本上是 1999 年以后的图书，提供四级目录导航，可以和目前国内大部分图书馆自动化系统衔接。

检索电子图书。用户可用图书书名、作者、ISBN、摘要等检索途径来检索电子图书,也可根据图书分类浏览电子图书。一站式检索:实现在其他数字图书馆系统中检索自己所需要的资源;全文检索:在图书或者期刊中根据检索内容在全文范围内进行检索。

在浏览书目信息后,点击所要阅读的书籍,出现书籍的具体信息,点击"全文",即可进行电子图书的全文阅读。或者在主页左栏的图书分类中打开所需的子类,在图书列表中,单击"全文",(注:必须先下载安装书生阅读器)即可阅读您所需要的图书。如要进行检索,在"图书检索"项输入相应检索条件,即可进行查询。书生之家数字图书馆系统提供图书书名、出版机构、丛书名称、作者、ISBN 号、主题、摘要、全文检索等各种检索途径。

电子图书的阅读、编辑。书生之家电子图书为全息格式,因此可以进行对文章内容的选择、复制、粘贴以及高亮条、下划线、圈注等等编辑。单击工具栏中的拾取文本选项,将鼠标移到文本内容,在要复制的文本内容开头按住鼠标左键不放,鼠标下拉至所需内容结尾,放开鼠标左键,此时会自动弹出文字识别结果,然后可以进行复制、保存、取消操作。

下载阅读器。如果您是第一次使用书生之家电子图书,请先下载电子图书浏览器,点击网页上端的"软件下载"进入下载界面,选择书生阅读器下载,用 winzip 解压缩并安装到你的计算机上。以后阅读便会自动调用阅读器进行阅读。

(3) 方正中文电子书

方正中文电子书网(http://www.apabi.com,如图 3-7)收集有教材教辅、工业技术、自动化技术、计算机技术、文化、科学、教育、体育、数理化、综合性图书、外语等 20 多种类别,共计上万册电子图书。用户可以根据分类、书名和作者等途径查找图书。提供电子书城、出版社电子书专卖店和免费下载等服务,其中免费电子书下载方法为:

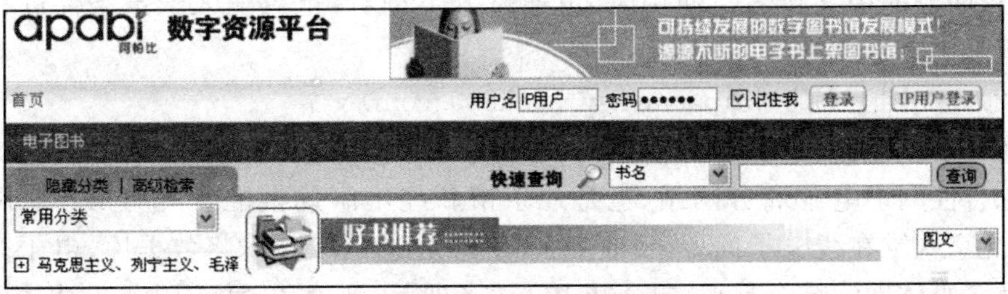

图 3-7 方正中文电子书检索界面

① 登录方正中文电子图书网主页,点击"免费电子书下载",进入到 Apabi 图书馆,提供分类、快速查询和高级检索三种方式。

② 快速查询提供书名、责任者、主题/关键词、出版社、年份、全面检索和字段选

择查询。

③ 点击“显示分类”按钮,页面左边出现按中图法分类的多级目录,逐级点击进入子目录。右侧将显示属此分类目录下的电子书外表特征项,可选择在线浏览、借阅或下载。

④ 点击“高级检索”进入高级检索页面。高级检索可利用“并且”、“或者”进行书名、责任者、出版社、出版地、版次、价格、中图法分类号、语种等33个字段内和字段间的组配检索。经分类检索或高级检索后,若检索结果很多,可使用“结果中查”在检索结果中反复多次进行二次检索。

Apabi是由北大方正公司研制推出的用于阅读电子书(eBook)、电子公文等各式电子文档的浏览阅读工具,支持CEB、XEB、PDF、HTML、TXT多种文件格式。ApabiReader电子书阅读器界面友好,是一个为中文电子图书环境设计的阅览软件,可阅读CEB格式的书籍或文件,在阅读电子图书的同时,能方便地在电子图书上作圈注、批注、划线、插入书签,还具备书架管理功能。

四、网上图书检索

网上书店是网上购买图书的站点。网上书店具有图书信息量大、查询简单方便、购买方式多样、价格优惠、服务多样和文化品位高等特点,一些网上书店还提供图书的在线阅读或下载服务,读者支付一定费用后可以享受这种服务。

1. 网上书店

(1) 当当网上书店(http://www.dangdang.com)

当当公司于1997年成立,从事收集和销售中国可供书数据库工作。当当网上书店于1999年11月投入运营,是全球最大的中文网上书店。当当由美国IDG集团、卢森堡剑桥集团、日本软库(Softbank)和中国科文公司共同投资。该书店面向全世界中文读者提供20多万种中文图书及超过1万种的音像商品,顾客覆盖整个中国及欧美、东南亚的中文读者。使用时,可通过分类浏览,也可输入给定条件进行组合检索。

(2) 800网上书店(http://www.book800.com)

800图书网是一个集出版信息、图书展示、质量评定、网上销售和读者交流为一体的综合性图书电子商务网站,也是北京市新闻出版局批准备案的第一家网上书店,由北京八维在线电子商务公司创办。它以先进网络技术将数据库、电子商务系统以及多媒体展示结合起来,向全球中文读者展示、评价和销售国内500多家出版社每年出版的21万种图书。该书店的特色有:快速而全面的新书资讯、数据化的图书质量评价、超低价的网上图书销售、快捷迅速的图书配送体系。

(3) 中国寻书网(http://www.foundbook.com)

2000年4月18日,方正人教电子商务软件开发有限责任公司正式推出这个大型的、健康的电子商务图书网站。该网站是目前国内唯一的由权威出版机构直接参与投资建设的网上图书销售系统，是科技产业与传统行业的完美结合，在中国的电子商务网站中独树一帜。

(4) 中国图书网(http://www.bookschina.com)

中国图书网是北京英典电子商务有限公司的主要网站，该公司是由一家传统图书经营公司转型的公司，有8年图书经营经验，在全国30个中心城市拥有自己的配送中心。该书店特色：品种齐全，提供30万种图书；价格优惠，所有图书最高8折，典藏精品图书4折；且免费配送。

(5) 亚马逊网上书店(http://www.amazon.com)

亚马逊网上书店开办于1995年7月，总部设在美国华盛顿州的西雅图市，为美国纳斯达克证交所上市公司。起初，经营网上图书销售，现在，从事各种物品网上交易，如各种电子贺卡、网上拍卖以及上百万种图书、CD、视盘、DVD、玩具、游戏和电子产品等，拥有网上最大的物品清单。

亚马逊书店网站的特色不仅仅是查询快捷、订购简便，还刊载各种媒介上的书评、书的作者们有关自己的访谈录、读者撰写的读后感，在网站上还能找到许多书的节选及相关材料的链接，亚马逊通过这些途径分析读者的购书习惯并向他们推荐书目。在主页"Search"框键入关键词，可以获得大量书名供挑选。在"Amazon.com. 100 hot Books"栏目，亚马逊根据历来的购书记录为用户筛选新推出的产品，每小时都有资料供参考。可以说，亚马逊已经成为一个围绕购书这一业务的综合网上书店。

2. 网上销售出版书目

(1) 中华读书网(http://tidetimehc.b2b.hc360.com/)于2000年6月开始运营，由光明日报报业集团成员《中华读书报》和泰德时代集团合作建设，是集出版资讯、图书宣传推广、电子图书发行销售为一体的服务平台，目前已成为国内乃至全球华文世界重要的图书出版类网站。

(2) 中国图书网(http://chinabooks.cnokay.com)是"国图信达电子商务平台"的重要组成部分，是国内涵盖中国图书信息量最大，动态增补新书信息和提供图书信息最快，用户检索和查询图书信息资料最为快捷、简便的商业网站。本网站可供图书信息122 577条，近期可增长到15万条左右；每两周发布新书预告5 000条左右；图书总目集1949年新中国成立以来出版的中国图书条目之大成，系统反映新中国图书出版历史全貌，信息总量已逾125万条以上，并以电子版形式提供所需各类图书。同时发布社科新书目、科技新书目信息。

中国图书网提供快速检索、复合检索和分类检索等检索途径。

① 图书快速检索　可通过ISBN号、书名、丛书名、作者、社科征订号、科技征订号进行单项查询。

② 图书复合检索　可根据图书的书名、作者、ISBN号、出版社、出版日期、图书

类别等多项信息进行组合查询,并支持精确查询、截词检索、日期限定等检索技术配合运算,以精确检索结果。

③ 图书分类检索　本网站提供两种分类检索方法,即"中图分类"和"营销分类"。前者根据《中国图书馆分类法》将图书分为22个大类和若干子类,营销分类则是按行业需求进行的分类,此方法更符合一般购书者的习惯。同时提供对29种外文图书按语种分类的检索途径。

第三节　外文图书及其检索

一、书目检索工具

1.《书目索引》(Bibliographic Index)

由美国威尔逊公司编辑出版,是一部现期性书目之书目,是集书目和索引于一体的检索刊物,每年三期。收录内容涉及2 800种英语以及其他西文期刊,重点为美国出版物。按主题字顺排列。

2.《世界书目之书目》(A World Bibliography of Bibliographical Catalogues)

由英国当代目录学家贝斯特曼编。收录范围有关于图书、稿本、文摘、专刊等目录,涉及各学科,是一部收录范围非常广泛的回溯性书目。

3.《在版图书》(Books in Print)

通称BIP,由美国鲍克公司编辑出版,年刊,是美国《出版商年鉴》(Publisher's Trade List Annual)的索引本,收录美国大多数出版商出版的图书、专题文集、丛书等。按著者和书名字顺分别编排,是美国著名的在版编目。

4.《累积图书索引》(Cumulative Book Index)

通称CBI,由美国威尔逊公司编辑出版,月刊,该索引广泛收录世界英文图书,是一部国际性书目,报道及时,出版历史悠久,编排结构良好,体系完备,便于检索。

二、联机馆藏目录检索

1. 美国国会图书馆(LC)联机目录数据库

美国国会图书馆(The Library of Congress 简称 LC, http://www.loc.gov/index.html)是美国的四个国家图书馆之一,也是世界上最大的图书馆之一,其联机目录数据库拥有馆藏书目记录约1 200万条,包括图书、期刊、计算机文档、手稿、音乐、录音及视频资料,可通过主题、著者(个人、团体和会议)姓名、题名、图书登记号或关键词等途径检索。该网站还提供了大量通往其他机构联机目录的链接。

2. WorldCat

该库是OCLC的一个联机的联合目录数据库,是一个全球统一目录,目前包括

4 100多万条记录，这些记录来自 370 多种语言的文献，覆盖了从公元 1000 年到现在的资料，主题范畴广泛，堪称同类数据库中最大最全面的一个，基本上反映了世界范围内的图书馆所拥有的图书和其他资料。

利用 OCLC FirstSearch 的在线参考咨询服务，可以检索 5200 WorldCat，PAIS 和其他相关数据库中关于书籍、期刊等资料的书目信息。进入“FirstSearch 首页”，在“跳至高级检索”栏选择“WorldCat”数据库即可查询。

三、电子图书检索

1. OCLC Net Library 电子图书

NetLibrary 是 OCLC 的一个部门，也是世界上著名的电子图书数据库系统，链接地址是 http://www.netlibrary.com(专线)。目前收录了全球 312 家出版社的近 5 万种电子图书，涉及自然科学和人文科学各个领域，其中 90%是 1990 年后出版的，每月可增加几千种。由复旦大学图书馆和上海图书馆、其他高校图书馆、研究机构图书馆组成的上海地区集团，联合引进了 NetLibrary 电子图书。目前集团正式采购的电子图书近 1 000 种，学科主题覆盖了社会科学和科学技术的各个领域，每种书为一复本；另可阅读 3 400 种无版权限制的电子图书，没有复本限制，主要是美国历史、小说、诗歌、人物传记、哲学宗教等主题。NetLibrary 采用 IP 地址控制访问，校园网用户可直接访问提供了 Advanced Search(高级检索)和 Command Search(命令检索)两种检索方式。

2. SpringerLink

德国施普林格(Springer-Verlag)是世界上著名的科技出版集团，通过 Springer Link(http://springerlink.lib.tsinghua.edu.cn/home/main.mpx)系统提供学术期刊及电子图书的在线服务。该系统分为 11 个学科数据库，由此构成了 11 个全文电子图书馆，覆盖生命科学、化学、地球科学、计算机、数学、医学、物理与天文学、工程学、环境科学、经济学和法律等学科。通过 Springer Link 可以免费查阅文摘，但获取全文必须是注册订阅用户和期刊订购用户。

3. John Wiley

John Wiley 作为知名的学术和专业出版机构，是出版化学、生命科学和医学以及技术领域的图书、期刊和电子出版物的最主要的领导者。链接地址：http://www3.interscience.wiley.com/browse/? type=BOOK。Wiley 电子图书提供 4 个专业领域的近 500 个题目，是一个集科学、技术、生命科学和医学等内容为一身的学术性数据库。涉及领域包括：化学、电子工程和通讯、生命科学和医学、数理和统计。

4. Ebrary 外文电子图书数据库

Ebrary 外文电子图书数据库（ http://www.ebrary.com/corp/ ）包含 220 多家学术、商业和专业出版商的权威图书和文献，覆盖了商业经济、计算机、技术工程、语言文学、社会科学、医学、历史人文、科技和法律等主要科目的书籍种类，合作出版社包括 The McGraw-Hill Companies、Random House、Penguin Classics、Taylor & Francis、Yale University Press、John Wiley & Sons、Greenwood 等著名出版社。Ebrary 的学术类收藏(Academic Collection)中包含了 3 万多册图书，约 70%是 2000 年之后出版的。

5. 世纪顶新外文数字图书馆

世纪顶新外文数字图书馆(http://lib.bift.edu.cn/upfiles/200710383544270.htm)(CDFL)由世纪教育集团开创，于 2003 年 10 月 1 日试运行，11 月 1 日正式开通，是集支持普遍存取、分布式管理和提供集成服务于一身的基于 Intranet 和 Internet 环境下的数字图书馆系统平台，是迄今为止中国第一家原版引进外文图书的数字图书馆。

世纪顶新数字图书馆借集团优势同国外各高校建立了良好的合作关系，包括美国的席勒大学、渥太华大学、美斯特大学、南阿尔巴马州立大学，英国的格林尼治大学、伦敦商务计算机学校以及新西兰奥克兰教育学院等。因此，世纪顶新数字图书馆有着得天独厚的条件，可在第一时间内将原版的外文教科图书引进国内高等院校，有助于改善高校图书馆外文文献资源匮乏的现状，为国内高校用户利用外文资源打开了一道方便之门。世纪顶新外文数字图书馆从建立到现在已经与全国范围内的许多高等院校建立了友好的业务合作关系，包括中国农业大学、中国青年政治学院、上海复旦大学、中国人民大学、中央财经大学、北京语言大学、北京工商大学等。

目前世纪顶新外文数字图书馆(CDPL)有两种服务模式可供选择，一是成为会员，每年交纳规定的会员费，并按照会员用户提供的 IP 地址范围开通资源共享服务，对接到其服务器上即可在线阅读数字图书。二是直接购买世纪顶新的数字图书，在本地校园网中心做镜像。

世纪顶新提供世界经典文学、哲学、经济学、世界史、财政金融、法律政治、计算机、人物传记、环境保护、信息科学、电子商务等 14 个大类外文图书的分类浏览(Catalog)检索和图书检索(Book Search)方式检索。在图书检索中提供了从图书名称、出版机构、作者、丛书名称、ISBN 和提要检索的途径。可选择逻辑“and”或“or”构造表达式。

四、网上图书检索

国外大出版商都建有自己的网站，如约翰·威利父子公司(http://as.wiley.com/WileyCDA/Section/index.html)的网页上有出版工作室、版权申请服务、网上订书和网上查询服务(包括目录查询和相关网址查询)。

由于竞争激烈，国外出版社大多强调自己的出版特色，从而形成了不同的专业分工。如购买计算机的书，可以选择麦克米伦(Macmillan)计算机出版社(http://www.mcp.com)。成立于 1914 年的 Prentice Hall(http://www.prentice.hall.

com)在大学书籍出版方面享有盛誉，出版的书从一般水平的大学课本、函授教材到专业书籍、参考文献、专业论文、多媒体等。国外科技类书籍最大的出版社之一是德国的 Springer-Verlag.（SpringVerlag）出版社，学科范围遍及医学、心理学、生物学、配药、数学、物理学、天文学、化学、地球科学、环境科学、工程科学等。Bowker 公司专门出书目类工具书，而 Wilson 公司几乎垄断了索引工具的出版。美国最有名的字典出版商是 Merriam-Webster 公司、Houghton Mifflin 公司等。

(1) 巴诺网上书店（Barnes and Noble，http://www. bn. com）

巴诺网上书店创办于 1997 年 3 月，主要销售图书、音乐制品、软件、杂志、印刷品及相关产品，现为网上第二大书店，是网上图书销售增长最快的书店。按 Media Metrix统计，巴诺网上书店是全世界最大网站之一，电子商务排行第四。

巴诺网上书店现可搜索上百万种新版和绝版图书、16 大类 1 000 个子类的音乐制品、几万本相册、20 000 多本艺术家自传等等。根据季节，还提供上千种折扣图书，最大让利 91%。书店提供成千上万种图书宣传品、专家推荐资料，甚至网上读者论坛，以作图书购买参考之用。

巴诺网上书店现货图书有 75 万种，是世界上现库存种数最多的书店。巴诺网上书店与 AOL，LyCOS，MSN 等网站建有商业联系，至 1999 年 9 月 30 日，网站顾客已超过 290 万，遍及 215 个国家和地区。现有 520 家巴诺连锁分店和 470 家道尔顿连锁分店。销售 50 000 个出版商的图书。

目前，巴诺和亚马逊两个网上书店有合作关系。两个网站的检索界面和结果有许多相似之处。只要你想在网上购书，那么去 Amazon 还是 Borders 都是一样的。它们的结合可以说是强强联合，Amazon 书店在网上的知名度非常高，而 Borders 在世界各地的连锁经营非常好，通过共享数据库，共享零售商店等资源，使它们很容易在同类书店中脱颖而出。

(2) 鲍德斯网上书店（http://www. borders. com）

鲍德斯于 1971 年成立于美国密歇根州，经过多年的发展，在世界上许多国家建有数百家连锁店，是国际上著名的精品书店。1997 年，推出了其网络版。2001 年，与亚马逊网上书店联手，开发了更为先进的鲍德斯网络版。

(3) 沃兹沃思网上书店（http://www. wordsworth. com）

这是于 1976 年最初建于美国麻省哈佛的书店，是最早使用计算机管理书业事务的书店。该书店早在上世纪 80 年代早期就开始使用电子邮件，其网站始建于 1993 年。现该在线书店收有约百万数据，可以帮助用户获得任一本在美国出版过的图书，也可以检索到任一本已绝版的图书的信息。

(4) ULrich 国际期刊指南（ULRICH'S INTERNATIONAL PERIODICALS）

这是全球范围内的期刊名录数据库，提供了 210 000 种正式出版的期刊和非正式的连续出版物，其中有 47 000 种是已停止出版的刊物。另外，数据库同时提供了

200 个国家 90 000 多个出版商的订购与联系方式的资料。该数据库目前在美国银盘公司 WebSpirs 系统中提供服务。

(5) OCLC 世界书目(World Category)

WorldCat 是世界范围内图书馆的图书和其他资料的联合目录数据库，包括 3 900多万条记录，每个记录中带有馆藏地点。它包括以下类型的目录资料：图书、手稿、计算机数据文件、地图、计算机程序、乐谱、影片和胶片、报纸、期刊、录音资料、视频资料等等。最早的资料可追溯到公元 1000 年。该数据库目前在美国 OCLC 的 First Search 系统中提供服务。

思考题

1. 查询图书的途径有哪些?
2. 中外文电子图书数据库有哪些?
3. 结合专业，查出中外文教学参考书各 3～5 种。

第四章 期刊文献及其检索

第一节 概 述

一、印刷型期刊

期刊又称杂志，一般是指定期或不定期出版的有固定名称的连续出版物（一般有固定的名称、统一的出版形式和一定的出版规律）。以纸张为载体，它们有连续的卷、期或年、月顺序号。其特点是出版周期短，反映新成果及时，内容新颖，信息量大等，能及时反映科学技术中新成果、新水平、新动向。和图书一样，公开发行的期刊都有 ISSN 号和 CN 号。ISSN 号，即国际标准刊号，以实现对全世界期刊文献的管理，国际标准刊号由 8 位数字组成，共分为两段，每段 4 位数字，中间用“—”隔开，前 7 位是刊名代号，末位是计算机校验位。CN 号，即国内统一刊号，由报刊登记号和分类号两部分组成，其间以斜线“/”隔开，结构形式为：CN 报刊登记号/分类号。例如《计算机学报》杂志，其封面就分别标有：ISSN0254—4164 和 CN11—1826/TP。

期刊发表的论文大多数是一次文献，许多新的成果、新的观点、新的方法往往首先在期刊上发表。期刊是交流学术思想最基本的文献形式，因而成为利用率最高的文献类型。期刊文献约占整个信息源的 60%～70%，由此科技期刊受到科技工作者的高度重视，大多数检索工具也以科技期刊为主要报道的对象，对某一问题需要了解时，最普遍的办法是查询期刊论文。期刊按内容性质可分为学术性期刊、通报性期刊、技术性期刊、科普性期刊、动态性期刊、综述和述评性期刊和检索性期刊。其中学术性期刊、技术性期刊、综述和述评性期刊对科研生产的直接参考价值较大，而通报性期刊、科普性期刊、动态性期刊和检索性期刊出版周期短，对掌握发展情况和查找信息有帮助作用。

二、电子期刊

电子期刊是以数字形式出版发行，贮存在光、磁等介质上，并可通过计算机设备本地或远程读取、使用的连续出版物。电子期刊最早产生于 20 世纪 80 年代中期，进入90年代以后发展迅速,成为电子出版物中的后起之秀,经历了软盘型期刊、光盘型电子期刊、联机电子期刊和目前的网络化电子期刊几个阶段。

电子期刊分为两种类型。一种是印刷版期刊的电子版,主要内容与印刷版相同,但利用网络和计算机技术增加了很多服务功能,如检索结果和内容的超文本链接、相关学科的网站或资料的介绍等;另一种属于原生数字资源,是只在因特网上发行的纯电子期刊,完全依托计算机、网络和通信技术编辑、出版和发行,内容新颖,表现形式丰富。

与纸质期刊相比,电子期刊具有以下优点:一是出版周期短、发行方式灵活。一份在网络上发行的电子期刊,能够在收稿后,将其放入网络就可实行网上出版与发行,出版周期大为缩短,发行方式更加灵活。二是容量大、费用低。电子期刊只占用数字存储空间,可进行大容量存储,且能进行不断扩充,同时以电子为媒介发行期刊,大大降价了传统期刊的制作、印刷、发行成本,因而价格比较低廉。三是具备检索和超链接功能。电子期刊能提供多种检索方式和入口检索全文、或某章节的内容,使读者能在较短的时间内查到所需内容。具备相同、相似论文的聚合与链接功能,可以使读者在阅读期刊时,能方便地浏览大量相关内容的论文,获取特定专题的系统性知识。四是表现形式丰富。电子期刊不仅可以是文本,而且可以是集图、文、声、像为一体的多媒体文件,让人阅读起来感觉更加美妙;五是可随时随地访问;六是易保存和复制。

当然电子期刊也不可避免地存在一些缺点:一是电子期刊阅读必须使用计算机;二是网络速度会影响电子期刊的获取和阅读的效率;三是不同的电子期刊中文档格式标准化尚未完成,读者必须使用多种浏览器来阅读电子期刊,非常不方便;四是电子期刊使用过程中涉及版权问题、用户对文献的使用权限等问题。

三、核心期刊

核心期刊是指刊载某学科学术论文较多的、论文被引用较多的、受读者重视的、能反映该学科当前研究状态的、最为活跃的那些期刊。核心期刊能集中该学科的大部分重要文献,能反映该学科当前的研究状况和发展方向,其学术性强,研究成果新颖,专题集中、系统,因此是获得专业领域前沿信息的主要信息源。核心期刊的作用为:其一,可以为图书馆期刊采购提供依据;其二,可以为图书馆导读工作和参考咨询提供依据;其三,可以为数据库建设提供支持;其四,可以为期刊扩大影响,提高学术水平服务;其五,可以为我国学术论文统计分析提供依据;其六,可以为科研绩效评价,专业职务评定提供依据;其七,可以为读者投稿提供参考。要了解各专业领域的核心期刊可查阅北京大学图书馆等单位于2008年推出《中文核心期刊目录总览(第五版)》及其他相关资料。

四、期刊影响因子——期刊质量的测评指标

期刊影响因子(impact factor,简称IPF)是从引文角度测度期刊重要性及影响的一项指标,通常表示为某种期刊中论文的平均被引用次数。某年度某刊的影响因子(IPF)等于源期刊(统计来源期刊)引用该刊前两年论文的次数(S)除以该刊前两年发表论文的总篇数(M),其具体计算公式为IPF=S/M。一般来说,期刊的影响因子数值越大,就表明期刊被引用的程度越高,它的影响力和学术作用也就越大。

第二节 国内期刊论文及其检索

一、《全国报刊索引》

1. 概述

《全国报刊索引》是综合性检索刊物,它以题录形式报道国内公开发行的中文期刊及报纸文献,分哲学社会科学版和自然科学技术版两种,创刊于1955年,国内外公开发行,月刊,年报道量40万条以上,由上海图书馆编辑出版。1993年开始,推出其光盘版数据库和联机数据库。2009年起,增加学术会议预告信息。

2. 编排结构

该索引由编辑说明,分类目录,正文部分,索引和引用期刊一览表5部分组成。

3. 著录格式

该索引的著录格式根据国家标准GB3793—83《检索期刊条目著者规则》,结合报刊文献的特点进行著录,自2000年第1期起,增加第一作者的所属单位。最新著录格式如下:

090714001① 基于水平集接力的图像自动分割方法② /王斌③ (西安电子科技大学电子工程学院,710071)④ ;高新波//软件学报⑤. —— 2009,20(5)⑥. ——1185-1193⑦

【说明】 ① 顺序号:其结构为年+期+流水号,050813879即为2005年第8期第13879条题录;② 文献题名;③ 责任者最多著录前三位,其余用“等”表示;④ 第一作者的单位;⑤ 刊名;⑥ 出版年,卷,期;⑦ 起止页码。

4. 检索途径与方法

(1) 分类途径

① 分析课题,确定所检课题所属的类目。

② 浏览分类类目,找到课题所属类目的页码。

③ 根据分类类目所指的页码,在正文中检索到所需题录。

④ 索取原文。

【例如】 以《全国报刊索引》(自然科学技术版)2009年第7期为例,检索"关于元数据方面"的文献。

① 分析课题,元数据属于计算机软件。

② 在分类类目中,查到TP31→271页。

③ 在正文中找到271页,就可以找到相关题录。

④ 根据题录,索取原文。

(2) 著者途径(三种索引检索方法相同)

① 按所查著者姓名的字顺在著者索引中找到该著者及其所著文章的题录号码。

② 根据题录号码在正文中找到题录。

③ 索取原文。

二、中国期刊全文数据库

1. 数据库概述

中国期刊全文数据库是中国知识基础设施工程(CNKI)知识创新网中最具特色的一个文献数据库。CNKI是由清华同方光盘股份有限公司、中国学术期刊(光盘版)电子杂志社、光盘国家工程研究中心等单位,于1999年6月在《中国学术期刊(光盘版)》和中国期刊网全文数据库建设的基础上研制开发的一项规模更大、内容更广、结构更系统的知识信息化建设项目。除中国期刊全文数据库外,CNKI还有中国图书全文数据库、中国优秀博硕士学位论文全文数据库、中国重要报纸全文数据库、中国重要会议论文全文数据库、中国专利数据库、中外标准数据库等产品。

中国期刊全文数据库是在《中国学术期刊(光盘版)》的基础上开发的基于因特网的一种大规模集成化、多功能动态学术期刊全文检索系统。该数据库以学术、技术、政策指导、高等科普及教育类期刊为主,内容覆盖自然科学、工程技术、农业、哲学、医学、人文社会科学等各个领域。截至2012年10月,收录国内学术期刊7 900多种,其中创刊至1993年3 500余种;自1915年至今出版的期刊,部分期刊回溯至创刊;全文文献总量3 500多万篇。核心期刊收录率96%;特色期刊(如农业、中医药等)收录率100%;独家或唯一授权期刊共2 300余种,约占我国学术期刊总量的34%。产品分为十大专辑:基础科学、工程科技Ⅰ、工程科技Ⅱ、农业科技、医药卫生科技、哲学与人文科学、社会科学Ⅰ、社会科学Ⅱ、信息科技、经济与管理科学。十大专辑下分为168个专题和3 600个子栏目。它是目前世界上最大的连续动态更新的中国期刊全文数据库。

2. 检索方式

(1) 初级检索方式

初级检索的功能是在指定的范围内,按单一的检索项检索,这一功能不能实现多检索项的逻辑组配检索。通过点击页面右上角的状态栏即可进入初级检索方式界面，见图 4 - 1。

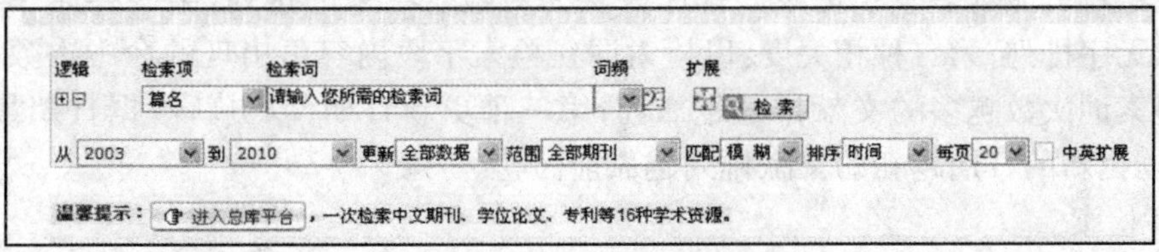

图 4 - 1　初级检索界面

① 选择查询范围

查询范围功能选项在左窗口下侧的检索导航栏中，通过它可指定检索进行的范围，这里分类列出了十个总目录，在每个总目录的下面又分别设有详细的子目录可供用户进一步缩小选择。

② 选择检索项和检索模式

您可以通过“检索项”右边的下拉列表选择一个你将要检索的项目名，检索项为篇名、作者、关键词、单位、摘要、参考文献、基金、全文、刊名、ISSN、年、期、主题（篇名/关键词/摘要）、中图分类号、第一作者、统一刊号。

模式选项分为两种：模糊匹配和精确匹配。当你想检索出“著者”是“王明”的所有文献时，则可以通过精确匹配，检索出“王明”的全部文献，而不是通过模糊匹配，将“王晓明”、“＊王明明”等这样名字的著者的文献也包括其中。这就是二者的区别所在。

③ 输入检索词及其要求

在“检索词”输入框中进行输入，当你想在一个检索项中同时输入两个或两个以上的检索词时，那么在检索词之间可以用逻辑运算符“＋”、“＊”进行连接。

扩展词：在输入检索词的情况下，单击检索项右侧的图标，显示以输入词为中心的相关词。提供主题、篇名、摘要、作者、第一作者、单位、参考文献、全文、基金等 9 个字段的扩展词。

词频：在输入检索词的情况下，选择词频数，检索词出现次数大于或等于词频的检索结果，才予输出。

④ 选择时间范围、文献来源和更新

可以选择在一段时间内进行检索（如：选择从 1999 年到 2003 年）。

文献来源指的是你想要检索的文献的来源，有四个选项可供选择：全部、EI 来源刊、SCI 来源刊及核心期刊。

更新：以一定的时间范围为条件，提供既定时间范围内网络出版的文献数据，有全部数据、最近一周、最近一月、最近三月和最近半年等项可选。

⑤ 记录数和排序方法

记录数和排序两选择项是针对检索结果显示界面设定的。记录数可以自定义选择设定每页显示多少条记录。排序方法为对检索结果的排列,第一种无序:为检索结果无序排列;第二种相关度:以检索词在检索字段内容里出现的命中次数排序,出现检索词次数越多的文献排列越靠前;第三种更新日期:以更新数据日期最新排列,数据更新的日期越新的文献排列越靠前。

⑥ 检索

点击"检索"按钮,服务器会返回结果至右侧上部的窗口中。默认每页显示 10 条记录,超过 10 条可以翻页查看。

(2) 高级检索方式

要进行高级检索,点击页面右上角的状态栏即可进入高级检索方式界面,见图 4-2。

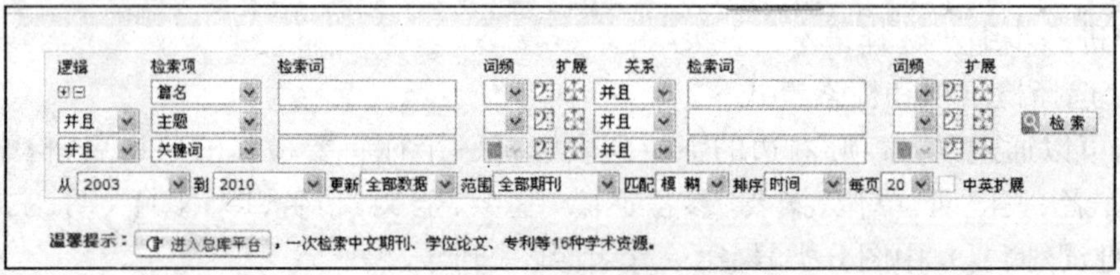

图 4-2 高级检索界面

① 选择检索项和输入检索词及其要求

检索项及检索词的选择输入方法跟初级检索中一样,这里不再赘述。

需要指出的是高级检索中总共可以指定六个检索项,六个检索项之间的连接方式共有五种选择:并且、或者、不包含、同名、同段,每一种方式说明如下:

A. 并且 相当于逻辑"与"的关系。指要求检索出的结果必须同时满足两个条件。

B. 或者 相当于逻辑"或"的关系。指检索出的结果只要满足其中任意一个条件即可。

C. 不包括 相当于逻辑"非"的关系。指要求在满足前一个条件的检索结果中不包括满足后一条件的检索结果。

D. 同句 要求检索词出现在同一句里。

E. 同段 要求检索词出现在同一段里。

② 选择检索范围、时间范围、文献来源和更新

这里的检索范围等也跟初级检索中一样,可根据需要直接选择。

③ 选择记录数和排序方式

这里的记录数和排序方式也跟初级检索中一样,可根据需要直接选择。

④ 检索

点击"检索"按钮，服务器会返回结果至右侧上部的窗口中。默认每页显示10条记录，超过10条可以翻页查看。

(3) 专业检索

通过点击页面右上角的状态栏，即可进入专业检索条件界面，见图4-3。

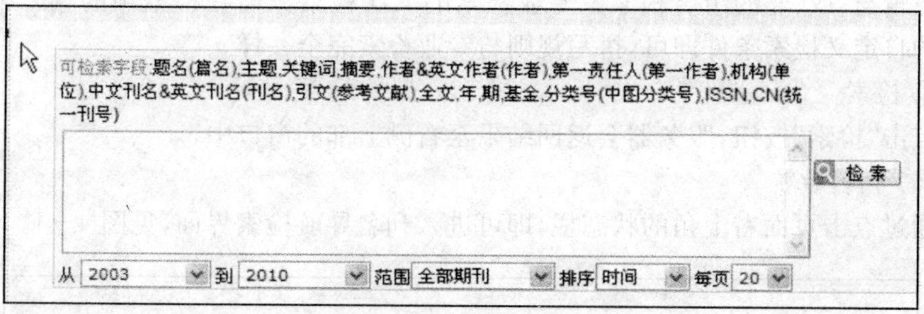

图4-3 专业检索界面

专业检索比高级检索功能更强大，但需检索人员根据系统的检索语法编制检索式进行检索，仅适合于专业人员检索使用。

① 选择检索范围

在窗口下面的检索导航栏目中指定检索范围，这里分类列出了十个总目录，在每个总目录的下面又分别设有详细的子目录可供用户进一步缩小选择。

② 填写检索条件

在专业检索中给出了一个检索规则说明表，表中分别列出了所有检索项与其代码的一一对应关系，在填写检索条件的时候，我们只需根据上面所示的检索项的中文或英文简写拼写出类似SQL语句的Where条件部分即可。例如我要检索出"篇名"包括"计算机"或者是"计算机数控"的所有文献，则检索条件拼写为：TI='计算机' OR TI='计算机数控'或者将检索项的英文代码改为中文代码也一样可以：篇名='计算机' OR 篇名='计算机数控'。提示：检索词一般加上半角引号。

③ 检索

点击"检索"按钮，服务器会返回结果至右侧上部的窗口中。默认每页显示10条记录，超过10条可以翻页查看。

(4) 二次检索

一次检索后可能会有很多记录是用户所不期望的文献，这时可在第一次检索的基础上进行二次检索，二次检索只是在上次检索结果的范围内进行检索，可以多次进行。这样可以逐步缩小检索范围，使检索结果越来越靠近自己想要的结果。

① 由初级检索、高级检索或专业检索产生检索结果。

② 选择操作方式

操作方式有三种选择:并且、或者、不包含,用法同高级检索。

③ 输入检索词

这个跟在第一次检索中一样,首先选定一个检索项,然后输入对应的检索词即可。需要指出的是,在高级检索的二次检索中,可以对检索结果同时进行两个检索项的逻辑与、或、非的组合检索。专业检索的二次检索只需在检索项的输入框中输入你的自定义检索条件即可,拼写规则与专业检索完全一样。

④ 检索

点击"检索"按钮,服务器会返回结果至右侧上部的窗口中。

(5) 刊名导航

通过点击页面右上角的状态栏,即可进入刊名导航检索界面,见图 4-4。

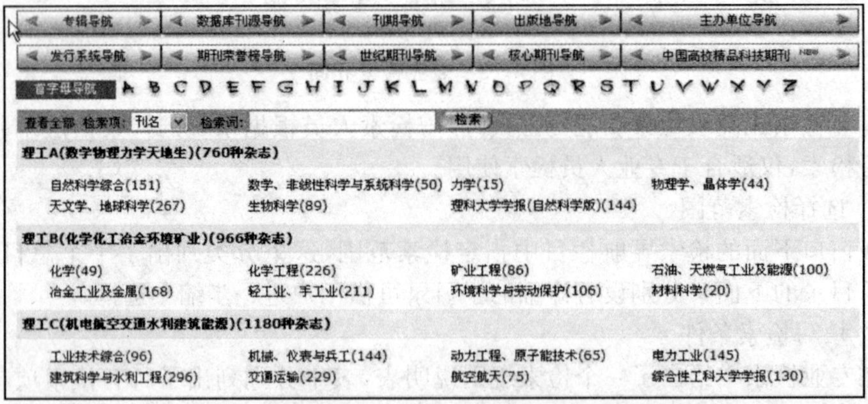

图 4-4 刊名导航检索界面

刊名导航是一种以期刊名称为检索入口,来查其上面所刊载的论文情况,包括专辑导航、数据库刊源导航、刊期导航、出版地导航、主办单位导航、发行系统导航、期刊荣誉榜导航、世纪期刊导航、核心期刊导航、首字母导航等 10 种方式。

3. 检索结果

如果用户想要浏览、下载和打印检索到的文章的全文,需要预先下载 CNKI 提供的专用全文浏览器软件 CAJ。系统将全文浏览器软件以压缩文件格式存放在 CNKI 主页中,用户可点击全文浏览器图标进行下载安装。

(1) 原文浏览及下载

用户一般可以通过检索结果显示的篇名、作者、中文摘要、刊名等信息对检索出的文章进行初步筛选和取舍。如果要浏览和下载选中文章的原文,系统提供两种方法:一是直接点击结果显示页面右上方篇名前的"原文下载"图标;二是通过点击篇名打开下方的摘要显示窗口,然后点击窗口中"原文下载"链接进行原文下载。如果选择“在文件的当前位置打开”，全文浏览器会自动将全文以原貌的格式(caj)打开显示在页面上；若选择“将该文件保存到磁盘”，则出现保存文件的窗口，系统会提示用户输入路径和文件名，确定后，全文文件会被存入磁盘的指定位置。

(2) 原文打印

打印保存过的原文时，要首先找到保存的 caj 格式文件，双击选中的 caj 格式文件，全文浏览器会自动打开制定的 caj 文件。打印时可点击显示页上方工具条中的打印机图标，然后根据需要输入必要的打印参数，最后点击“确定”按钮，即可实现全文打印。打印当前正在浏览的全文时，可直接点击打印图标或从 IE 浏览器“文件”菜单中选择打印命令进行打印。

(3) 知节网

知节网是知识网络节点的简称，检索结果所提供的单篇文献的详细信息和扩展信息的浏览页面被称为知节网，见图 4-5，它不仅包含了单篇文献的详细信息如题名、作者、机构、来源、时间、摘要等，还是各种扩展信息的汇集点。这些扩展信息通过概念相关、事实相关等各种方法提示知识之间的各种关联，达到知识扩展的目的，有助于新知识的学习、发现、获取。目前知节网所提供的扩展信息有：知识元、参考文献、引证文献、相似文献、读者推荐文献、相关作者、相关研究机构、文献分类导航等。

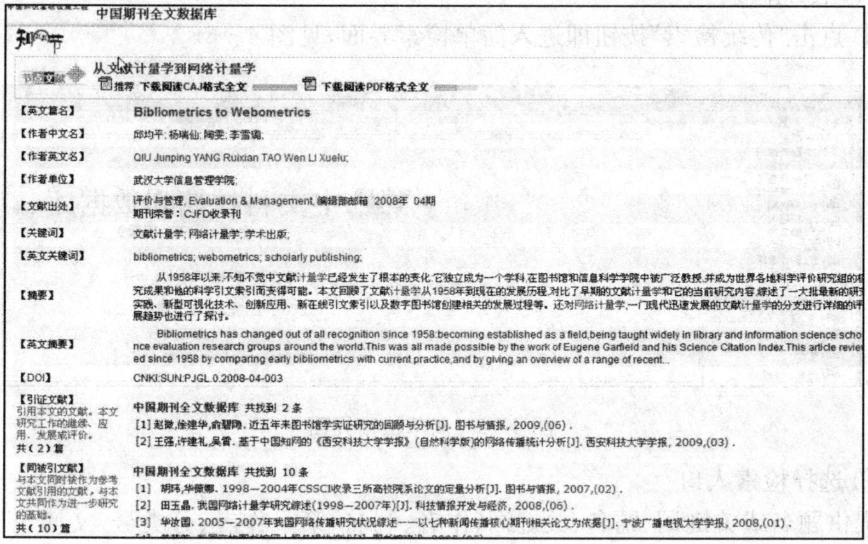

图 4-5 知节网

三、中文科技期刊全文数据库

1. 数据库概述

《中文科技期刊数据库》是由中文科技信息研究所重庆分所于 1989 年研建，是目前国内数据量最大的综合性文摘型数据库。自 1989 年以来，一直致力于报刊等信息资源的深层次开发和推广应用，集数据采集、数据加工、光盘制作发行和网上信息服务于一体；截止 2013 年 2 月，该库期刊总数 12 000 余种，其中北大 2011 版核心期刊 1 981 种，文献总量 3 720 余万篇。重庆维普信息资源系统中的三个重要数据库是：《中文科技期刊全文数据库》,《中文科技期刊引文数据库》,《外文科技期刊文摘数据库》。其中《中文科技期刊全文数据库》是国内目前收录期刊最多的数据库，它收录了 1989 年以来国内社会科学、自然科学、工程技术、农业科学、医药卫生、经济管理、教育科学和图书情报 8 大专辑文献，分为数理科学、化学、自动化和计算机、天文和地球科学、生物科学、一般工业技术、建筑科学与工程、矿业工程、石油和天然气工业、冶金工业、航空航天、金属学与金属工艺、机械和仪表工业、能源与动力工程、医药卫生、原子能技术、电器和电工技术、电子学和电信技术、图书情报、农业科学、化学工业、轻工业和手工业、环境和安全科学、教育科学、水利工程、交通运输、经济管理、社会科学 28 个专题，并以每年 200 万篇的速度递增。任何用户均可免费访问该数据库中的题录和文摘信息，但需下载论文全文则要按页付费或授权使用，授权方式有提供镜像安装、网上包库和网上计费下载。

2. 检索方式

(1) 传统检索

① 点击“传统检索”按钮即进入简单检索界面，见图 4 - 6。

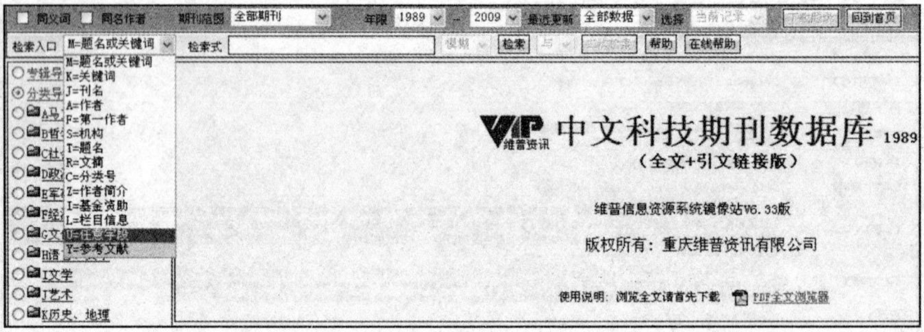

图 4 - 6 简单检索界面

② 选择检索入口

提供题名或关键词、题名、关键词、作者、刊名、第一作者、分类号、文摘、机构、任意字段、作者简介、基金资助栏目信息等 13 个检索入口。

③ 限定检索范围

数据库提供分类导航、期刊导航、数据年限限制、期刊范围和最近更新限制。

A. 学科分类导航

学科分类导航以《中国图书馆分类法》(第四版)为依据，每一个学科分类都可以按树形结构展开，利用导航缩小检索范围，进而提高查准率和查询速度。

B. 期刊导航

期刊导航以《中国图书馆分类法》为依据，将中刊库所收录的期刊进行分类，用户可根据需求将检索范围限定在某学科范围的期刊(或某一特定的期刊)内进行检索。

C. 出版年限限制

数据收录年限从1989年至今，检索时可进行年限选择限制，(如:选择从1989年到2004年)。

D. 期刊范围限制

本数据库的期刊范围包括:全部期刊、重要期刊、核心期刊，用户可以根据检索需要来设定适合的范围以获得更加精准的数据。

E. 最近更新限制

最近更新包括:全部数据、最近一周、最近半月、最近一月、最近三月、最近半年，系统默认为全部数据。

④ 简单检索及复合检索

简单检索即直接输入检索词，限定检索范围进行检索。

复合检索分为二次检索和直接输入检索表达式的检索。

A. 二次检索

用户一次检索的检索结果中可能会遇到检索结果不理想的情况，这时就可以考虑采用二次检索。二次检索是在一次检索的检索结果中运用“与、或、非”进行再限制检索，以得到理想的检索结果。

B. 直接输入检索表达式

在清楚检索条件并能熟练组织检索表达式的基础上，可通过直接输入检索式的方式进行检索。例如:需要查找关于“晶体生长”的由作者“刘英才”写的文章，可直接在任意字段中输入“K=晶体生长 * A=刘英才”来得到检索结果。

⑤ 辅助检索功能

A. 同义词检索

勾选页面左上角的“同义词”，选择关键词字段进行检索，可查看到该关键词的同义词。检索中使用同义词功能可增加检全率。注意事项:同义词功能只适用于三个检索字段:关键词、题名或关键词、题名。

B. 同名作者检索

勾选页面左上角的同名作者，选择检索入口为作者(或第一作者)，输入检索词“张三”，点击“检索”按钮，即可找到作者名为“张三”的作者单位列表，用户可以查找需要的信息以做进一步选择。注意事项:同名作者功能只适用于两个检索字段:作者、第一作者。

C. 模糊和精确检索

在“检索式”按钮的右侧提供了“模糊”和“精确”检索方式的按钮，以便用户进行更准确的检索。该功能在选定“关键词”、“刊名”、“作者”、“第一作者”和“分类号”这五个字段进行检索时，该功能才生效。

(2) 快速检索

① 点击“快速检索”按钮即进入高级检索界面，见图 4－7。

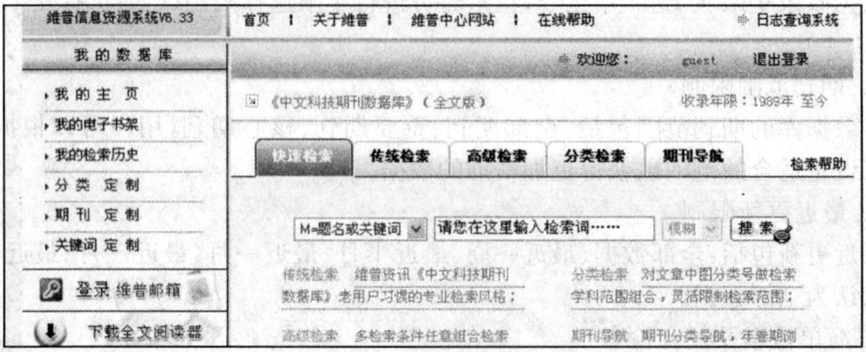

图 4－7 快速检索界面

② 选择检索入口

③ 输入检索词

系统提供两种输入方式：简单输入式和复合检索式。

④ 检索

即可实现相应的快速检索功能。

(3) 高级检索

① 点击“高级检索”按钮即进入高级检索界面，见图 4－8。

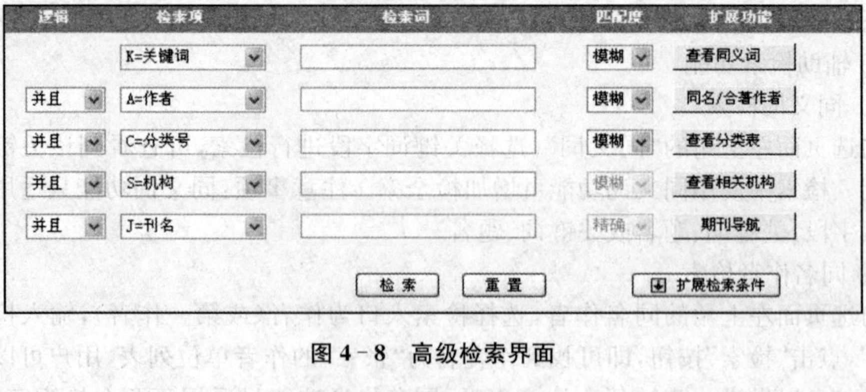

图 4－8 高级检索界面

② 向导式检索

向导式检索为读者提供分栏式检索词输入方法。可选择逻辑运算、检索项、匹配度外，还可以进行相应字段扩展信息的限定，最大限度地提高了检准率。

③ 直接输入检索式检索

读者可在检索框中直接输入逻辑运算符、字段标识等，点击“扩展检索条件”并对相关检索条件进行限制后点击“检索”按钮即可。

(4) 分类检索

分类检索相当于传统检索的分类导航限制检索，不同之处在于：这里采用的是《中国图书馆分类法》(第四版)的原版分类体系，分类细化到《中国图书馆分类法》(第四版)的最小一级分类，能够满足读者对分类细化的不同要求。

① 点击“分类检索”按钮即进入分类检索界面。

② 学科类别选择

A. 直接在左边的分类列表中按照学科类别逐级点开查找

B. 运用左边方框中的搜索框对学科类别进行查找定位。这里采用的是模糊查找，如果检索结果有多个，则定位在第一个类别上。

③ 学科类别选中

在目标学科前的□中打上“√”，并点 >> 按钮将类别移到右边的方框中，即完成该学科类别的选中。

④ 在所选类别中搜索

在选中学科类别以后，在页面上方的检索框处选择检索入口、输入检索条件，即可进行在选中学科范围内的检索操作。

(5) 期刊导航

① 点击“期刊导航”按钮即进入期刊导航检索界面。

② 期刊查找

A. 按期刊名的第一个字的首字母字顺进行查找。

B. 按学科分类进行查找

点击学科分类名称即可查看到该学科涵盖的所有期刊。按学科分类还可限制“核心期刊”、“核心期刊和相关期刊”，选择“核心期刊”则只能查看到所选学科类别下涵盖的核心期刊。

C. 按刊名进行搜索查找

期刊搜索提供刊名和 ISSN 号的检索入口，ISSN 号检索必须是精确检索；刊名字段的检索是模糊检索；期刊搜索提供二次检索功能。

③ 期刊列表

期刊列表页面上提供的期刊信息有：刊名、ISSN 号、CN 号、核心期刊标记(有★标记的为核心期刊)。

④ 文章检索

点击期刊列表页面上的期刊名称,进入单个期刊的整刊浏览页面。整刊检索提供跨年检索和某年内按期浏览两种方式。

3. 检索结果

(1) 显示检索结果

检索结果显示有两种格式,即简单记录格式和详细记录格式,见图 4－9。检索完成后,首先显示的是简单记录,点击简单记录的题名,即在下方显示出该记录的详细格式。

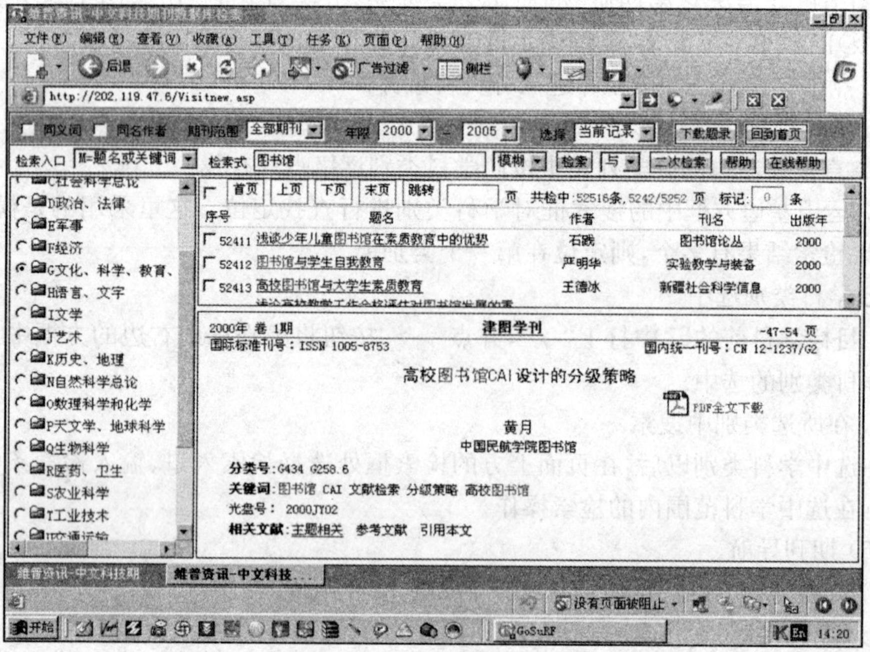

图 4－9　检索结果显示界面

简单记录格式包括记录序号、题名、作者、刊名和出版年。

详细记录格式光盘号、题名、作者、机构、刊名、ISSN 号、CN 号、馆藏号、关键词、分类号和文摘。

中文科技期刊全文数据库在详细记录格式中还会出现全文链接,点击文章题名,可直接链接到全文。

(2) 标记记录

在简单记录格式下,每条记录的序号前有一个复选框,对需要输出的记录在其复选框中点击"√"出现即完成对该条记录的标记。

(3) 输出记录

在检索界面的右上方的复选框中，选择“标记记录”、“当前记录”或“全部记录”。“当前记录”是指在详细记录显示区中显示的内容；“标记记录”是指在题录显示区中做过标记的记录。选择后点击“下载题录”，系统按用户的选择将记录以文本格式显示出来，此时可在文本显示状态下打印或保存。

(4) 全文浏览

全文提供两种格式：VIP 格式和 PDF 格式(国际通用格式)。VIP 格式的全文需要安装维普公司的“维普浏览器”才能打开浏览；PDF 格式全文需要安装 Adobe Reader 阅读软件才能打开浏览。

四、万方数据资源系统数字化期刊全文数据库

1. 数据库概述

万方数据资源系统是 1997 年 8 月由中国科技信息研究所、万方数据集团公司联合开发的网上数据库联机检索系统，目前该系统主要包括五个子系统的数据库：科技信息子系统、商务信息子系统、数字化期刊子系统、学位论文全文子系统、学术会议全文子系统。数字化期刊子系统以刊为单位上网，保留了刊物本身的浏览风格和习惯。期刊全文内容采用 HTML 和 PDF 两种国际通用格式，方便读者随时阅读和引用。中国学术期刊全文数据库是我国最核心的数字化期刊出版联盟。以核心期刊为主线，内容涵盖哲学政法、社会科学、经济财经、科教文艺、基础科学、农业科学、医药卫生、工业技术等各个学科领域包含 100 多个类目，收录了 1998 年以来国内出版的近 7 500 余种期刊，其中核心期刊近 3 000 余种，核心刊的收齐率占 98%以上，截止 2013 年 8 月论文总数量达 2 455 万篇，每年约增加 200 万篇，每周两次更新。分为哲学、社会科学、经济财政、科教文艺、基础科学、医药卫生、农业科学、工业技术 8 大类 100 多个类目。

2. 检索方式

在万方数据库资源系统主页，该系统提供分类检索、简单检索和高级检索三种方式，其中高级检索中又包含高级、经典和专业三种方式。

(1) 分类检索

① 分类检索　见图 4－10，数字化期刊子系统将所有期刊分为：哲学政法、社会科学、经济财政、科教文卫、基础科学、医学卫生、农业科学、工业技术八个大类，每个大类又细分若干个小类。检索时，在相关类目下找到所需刊物名称。

② 刊名检索　通过页面上方的“刊名检索”栏，可在此系统全部期刊名录中检索出所要查看的期刊。在此，输入所要检索的词语后点击其后的“检索”按钮，便可列出期刊名称或主办单位名称中含有这一词语的所有期刊，以便进一步按刊浏览。本系统所有地方提供的“刊名检索”入口，均是在本系统全部期刊名录中检索。

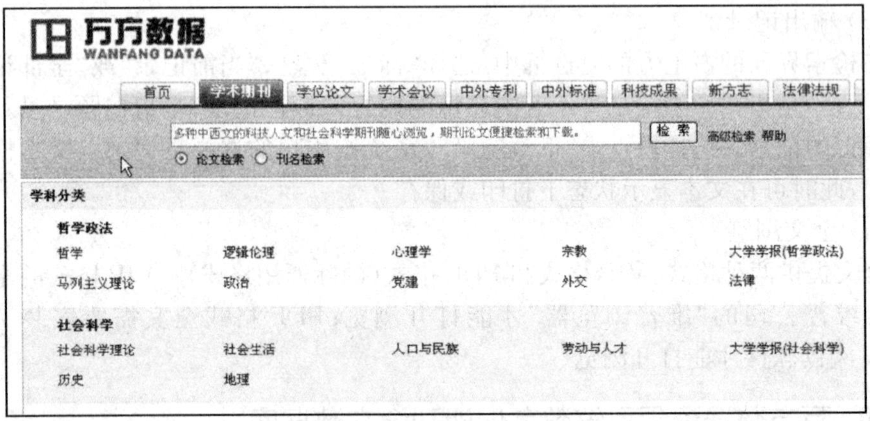

图 4-10 分类检索界面

③ 刊名首字母检索　点击“按刊名首字母浏览期刊”栏的任一字母，便可列出刊名的第一个字母或刊名首汉字的汉语拼音的第一个字母为此字母的所有期刊。

④ 期刊所属地域查询　点击“按省市分类”栏，可选其中所列任一省市，便可看到本系统所收录的该省市出版的期刊名录。

(2) 简单检索

在系统首页的检索框中，输入检索表达式：如 Title:“逻辑电路”，单击“检索”按钮，系统会自动检索出题名字段中含有“逻辑电路”的期刊论文。

(3) 高级检索

① 经典检索

经典检索只设置了最常用的检索条件。单击“经典检索”标签，进入经典检索界面，见图 4-11。经典检索提供了五组检索条件，它们之间是“并且”的关系，供用户检索期刊论文使用。

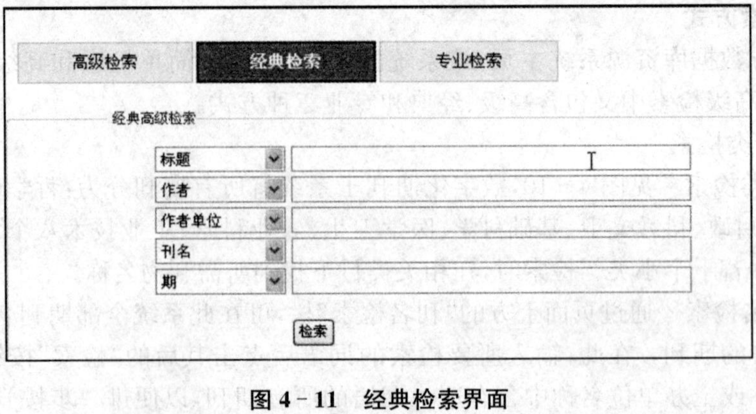

图 4-11 经典检索界面

② 高级检索

高级检索是一种比简单检索要复杂一些的检索方式。高级检索的功能是在指定的范围内,通过增加检索条件满足用户更加复杂的检索要求,从而检索到满意的信息。单击“高级检索”标签,进入高级检索界面,见图 4 - 12。

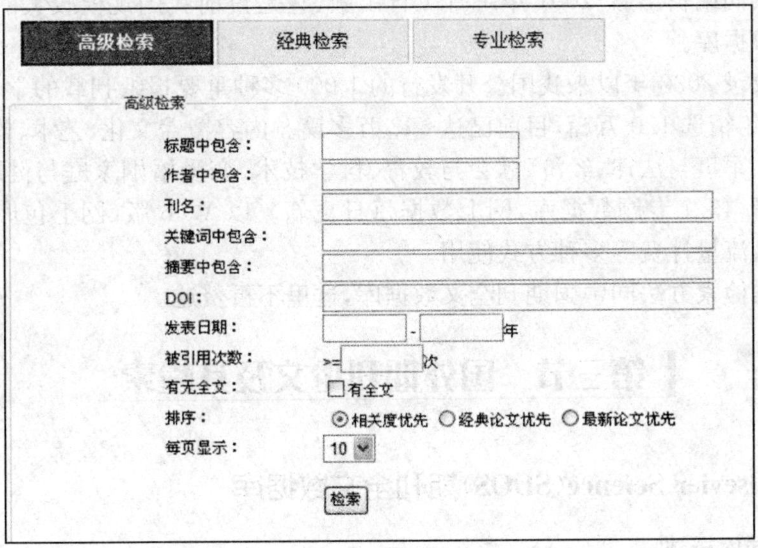

图 4 - 12　高级检索界面

A. 填写检索信息:高级检索区域列出了标题、作者、刊名、关键词、摘要等检索项可供选择,填写的检索信息越详细,检索到的结果就会越准确,这些检索条件之间是“并且”的关系。

B. 分别选择发表时间、被引用次数、有无全文等限定条件。

C. 在相关度优先、经典论文优先和最新论文优先三种方式中确定检索结果的输出顺序。

D. 确定检索结果在每个页面的显示数量。

E. 单击“检索”按钮,进行检索。

③ 专业检索

专业检索比高级检索功能更强大,但需检索人员根据系统的检索语法编制检索式进行检索,适合于专业人员检索使用。

3. 全文浏览

数字化期刊子系统中的整个期刊全文内容都采用 HTML 制作编辑,用统一的编排格式上网,一篇文章一个页面。用户可以通过 IE 浏览器直接浏览、打印和下载。有的全文内容还同时提供与文章相对应的 PDF 格式文件,要对 PDF 格式文件进行全文浏览,需安装 ADOBE ACROBAT READER 阅读器,再点击 PDF 文件名,便可浏览原样排版显示的期刊全文内容。

五、中国重要报纸全文数据库

中国重要报纸专题全文数据库(CCND),由清华大学与中国学术期刊(光盘)电子杂志社共同编辑出版,2001年1月1日出版,它是目前我国规模较大的网上中文报纸全文数据库。

该库收录2000年以来我国公开发行的1 000多种重要报纸刊载的学术性、资料性文献、每年精选120万篇,目前已达552万多篇。内容覆盖文化、艺术、体育及各界人物、政治、军事与法律、经济、社会与教育、科学技术、恋爱婚姻家庭与健康等范畴,分六大专辑,43个专题数据库,网上数据每日更新。以Web版(网上包库)、镜像网站、光盘版、流量计费等多种方式使用。

该库的检索方法同中国期刊全文数据库,这里不再赘述。

第三节 国外期刊论文及其检索

一、Elsevier Science(SDOS)期刊全文数据库

1. 数据库概述

SDOS(Science Direct Onsite)是由荷兰著名的学术期刊出版商Elsevier Science公司推出的名为Science Direct的电子期刊,该公司出版的全部印刷版期刊转换为电子版,并使用基于浏览器开发的检索系统Science Server,通过互联网向用户提供检索和全文服务。该数据库提供1995年以来Elsevier Science公司1 700余种电子期刊的全文,包括数学、物理学、生命科学、化学、计算机科学、临床医学、环境科学、材料科学、航空航天、工程与能源技术、地球科学、天文学及经济、商业管理、社会科学等学科领域。这些期刊是业界公认的高品位学术出版物,大多数为同等评审的核心期刊,被业界许多著名的二次文献数据库所收录。

2. 检索方式

(1) 期刊浏览

进入SDOS主页,单击“进入SDOS”按钮,即进入了SDOD浏览的主页,见图4-13。

① 字顺浏览途径　将所有期刊按A～Z的字顺排列,用户可根据所需期刊的首字母进入相应的期刊浏览页面,进而选中某一种期刊进行逐期逐篇的浏览。

② 分类浏览途径　将所有期刊按数学、物理等12个类目分类,每个类目下再按字母顺序排列。这种方法供全球读者从分类角度查询期刊,用户可以首先进入相应的学科类目,进而选择感兴趣的期刊进行浏览。

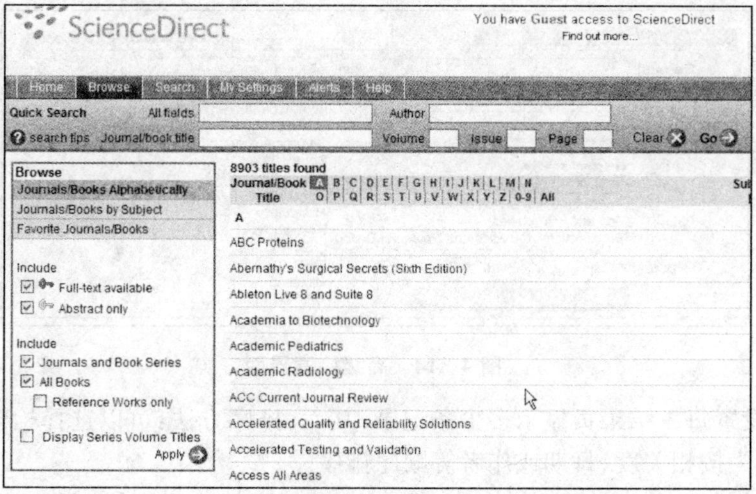

图 4-13 SDOS 浏览检索主页

(2) 快速检索

SDOS 在各种浏览界面上都提供了快速检索功能，用户可以利用其提供的不同检索选项：Title、Abstract、Keyword、Auther、Journal/book title、Volume、Issue、Pag 等，快速找到感兴趣的文章。检索结果会根据查询的内容相关性自动排序。其检索技术包括：

A. 逻辑运算　即在同一检索字段中，可以使用逻辑算符确定检索词之间的关系。

B. 截词检索　其一、“!”用在词尾，表示检索相同词根和所有词尾变化的词。其二、“*”用在词当中，代表任意变化的字符，但不能用在词的前方。

C. 位置算符　其一、W/nn 两词用 W 和数字(1～255)连接，表示两词之间的间隔不超过该数字，两词出现的顺序可以颠倒。其二、PRE/nn 两词用 PRE 和数字(1～255)连接，表示两词之间间隔的词数不超过该数字，两词出现的顺序与输入一致。其三、W/SEG 两词用 W/SEG 连接，表示两词应出现在同一字段中。

(3) 高级检索

在 SDOS 主页，点击“EXPANDED SEARCH”按钮即可进入高级检索界面，见图 4-14。

高级检索界面提供了两个检索框和两个字段选择的下拉菜单，从而可以进行两个检索式的组配检索。除此以外它还提供了一些辅助功能，以进一步限定检索特定和精简用户的检索，其一、期刊类目：可以限定特定类目下的期刊文献；其二、文献类型：可以选择限定在“All Types”(所有类型)、“Article”(文章，表示只显示论文)、“Contents”(内容，表示只显示期刊目次)或“Miscellaneous”(其他，表示只显示其他题材的文章，如社论、报告等)；其三、语言：可以限定为检索所有语种或中、英、德等 9 种语言之一。其四、年代限制：可以限制检索的时间范围；其五、每页显示的记录数：

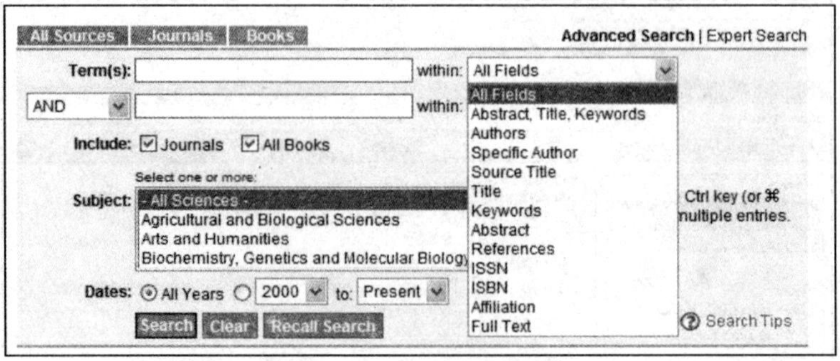

图 4－14　高级检索界面

允许用户设置每一结果页显示多少条记录；其六、排序方法：可以选择检索结果的显示方法，分为按相关度、日期或作者等顺序排序。

检索过程为：首先，输入检索词；第二、选择相应的检索字段；第三、选择逻辑运算符；第四、确定检索限制条件；第五、进入检索。

(4) 专业检索

在 SDOS 主页，点击“EXPERT SEARCH”按钮即可进入简单检索界面，见图 4－15。

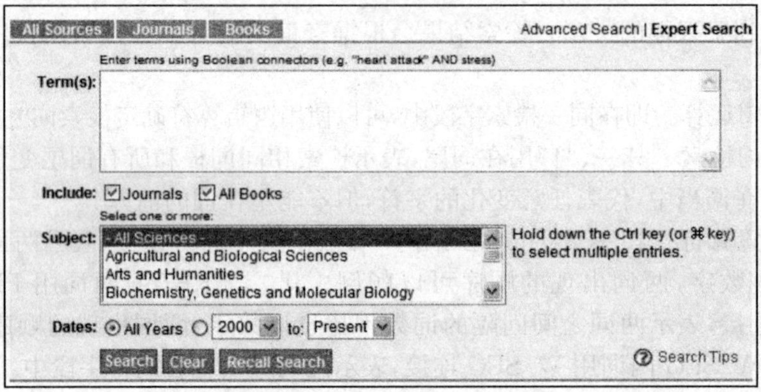

图 4－15　专业检索界面

专业检索界面类似于高级检索，它提供了一个检索框和一个字段选择的下拉菜单，同时也有辅助功能选项，还允许用户使用各种运算符构造各种复杂而精确的检索表达式，因此比较适合专业人员使用。

3. 检索结果显示与下载

不管采用哪种检索方式，检索后都会得到检索结果一览表，首先显示的是检索结果的数量和目录页，包括篇名、刊名、卷期、日期、页数、作者、文摘和查找相关文件按钮，见图 4－16。

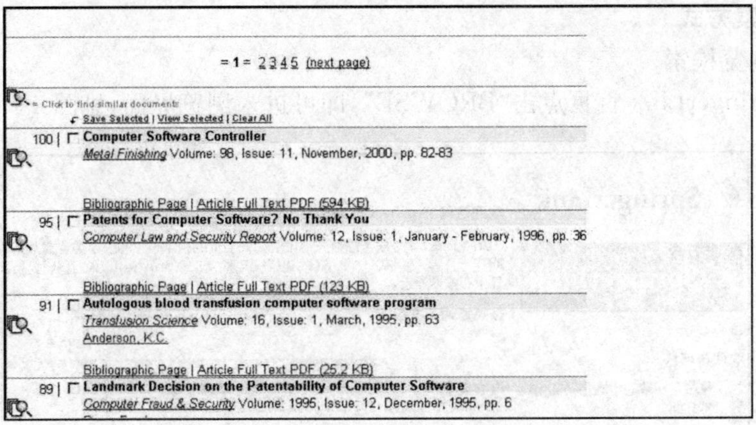

图 4-16 检索结果显示界面

单击每篇文章篇名前面的复选框进行标记，选择结果后，点击“display marked”按钮，显示标记过的记录。

点击每篇文章后的“Bibliographic Page”按钮，即可看到该文章的文摘、关键词、作者单位、出版物识别码、国际统一刊号、引文等信息。点击“Article Full Text PDF”，可以看到用PDF格式显示的该文全文，用户可以对它进行保存和打印。

4. 定制报务

系统可对整个检索过程加以保存，提供的检索记录报告记录了我们在整个检索过程中所用过的检索技术与限制条件选择的情况，根据这些记录我们可以分析检索提问过程，总结检索经验找出问题所在，优化和调整检索策略。同时通过My Settings，可以进行个人账户设置、定制E-mail提示管理、制作专题通报、期刊收藏及内容通报等，方法是点击Register、填写个人信息、提交生成确认的用户登录账号、保存检索期刊与专题，填写Alert要求。

二、Springer Link 全文电子期刊数据库

1. 数据库概述

德国施普林格(Springer-Verlag)是世界上著名的科技出版集团，通过Springer Link系统提供学术期刊及电子图书的在线服务。Springer公司和EBSCO/Metapress公司已开通SpringerLink电子期刊服务，共包含500种学术期刊，其中近400种为英文期刊。SpringerLink所提供的全文电子期刊按学科分为以下11个“在线图书馆”：生命科学、医学、数学、化学、计算机科学、经济、法律、工程学、环境科学、地球科学、物理学与天文学，其中大部分期刊是被SCI、SSCI和EI收录的核心期刊，是科研人员的重要信息源。

2. 检索方式

(1) 浏览检索

在 SpringerLink 首页点击“BROWSE”,即可进入浏览界面,见图 4-17。

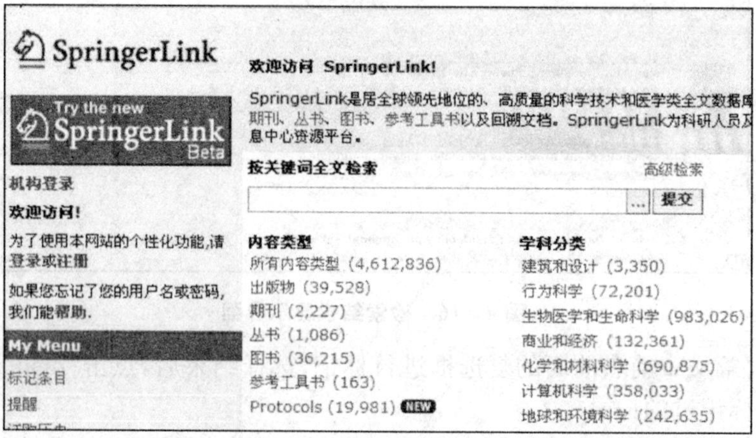

图 4-17 Springer 系统主页

① 按出版物浏览　将所有出版物名称按字母顺序排列起来,用户可以直接逐卷逐期地浏览期刊论文或丛书。可以浏览 SpringerLink 所有的期刊或丛书。

② 按分类浏览　点击“Online Libraries”,可以按类浏览 SpringerLink 的所有期刊或丛书,共 11 大类,大类下再按出版物名称进行排序,如果出版物名称的左边有一个眼镜图标,说明这种期刊或丛书可以下载全文。

(2) 一般检索

在 SpringerLink 首页上方有一简单检索框,可直接输入检索词进行检索,检索结果可以为文章、出版物或出版者。相关检索技术如下:

① 直接输入检索词检索　在检索框中直接输入检索词,关键词可以是一个单词也可以是多个单词。

② 构建检索表达式检索　单击[...]按钮,打开“构建表达式”对话框,如果不选择任何字段,则按系统默认方式在全文中检索。

该对话框左侧栏目提供检索途径,分别有标题、摘要、作者、ISSN、ISBN、DOI 等。该对话框右侧栏目提供检索策略,可对检索词进行如下组配。

A. 布尔逻辑检索　多个检索词之间可以使用逻辑算符 AND、OR 和 NOT。

B. 截词检索　其一、检索词尾用一个“*”,表示检索出所有相同词根的词。其二、检索词尾用一个“**”,表示检索出一个词的所有形式。

C. 位置检索　用位置算符 NEAR 连接检索词,表示两个检索词之间最多相隔 5 个字,返回的检索结果按邻近的程度排序。

D. “()”优先运算符　可使系统按检索者的要求的运算次序，而不是系统默认的次序。

E. “”(exact)　双引号中输入的全部内容按词组进行精确检索。

(3) 高级检索

SpringerLink 首页上方的“高级检索”，即可进入高级检索界面，见图 4－18。

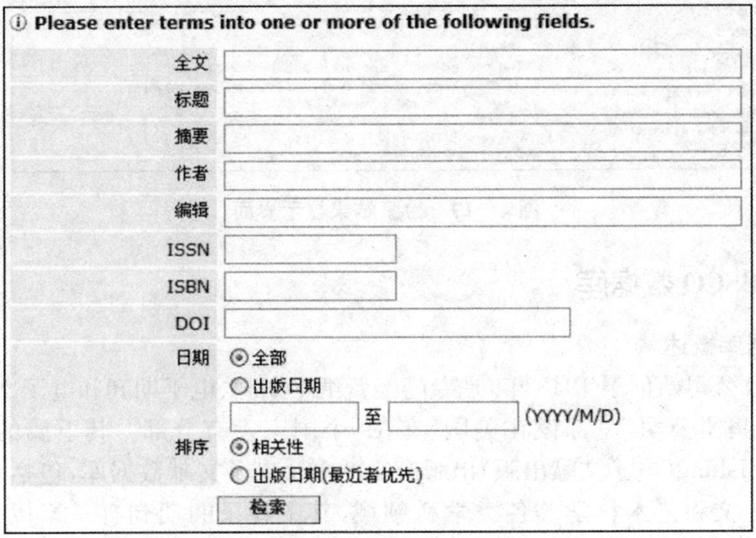

图 4－18　高级检索界面

① 输入检索内容　可在全文、标题、摘要、作者、编辑、ISSN、ISBN、DOI 等检索项后，输入关键词查找指定内容(可输入一个或同时输入几个)，系统默认在所有检索词及各个字段之间进行“与”运算。与一般检索一样，高级检索也可以在选定的字段中直接输入检索式，但由于其界面取消了“构建表达式”对话框，其检索难度相应有所增大。

② 日期范围　包括“全部”和“出版日期”，系统默认为全部。

③ 排序　包括“相关性”和“出版日期”，系统默认为相关性。

3. 检索结果

(1) 检索结果列表显示

执行检索后，首先显示的是检索结果的数量和篇名目录项，每一条记录包括篇名、作者、刊名、出版年月、卷期、命中的相关度、部分文摘，如果这篇文章可以浏览或下载全文，则在文章题名左边有一个眼镜的图标。

(2) 详细记录

点击篇名，将显示该论文的详细记录，包括作者单位和全部文摘。

(3) 显示全文

在详细记录显示页面，见图 4－19，点击“Open Fulltext”即可打开论文的全文显示。Springer 电子期刊的全文全部采用 PDF 文件格式,可以存盘、打印,但使用前必须下载安装 Adobe Acrobat Reader 软件。

图 4－19　检索结果显示界面

三、EBSCO 数据库

1. 数据库概述

EBSCO 公司始创于 1948 年,是专门经营纸本期刊、电子期刊和电子文献数据库出版发行的集团公司,总部设在美国,在 19 个国家设有分部。其下属的部门 EP-EBSCOPublishing(电子文献出版)出版有 100 多个电子文献数据库,包括自然科学、社会科学、人文和艺术科学等各类学科领域,其中收录的期刊有一半以上是 SCI、SSCI的来源期刊。EBSCO 是世界上收录学科比较齐全的全文期刊联机数据库,为用户提供了各种各样的最新文献。EBSCO 数据库既有大众的也有专业的,数据每日更新,既适用于公共、学术、医疗等机构和部门,也适合公司和学校使用。

《Academic Search Premier》(学术文献综合库)即 ASP,是 EBSCO 数据库中最著名,利用率最高的数据库,也是当今世界最大的多学科学术期刊全文数据库。它专门为研究机构设计,能提供丰富的学术类全文期刊资源。这个数据库提供了 8 211 种期刊的文摘和索引,4 648 种学术期刊的全文,其中 100 多种全文期刊可回溯到 1975 年或更早;大多数期刊有 PDF 格式全文,很多 PDF 全文是可检索 PDF 和彩色 PDF;1 000 多种期刊提供了引文链接。这个数据库几乎覆盖了所有的学术研究领域,包括社会科学、人文科学、教育学、计算机科学、工程学、物理学、化学、语言学、艺术、文学、医学等。除了 ASP 数据库外,EBSCO 还包括其他 10 余个数据库。

2. 检索方式

(1) 基本检索

单击“基本检索”标签,见图 4－20。

① 输入一个检索词或多个检索词,多个检索词之间可使用如下检索技术。

A. 布尔逻辑检索　多个检索词之间可以使用逻辑算符 AND、OR 和 NOT。

B. 截词检索　其一、检索词中用一个“?”,只代替一个字符。其二、检索词尾用

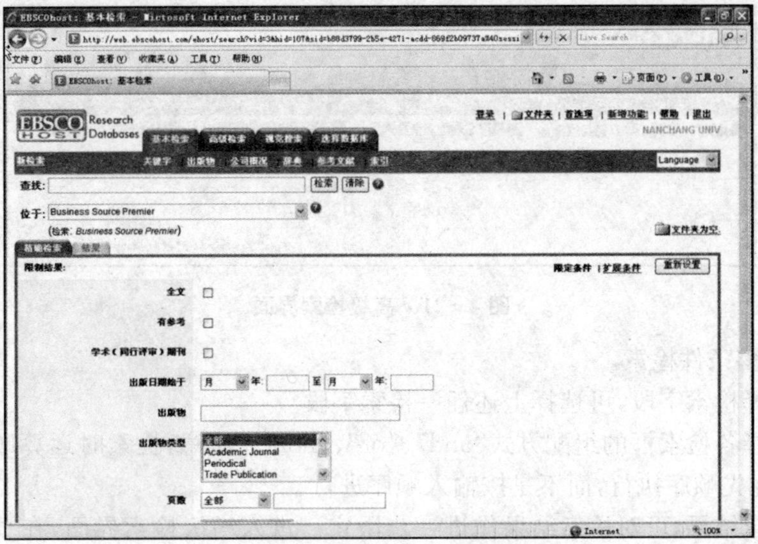

图 4－20　基本检索界面

一个"＊",表示检索出一个词的所有形式。

C. 位置算符检索　其中 Nn 表示关键词最多相隔 n 个字符,而它们在文章中的出现顺序和输入顺序无关;Wn 表示关键词最多相隔 n 个字符,而且它们在文章中出现的顺序必须和输入顺序相符。

D. 词组检索　如果希望检索词作为词组出现,需要将该词组用双引号""引起。

E. 禁用词(Stop Words)　在检索 EBSCO 数据库时,有些词语不能作为检索词,如 the,of 等冠词、介词。

F. 字段代码　EBSCO 允许在检索栏内直接输入字段代码以限定检索范围,如"au"、"ti"、"is"等。

② 选择数据库,可以限定在某一数据库中进行检索,检索期刊论文一般都选 ASP 数据库。

③ 限定结果(可选),可对检索结果作进一步限定。界面内容包括:全文、是否有参考文献、是否专家评审期刊、出版日期、出版物、页数、附带图像的文章、相关词、相关全文等。

④ 进行检索。

(2) 高级检索

单击"高级检索"标签,见图 4－21。

提供的检索字段有:所有字段、著者、文章标题、主题词、文摘、地名、人名、评论和产品名、公司名、NAICS 码或叙词、DUNS 码、ISSN、ISBN、期刊名称、索取号等。

① 输入检索词,可使用上述任意检索技术。可通过单击"添加行"链接增加检索

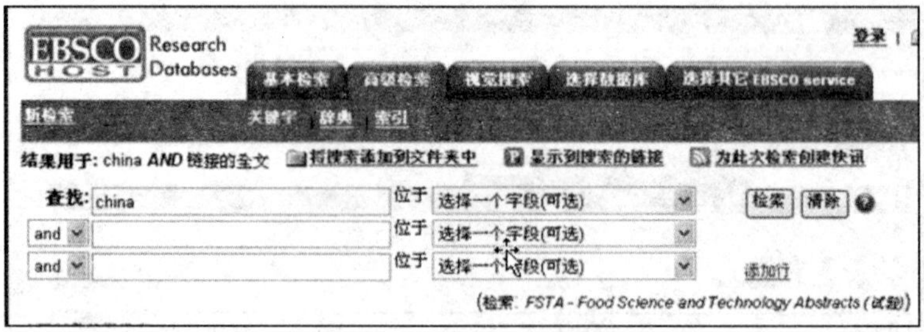

图 4 - 21 高级检索界面

框,进行更多条件检索。

② 选择检索字段,可选择上述任一检索字段。

③ 选择各检索框的组配方式“and”、“or”、“not”。注意:检索时运算顺序按逻辑运算符的优先顺序执行,而不是按输入顺序进行。

④ 限定结果,可对检索结果作进一步限定。进入高级检索界面,在页面下方将自动显示检索结果限定条件。

⑤ 进行检索。

(3) 视觉检索

在“查找”中输入检索词单击检索,会显示一个视觉导航图,见图 4 - 22,其中表示结果类别的圆形,类别圆中还可以表示子类别的圆,单击某圆(类别)可查看其内容;

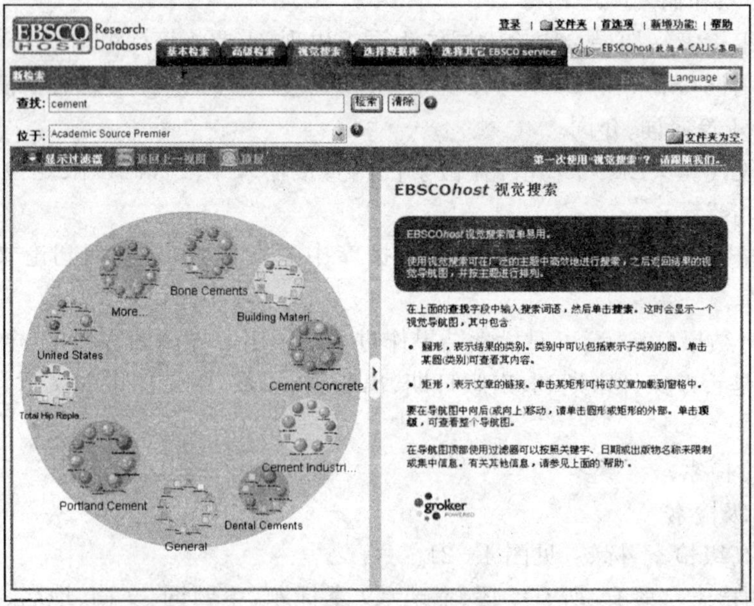

图 4 - 22 视觉检索界面

有表示文章的矩形，单击某矩形可将该文章加载到窗格中。要在导航图中向后（或向上）移动，可单击圆形或矩形的外部。单击“顶层”，可查看整个导航图。在导航图顶部使用“过滤器”可以按照关键字、日期或出版物名称来限制或集中信息。视觉检索是该数据库平台的特色之一，形象、直观，使人们获得信息的过程富有乐趣。

(4) 辅助检索

包括出版物检索、主题词检索、参考文献检索、索引检索、图片检索等。

3. 检索结果处理

检索结果列表显示每一条记录的文章篇名、刊名、作者、出版者、出版地、出版日期、卷期、页数、附注等，并以三种图标分别显示是否有 PDF、HTML、XML 文件三种浏览格式，点击题名链接，即可看到文献的文摘内容；点击“查询国内馆藏”链接，可查在国内有哪些图书馆收藏该刊，以便索取；点击“Search Web Links”，可检索相关网络站点。检索结果可保存、打印和 E-mail，可以选择用 E-mail 发送题录信息、全文，也可以选择用 E-mail 发送可进行书目信息管理的文献题录形式。

思考题

1. 期刊有何特点？利用数据库检索时，可供检索的字段有哪些？
2. 常用的检索中外文期刊论文的数据库有哪些？简述其特点和检索方法。
3. 《中文科技期刊全文数据库》的简单检索与复合检索有哪些异同？
4. 《Elsevier Science(SDOS)期刊全文数据库》有哪些检索方法？关键词检索方式适应哪两种检索界面？
5. SpringerLink 电子期刊包括哪些学科范围？

第五章 专利文献及其检索

第一节 专利基础知识

一、专利与专利权

1. 专利的基本概念

专利的英文名称"patent"源自于拉丁文。它是由"Letters Patent"演变而来的，其原意为"皇家特许证书"，系指由皇室颁发的一种授予某一特权的证书。

广义上讲，人们现在所讲的"专利"一词包括3个方面的含义：

① 从法律角度可理解为专利权，即专利申请人就某一项发明创造向专利局提出专利申请，依照专利法审查合格后，由专利局向专利申请人授予在规定期限内对该发明创造享有的专有权。

② 从技术角度理解，是指受法律保护的技术，也就是受专利法保护的发明创造。比如某单位引进或实施某项专利，指的是某单位引进或实施了被授予专利权的某项发明创造。

③ 从文献角度理解，是指记录发明创造内容的专利文献。比如说"查专利"意即查阅专利文献。狭义上讲，"专利"即专利权。

专利权是一种产权或财产权。这种产权的所有者可以使用和处理其财产，别人未经专利权人许可，不得制造、使用和销售该项发明创造，否则就侵犯专利权，将受到法律的制裁。财产可分为动产、不动产和知识产权3种。知识产权是一种无形财产，是指人的创造性智力活动成果依照知识产权法享有的权利。知识产权包括著作权和工业产权两个部分。著作权是文学、艺术、科学技术作品的原创作者依法对其作品所享有的一种民事权利；工业产权是指人们在生产活动中对其取得的创造性的脑力劳动成果依法取得的权利。按《保护工业产权巴黎公约》的规定，"工业产权"一词中的"工业"泛指工业、农业、交通运输、商业等。专利权是工业产权中最重要的组成部分，除专利权外，工业产权还包括商标、服务标志、厂商名称、货源标志、原产地名称等。知识产权与有形财产获得方式不同。著作权是从作品完成之时起自然产生的，归作者所有，产权由作者支配，可以继承和转让。在我国，著作权的期限是到作者去世后 50 年。工业产权则需要由国家管理机关确认和批准才能成立。

2. 专利权的特点

专利权是工业产权的重要组成部分，是一种无形财产，它与有形财产的产权相比较，有其独特的特点。

(1) 专有性

专有性也称独占性、排他性。即专利权人对其发明创造所享有的独占性的制造、使用、销售的权利，其他任何单位或个人未经专利权人许可不得为生产经营目的而制造、使用、许诺销售、销售、进口其专利产品或者使用其专利方法，以及使用、许诺销售、销售、进口依照该方法直接获得的产品。而且专利权是唯一的，对同样内容的发明创造，国家只授予一次专利权。在规定的专利保护期限内，任何单位或个人要想实施他人专利，必须与专利权人签订实施许可证合同，否则就是侵犯专利权。

(2) 地域性

专利的地域性是指一个国家依照本国专利法授予的专利权，仅在该国法律管辖范围内有效，对其他国家没有任何约束力，外国对其专利权不承担保护的义务。如果一项发明创造只在我国取得专利权，那么专利权人只在我国享有专有权或独占权，若有人在其他国家和地区生产、使用或销售该发明创造，则不属于侵权行为。

(3) 时间性

所谓时间性，是指专利权人对其发明创造所拥有的法律赋予的专有权只在法律规定的时间内有效，期限届满后，专利权人对其发明创造不再享有制造、使用、销售的专有权，其发明创造成为社会的公共财产，任何单位或个人均可无偿使用。

专利权的期限，各国专利法保护期限长短不一，一般来说，发明专利自申请日或批准日起为 15～20 年，实用新型和外观设计专利为 5～10 年。我国专利法规定的专利权期限自申请日起计算，发明专利为 20 年，实用新型和外观设计专利为 10 年。

3. 专利的类型

从被保护的发明创造的实质内容来看，专利的种类包括发明专利、实用新型专利和外观设计专利 3 种。

(1) 发明专利

发明是专利法保护对象之一。“发明”的含义究竟是什么？广义的发明是指以前没有过的东西，即一切创造的新事物或新的制作方法。专利法所规定的发明是狭义的概念。按照我国专利法的规定，发明是指对产品、方法或者其改进所提出的新的技术方案。所谓的产品是指工业上能够制造的各种新制品，包括有一定形状和结构的固体、液体、气体之类的物品；所谓的方法是指对原料进行加工，制成各种产品的方法，如药品的制造方法等。

专利法所说的发明是一种解决技术问题的方案。这种方案一旦付诸实践，便可解决技术领域中的某一具体问题,单纯的设想或愿望不是专利法意义上的发明。

此外,发明与发现字面上虽然差不多,却是两个完全不同的概念。发现是对自然规律或本质的揭示,而发明是对揭示的自然规律或本质的具体应用,是自然界中原来并不存在的东西。例如发现卤化银由于受光和放射线照射而分解成金属银,卤化银具有感光性是属于发现,而把该发现用作测定放射线照射量的手段或者制造照相材料则属于发明。

(2) 实用新型专利

与发明专利相比,实用新型专利也被称为"小发明"。它是对产品的形状、构造或者其结合所提出的适于实用的新的技术方案。

实用新型专利的保护范围要比发明专利窄得多。发明专利对所有新的产品和方法都给予保护,而实用新型专利只保护有一定形状和结构的产品。如果是无确定形状的产品,如气态、液态、粉末状颗粒状物质或材料以及工艺、方法等技术发明则不属于实用新型专利的保护范围。

实用新型专利比发明专利在技术水平的要求上要低一些,大都是一些比较简单或改进性的技术发明。根据我国专利法第二十二条第三款的规定,发明必须有"突出的实质性特点和显著的进步",而实用新型只需有"实质性特点和进步"。

(3) 外观设计专利

外观设计是指对产品的形状、图案或者其结合以及色彩与形状、图案的结合所作出的富有美感并适于工业应用的新设计。

与发明和实用新型以技术方案本身为保护对象不同,外观设计注重的是产品的形状、图案、色彩或者组合,它是对产品的装饰性或艺术性的外表设计。一件外观设计专利只用于一类产品,若有人将其用于另一类产品上,不视为侵犯外观设计专利权。

对于3种专利在实际生活中的应用,我们可以举例来说明。例如,当电子表刚问世时,它与原有的机械表相比是一种完全不同的技术,就是发明。如有人将电子表增加了秒表、报时、计算器等其他功能,就是实用新型。如果把电子表做成圆型、方型等外观形状或对其色彩进行设计,则可称为外观设计。

以上3种类型专利,发明与实用新型是主要的,占到专利的90%以上。发明专利的技术水平最高,但实用新型也不容忽视。实用新型的技术水平不一定很高,但其经济价值却不一定小。在我国,实用新型专利的申请量最大。

4. 授予专利权的条件

授予专利权的发明和实用新型,必须具备新颖性、创造性、实用性,也称专利"三性"。

(1) 新颖性

新颖性是指申请专利的发展或实用新型必须是新的、前所未有的。我国专利法规定:“新颖性是指该发明或者实用新型不属于现有技术;也没有任何单位或者个人就同样的发明或者实用新型在申请日以前向国务院专利行政部门提出过申请,并记载在申请日以后公布的专利申请文件或者公告的专利文件中。”

(2) 创造性

创造性也称非显而易见性。我国专利法规定:“创造性,是指与现有技术相比,该发明具有突出的实质性特点和显著的进步,该实用新型具有实质性特点和进步。”

(3) 实用性

实用性是指申请专利的发明或者实用新型能够制造或者使用,并且能够产生积极效果。实用性要求发明或实用新型必须具有多次再现的可能性。

新颖性、创造性、实用性是一项发明创造获得专利权的必要条件。并不是只要符合专利“三性”的发明创造都可获得专利权。对于违反国家法律、社会公德或者妨害公共利益的发明创造,不授予专利权。

二、专利制度

专利制度就是依据专利法,以授予发明创造专利权的方式来保护、鼓励发明创造,促进发明创造的推广应用,推动科学技术进步和经济发展的一种法律制度。专利制度的核心是专利法。

从专利制度的产生和发展来看,它是社会科技和经济发展到一定阶段的产物。专利制度是以科技和经济的发展为前提的,反过来又为科技和经济的发展服务。目前世界上已有 175 个国家和地区建立并实行了专利制度。

1. 专利制度的特点

(1) 法律保护

专利制度的核心是专利法,专利法的核心是专利权的保护。专利权是一种财产权、专有权,对这种无形财产所拥有的专有权不是自然产生的,是由国家主管机构依照专利法的规定,经审查合格后授予的。发明人、设计人依法取得这种权利后,其发明创造的专有权就受到法律的保护。

(2) 提出申请

获得专利权必须由申请人提出专利申请。因此,专利制度的一个特点是专利申请制,即专利权的获得并非国家自动给予的,也不是自然产生的。

在实行专利制度的国家,绝大多数采取先申请原则,少数采取先发明原则。先申请原则是指就同一个发明创造有两个或两个以上的单位或个人分别提出专利申请,专利权授予第一个提出专利申请的人。先申请原则是为了鼓励发明人尽早提出申请,保护为公共利益而尽早公开自己发明创造的人。先发明原则是指就同一发明创造有两个或两个以上的单位或个人分别提出专利申请,专利权授予第一个实际做出发明创造的申请人。先发明原则目前只有美国和菲律宾两个国家实行。

(3) 科学审查

所谓科学审查是指对提出专利申请的发明创造进行形式和包括发明创造的定义、新颖性、创造性、实用性等专利实质条件的审查。

目前世界上绝大多数国家对发明专利都实行审查制,对实用新型专利和外观设计专利只进行形式审查。

(4) 公开通报

“公开性”是专利制度的一个重要特征。“公开性”是指任何单位或个人在申请专利时,将其发明创造的主要内容写成详细的说明书提交给专利局,经审查合格后,由专利局将发明创造内容以专利说明书的形式向世界公开。技术公开有利于发明创造的推广使用,避免重复研究。据统计,新技术约有90%最先出现于专利文献中。专利制度的公开性打破了技术封锁,促进了技术的公开交流,推动了社会技术与经济的发展。

(5) 国际交流

各国专利法虽然只在本国范围内有效,但随着专利制度的国际化发展,各国技术往来就可以采取互惠的办法。实行了专利制度,有专利保护,就可以消除技术拥有方因输出技术得不到保护的顾虑,促进相互间的技术交流与合作。我国专利制度的实行,为我国对外开展技术交流与合作创造了良好的环境和条件。

2. 专利申请与审查

(1) 专利申请文件

一项发明创造完成之后,并不能自动获得专利权,还必须由申请人向专利局提交专利申请文件。各国专利法对专利申请文件的形式和内容都有比较严格的规定。我国专利法规定,申请发明或实用新型专利的申请文件包括:请求书、说明书及其摘要、权利要求、附图等文件;申请外观设计专利的申请文件包括:请求书以及外观设计的图片或者照片等文件。

请求书是申请人请求专利局授予其发明创造专利权的书面文件。请求书是以表格的形式由专利局统一印制的,申请人可以根据情况按照规定要求,有选择地填写表上的项目。

说明书是专利申请文件中最长的部分,它的目的是为了具体说明发明或者实用新型的实质内容。说明书起着公开发明或者实用新型的作用。它要求对发明或者实用新型作出清楚完整的说明,使任何一个具有该专业一般技术水平的技术人员能够根据说明书的内容实现该发明或者实用新型,必要时应当有附图。

摘要是发明或者实用新型说明书的简明文摘。它包括发明或者实用新型的名称,所属技术领域,需要解决的技术问题,主要技术特征和用途。它要求短小精悍,全文不得超过200字。

权利要求书是专利申请文件的核心部分。专利制度的特征之一就是给予专利权人一定时间内对其发明创造的独占权，而确定这一权利范围，主要是依据权利要求书所表述的发明或实用新型的技术特征范围。因此，权利要求书是确定专利保护范围的重要法律文件。

权利要求书与说明书有着密切的关系。我国专利法规定："权利要求书应当以说明书为依据，清楚、简要地限定要求专利保护的范围"，说明书中叙述过的发明或者实用新型的技术特征，只有在权利要求书中体现出来，才能得到专利保护，如果说明书阐明的关键技术特征在权利要求书中没有反映出来，就不能得到专利保护。而权利要求书中说明的发明或者实用新型的技术特征，必须在说明书中找到依据，才能成为有效的权利要求，在说明书中没有公开的发明或者实用新型内容，不能成为权利要求而得到保护。

(2) 专利申请的审查和批准

专利局接受专利申请后，须依照专利法规定的程序进行审查，对符合专利法规定的申请才授予专利权。世界各国对专利申请案的审批制度，主要有以下 3 种形式。

① 形式审查制

形式审查制又称登记制，专利局只对申请文件是否齐备，文件的格式是否符合规定要求，是否交纳了申请费等形式上的条件进行审查，而不涉及发明的技术内容。只要形式审查合格后，即授予专利权。形式审查的优点是审批速度快，专利局不需要设置庞大的审查机构及大量文献资料。缺点是批准的专利质量不能保证，专利纠纷与诉讼案多。

② 实质审查制

实质审查制又称完全审查制。专利申请案经形式审查合格后，还要进行实质审查，即审查该发明的内容是否具备新颖性、创造性、实用性，以确定是否授予专利权。经过实质审查批准的专利，质量较高，可以减少专利争议和诉讼。但实质审查要花费较多的人力和时间，往往造成申请案的积压。

③ 延迟审查制

延迟审查制也称请求审查制或早期公开、延迟审查制。专利申请经形式审查合格后，不立即进行实质审查，而是先将申请文件予以公开，并给予临时保护，自申请日起一段时间内，待申请人提出实质性审查请求后，专利局才进行实质审查。逾期不提出请求的，该申请被视为撤回。实行延迟审查制可以加快专利信息交流，减轻专利局的审查工作量。因为延迟审查期间可以淘汰一部分不成熟或者实用价值不大及另有新技术代替的专利申请。

我国对发明专利申请采用延迟审查制，对实用新型和外观设计专利申请采取形式审查制。

发明专利申请经实质审查没有发现驳回理由的，专利局应当作出授予发明专利权的决定；实用新型和外观设计专利申请经初步审查没有发现驳回理由的，专利局应当作出授予实用新型或者外观设计专利权的决定。

第二节　专利文献及其分类

一、专利文献

广义的专利文献是各国专利局及国际专利组织在审批专利过程中产生的官方文件及其出版物的总称。作为公开出版物的专利文献主要有:专利说明书、专利公报、专利索引等。狭义的专利文献仅指专利说明书。

1. 专利文献的特点

(1) 数量庞大,内容广泛

全世界约90多个国家、地区和组织用约30种官方文字每年出版专利文献100万件以上,约占世界每年科技出版物的1/4。目前,全世界专利文献累计已达6 000万件以上。这数以千万计的文献汇集了极其丰富的科技信息,从日常生活用品到尖端科技,几乎涉及了人类生产活动的所有技术领域。据世界知识产权组织统计,世界上每年发明创造成果的90%～95%能在专利文献中查到,而且许多发明成果仅仅出现于专利文献中。专利文献是许多技术信息的唯一来源。

(2) 反映最新科技信息

由于世界上绝大多数国家在专利保护中遵循先申请原则,促使发明人在发明构思基本完成时便迫不及待地向专利局提出申请,以防同行抢先申请专利。国外调查表明,2/3的发明是在完成后1年内提出专利申请的,而专利申请早期公开制度的实行使得发明在提出申请半年或1年内便可公开,从而使专利文献对科技信息的传播速度进一步加快,使之能够及时反映最新技术的发展与变化。

(3) 著录规范,便于交流

各国对专利说明书的著录格式要求基本相同。专利文献的著录项目统一使用国际标准代码标注,使用统一的分类体系,即国际专利分类法,对说明书内容的撰写要求也一致。这就大大方便了人们对世界各地的专利说明书的阅读和使用。

(4) 经审查的专利技术内容可靠

实行审查制的专利局都有严格的审批制度,经过实质审查的专利文献,其技术内容须符合新颖性、创造性、实用性,因此比较可靠。

专利文献也存在某些不足之处。比如保留技术秘密(know how),不透露技术关键点,诸如机械、电路图只给出示意图而没有具体数值;化学配方只给出最佳配比范围等。重复量大,每年100多万件专利文献出版物中,重复比例约占60%。各国专利法都规定"一发明一申请",因此,整体设备往往被分成各种零部件,人们很难从一件文献中获取完整的技术资料。

2. 专利说明书

专利说明书是专利文献的主体。专利说明书由扉页和正文两部分组成。

扉页著录项目包括全部专利信息特征。有表示法律信息的特征，如专利申请人、申请日期、申请公开日期、审查公告日期、批准专利的授权日期、专利号等；有表示专利技术信息的特征，如发明创造的名称，发明所属技术领域的专利分类号，发明创造技术内容摘要和典型附图等。

正文包括序言、发明细节描述和权项 3 部分。序言通常指出发明或实用新型名称、所属技术领域、发明背景和目的。发明细节内容包括技术方案、效果、最佳实施方式和实例，并用附图加以说明。附图为原理图或示意图，一般不反映真实的尺寸比例。权项是专利申请人要求法律保护的范围。权项部分我国以权利要求书的形式单独公布。

二、国际专利分类法

专利制度实施以来，随着各国专利文献数量的不断增加，许多国家为了管理和使用这些专利文献，相继制定了各自的专利分类体系，但在编制原则、体系结构、标识方式和分类规则等方面存在较大差异，这对检索同一技术主题在世界范围内的专利文献很不方便。随着专利制度的国际化发展，从上世纪 50 年代开始，人们逐步认识到需要一个国际统一的专利分类法。

国际专利分类法(Internation Patents Classification，简称 IPC)是根据欧洲理事会 16 个成员国于 1954 年 12 月在巴黎签订的“关于发明专利国际专利欧洲协定”而制定的。1968 年 2 月诞生了第一版国际专利分类法，并于 1968 年 9 月 1 日起公布生效。IPC 诞生后，许多非欧洲理事会国家也全部或部分采用，其在国际专利信息活动中的使用价值也随着时间的推移愈加明显。1971 年 3 月 24 日，在世界知识产权组织和欧洲理事会共同主持下的保护工业产权巴黎联盟成员国外交会议上，签订了“关于国际专利分类法的斯特拉斯堡协定”即(“IPC”协定，该协定于 1975 年生效)，确定由世界知识产权组织负责执行国际专利分类协定的各项业务。至今已有 70 多个国家和 4 个国际组织采用这种分类方法。国际专利合作条约(PCT)、欧洲专利公约(EPC)及我国等国家和组织一开始就采用 IPC。美国和英国目前虽然仍用本国专利分类法，但在专利文献上同时标注与本国专利分类相应的国际专利分类号。

1. 国际专利分类法的分类原则

各国的专利分类法主要有两种原则，一是按功能分类，二是按应用分类。国际专利分类法则综合这两种分类原则的优点，确定采用按功能分类为主，功能与应用相结合的原则，既考虑发明的功能，又兼顾发明的实际应用，而以发明的功能为主。

所谓功能分类，是指发明(指任何技术对象，包括有形的或无形的，如方法、物体、物质等)的性质或其功能，与其使用在哪一个特定技术领域无关，技术上不受使用范围影响,或无视使用范围。这类发明属功能发明,按功能分类。如阀门龙头,其结构特征或内在功能仅仅是开或关,与它们应用于哪一个工业领域(部门),例如用在水管上还是煤气管道上是无关紧要的。又如一种化合物的内在性质是由它的化学结构决定而不是由它的各种可能的用途决定时,则分在功能分类的位置上。

所谓应用分类,是指具有特殊用途或应用的发明,或发明的构成与其特殊的使用范围有关,在技术上受使用范围的影响,则这类发明属于应用发明,按应用分类。如一种化合物是作肥料用的,或作洗涤用的,就把它们分在肥料或洗涤的应用位置上。可是如果发明的内容中只略提及其某种特殊用途,而发明的实质是其内在功能,只要可能应按功能分类。如果发明的技术主题既与该发明的本质特征或功能有关,又与该发明的特殊应用有关,则应尽可能地既按功能又按应用进行分类。

2. 国际专利分类表及其结构

1968年第一版国际专利分类表面世以来,国际专利分类表每5年修订一次。现在使用的是第八版国际专利分类表。

在专利文献上表示国际专利分类及版次时,简写成 Int. cl^n,n 为表示分类表版次的阿拉伯数字(第一版没有数字表示)。如 Int. cl^8 表示使用的是第八版国际分类表。

国际专利分类表中的内容包括了与发明专利有关的全部技术内容,其分类方法是以等级层叠形成,将发明的技术内容按部、大类、小类、大组、小组,以及小组中的小圆点的个数逐级分类,组成一个完整的分类体系。

部(Section)是分类系统的一级类目,分为8个部,用大写字母 A～H 表示。部下面还有分部(Sub-Section),分部只有类目,不设类号,是"部"下的一个简单标题划分。下面是8个部和相应分部的类目名称(表5-1)。

表5-1 国际专利分类表部与分部类目名称

部	分　部
A　人类生活必需品	农业,食品与烟草,个人和家庭用品,健康与娱乐
B　作业、运输	分离和混合,成型,印刷,运输
C　化学,冶金	化学,冶金
D　纺织,造纸	纺织和其他类不包括的柔性材料,造纸
E　固定建筑物	建筑物,挖掘;采矿
F　机械工程,照明,加热,武器,爆破	发动机与泵,一般工艺,照明与加热,武器,爆破
G　物理	仪表、核子学
H　电技术	

大类(Class)是分类系统的二级类目,类号由部的字母符号加两位阿拉伯数字组成。小类(Subclass)是分类系统的三级类目,类号由大类号加上一个大写英文字母组成。大组(Group)是分类系统的四级类目,类号由小类号加上1至3位阿拉伯数字(通常3位数字为奇数),然后是一条斜线"/",斜线后再加两个零表示。小组(Subgroup)是分类系统的五级或五级以上类目,类号是在大组的类号斜线"/"后换

上“00”以外的至少两位阿拉伯数字组成。

由此可见，一个完整的国际专利分类号由部、大类、小类、大组、小组的符号结合构成，类号的结构特点是字母—数字—字母—数字相间。如：

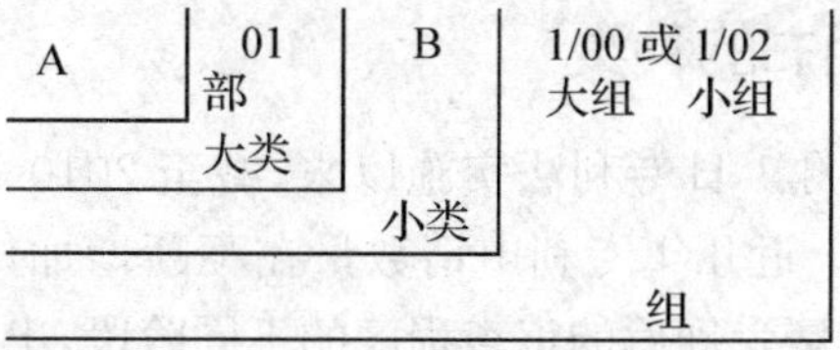

小组的等级随组号后的小圆点“·”的数目递增而递增，第五级为一个小圆点(·)，第六级为两个小圆点(··)等。

由于国际专利分类法使用等级层叠结构，因此下一级类目的技术内容必然包含在上一级类目的技术内容之中。

以分类号 B64C25/30 为例。说明各级类目之间的等级结构关系。

部	B	作业；运输
大类	B64	飞行器；航空；宇宙航行
小类	B64C	飞机；直升机
大组	B64C25/00	起落装置
一级小组	25/02·	起落架
二级小组	25/08··	非固定的；如可抛弃的
三级小组	25/10···	可收放的；可折叠的或类似的
四级小组	25/18····	操作机构
五级小组	25/26·····	操纵或锁定系统
六级小组	25/30······	应急动作的

所以分类号 B64C25/30 的内容是指机或直升机上的起落装置，是一种可收放或折叠的，用于应急的操纵或锁定系统。

从上例可以看出，不是所有小组都处于同一等级，小组的组号数字不能表明小组的等级水平，而是取决于组号后小圆点的多少。分类等级中的主题名称是按照小组编号及小圆点的递减顺序往前逐级组合确定。如小组 25/30 的组名应由较高组号 25/26、25/18、25/10、25/08、25/02 逐级隶属来确定。小圆点除表示等级细分外，还有代替紧挨着它的上一级组的组名，避免重复的作用。

国际专利分类表第 7 版共 9 册，即《使用指南》和 8 册《部分类表》。《使用指南》指出 IPC 的产生、发展与作用，阐述分类表的编制指导思想、分类体系及特点，规定分类结构、分类原则、使用方法、标识方法、术语含义，并简明通过具体例子说明如何使用分类表对专利文献进行分类和检索。《部分类表》按部以等级逐级展开，对技术内容充分细分。

第三节 中国专利文献及其检索

一、中国专利说明书的种类

自我国于1985年4月1日专利法实施以来，截至2010年2月，中国专利局共受理专利申请5 945 970件。近几年专利申请数量在不断增加，2012年一年的专利申请就有205万件。在专利申请受理后的审查程序的不同阶段，出版了大量专利说明书。

中国专利局出版发明专利和实用新型专利说明书。外观设计专利没有说明书和权利要求书，外观设计的图片或者照片及其简要说明，在《外观设计专利公报》中予以公告。

根据我国现在实行的专利审查制度，在审查程序的不同阶段出版3种类型说明书：

1. 发明专利申请公开说明书

专利局对发明专利申请进行初步审查后出版这种说明书。

2. 发明专利说明书

专利局对发明专利申请进行实质性审查并批准授权后出版这种说明书。

3. 实用新型专利说明书

专利局对实用新型专利申请进行初步审查并批准授权后出版这种说明书。

1993年1月1日以前，我国实行授权前的异议程序，因此出版经实质审查的《发明专利申请审定说明书》和经初步审查的《实用新型专利申请说明书》，经异议后如无重大修改，一般不再出版《发明专利说明书》和《实用新型专利说明书》。

二、中国专利说明书的编号

中国专利说明书的编号体系包括：

申请号——在提交专利申请时给出的编号；

专利号——在授予专利权时给出的编号；

公开号——对发明专利申请公开说明书的编号；

审定号——对发明专利申请审定说明书的编号；

公告号——对实用新型专利申请说明书的编号；

对公告的外观设计专利申请的编号；

授权公告号——对发明专利说明书的编号；

对实用新型专利说明书的编号；

对公告的外观设计专利的编号。

中国专利说明书的编号体系，由于1989年和1993年两次作了修改及由于专利申请数量的不断增长而分成四个阶段。1985—1988年为第一阶段，1989年—1992

年为第二阶段。1993—2004 年 7 月 1 日为第三阶段。2004 年 7 月 1 日以后为第四阶段。

1985—1988 年，这一阶段中国专利说明书的编号采用了申请号、专利号、公开(告)号、审定号共用一套号码的方式。如表 5-2。

表 5-2 1985—1988 年的编号体系

专利种类	编号名称	编号
发明	申请号（专利号）	88 1 00001
实用新型		88 2 10369
外观设计		88 3 00457
发明	公开号	CN 88 1 00001A
	审定号	CN 88 1 00002B
实用新型	公告号	CN 88 2 10369U
外观设计	公告号	CN 88 3 00457S

从表中所列的示例可以看出，3 种专利申请号都是由 8 位数字组成，前两位表示申请年份，88 指 1988 年，第 3 位数字表示专利种类，1 代表发明，2 代表实用新型，3 代表外观设计。后 5 位数字代表当年内该类专利申请的序号。专利号与申请号相同。公开号、审定号、公告号是在申请号前面冠以字母 CN，后面标注大写英文字母 A、B、U、S。CN 是国别代码，表示中国。A 是第一次出版的发明专利申请公开说明书，B 是第二次出版的发明专利审定说明书，U 是实用新型专利申请说明书，S 是外观设计公告。

1989—1992 年，这一阶段的中国专利说明书的编号体系有了较大变化，如表 5-3。

表 5-3 1989—1992 年的编号体系

专利种类	编号名称	编号
发明	申请号（专利号）	89 1 03229. 2
实用新型		90 2 04457. X
外观设计		91 3 01681. 4
发明	公开号	CN 103001A
	审定号	CN 103001B
实用新型	公告号	CN 203001U
外观设计	公告号	CN 203001S

3 种专利申请号由 8 位数字变为 9 位。前 8 位数字含义不变,小数点后面是计算机校验码(它可以是一位数字或英文字母 X,读者在使用时可不予考虑)。公开号、审定号、公告号分别采用了 7 位数字的流水号编排方式。

1993—2004 年 6 月 30 日,伴随修改后的专利法的实施,中国专利说明书的编号又有新的变化,如表 5 - 4。

表 5 - 4　1993—2004 年 6 月 30 日以来的编号体系

专利种类	编号名称	编　号
发　明	申请号 (专利号)	93105342.1
实用新型		93200567.2
外观设计		93301329.X
发　明	公开号	CN 1087369A
	授权公告号	CN 1020584C
实用新型	授权公告号	CN 2013635Y
外观设计	授权公告号	CN 3012543D

申请号的编排方式没有变化,专利号仍与申请号相同,发明专利说明书的编号也没有变化。发明专利说明书、实用新型专利说明书、外观设计专利公告的编号都称为授权公告号。它们分别沿用原审定号和公告号的编号序列,只是发明专利授权公告号后面标注字母改为 C,实用新型和外观设计授权公告号后面的标注字母分别改为 Y 和 D。

由于中国专利申请量的急剧增长,原来申请号中的当年申请的顺序号部分只有 5 位数字,最多只能表示 99 999 件专利申请,在申请量超过 10 万件时,就无法满足要求。于是,国家知识产权局不得不在 2003 年 10 月 1 日起,开始启用包括校验位在内的共有 13 位(其中的当年申请的顺序号部分有 7 位数字)的新的专利申请号及其专利号。

为了满足专利申请量的急剧增长的需要和适应专利申请号升位的变化,国家知识产权局制定了新的专利文献号标准,从 2004 年 7 月 1 日起启用新标准的专利文献号,如表 5 - 5。

3 种专利的申请号由 12 位数字和 1 个圆点以及 1 个校验位组成,按年编排,如 200310102344.5。其前 4 位表示申请年代,第 5 位数字表示要求保护的专利申请类型:1 代表发明,2 代表实用新型,3 代表外观设计。第 6 位至 12 位数字(共 7 位数字)表示当年申请的顺序号,然后用一个圆点分隔专利申请号和校验位,最后一位是校验位。

表 5-5 2004 年 7 月 1 日以来的编号体系

专利种类	编号名称	编号
发明	申请号（专利号）	200310102344.5
实用新型		200320100001.1
外观设计		200330100001.6
发明	公开号	CN 1 00378905 A
	授权公告号	CN 1 00378905 B
实用新型	授权公告号	CN 2 00364512 U
外观设计	授权公告号	CN 3 00123456 S

自 2004 年 7 月 1 日开始出版的所有专利说明书文献号均由表示中国国别代码 CN 和 9 位数字以及 1 个字母或 1 个字母加 1 个数字组成。3 种专利按各自的流水号序列顺排，逐年累计；最后一个字母或 1 个字母加 1 个数字表示专利文献种类标识代码。3 种专利的文献种类标识代码如下所示：

发明专利文献种类标识代码

A　发明专利申请公布说明书
A8　发明专利申请公布说明书（扉页再版）
A9　发明专利申请公布说明书（全文再版）
B　发明专利说明书
B8　发明专利说明书（扉页再版）
B9　发明专利说明书（全文再版）
C1—C7　发明专利权部分无效宣告的公告

实用新型专利文献种类标识代码

U　实用新型专利说明书
U8　实用新型专利说明书（扉页再版）
U9　实用新型专利说明书（全文再版）
Y1—Y7　实用新型专利权部分无效宣告的公告

外观设计专利文献种类标识代码

S　外观设计专利授权公告
S9　外观设计专利授权公告（全部再版）
S1—S7　外观设计专利权部分无效宣告的公告
S8　预留给外观设计专利授权公告单行本的扉页再版

三、中国专利检索工具

1.《专利公报》

中国专利公报是中国专利局的官方出版物，专门公布和公告与专利申请、审查、授权有关的事项和决定。专利公报是查找中国专利文献，检索中国最新专利信息和中国专利局业务活动的主要工具书。

中国专利公报分为《发明专利公报》、《实用新型专利公报》和《外观设计专利公报》3 种。自 1990 年起，3 种公报均为周刊。

《发明专利公报》的主体是报道申请公开、申请审定(1993 年 1 月 1 日前)、专利权授予和专利事项变更的内容及索引。申请公开部分，著录每一件专利申请的 IPC 分类号、申请号、公开号、申请日、优先权、申请人、发明人、发明名称、摘要及附图等内容，也就是说明书扉面上的内容。款目按 IPC 号字母数字顺序编排。申请审定和专利授权部分无文摘，其他著录项目除个别变动外，与申请公开部分相同。这 3 部分分别编制了 IPC 索引、申请号索引和申请人(专利权人)索引，以及公开号(公告号)/申请号对照表，提供从国际专利分类、申请人(专利权人)和公开号(公告号)检索中国专利的途径。

此外，在《发明专利公报》的专利事务部分，还通报实质审查，申请的驳回与撤回、变更、专利权的继承和转让、强制许可、专利权的无效宣告和终止等事项。《实用新型专利公报》和《外观设计专利公报》只有申请公告(1993 年 1 月 1 日前)，专利权授予和专利事务等部分以及相应的索引。编排体例与《发明专利公报》相似。

2.《中国专利索引》

《中国专利索引》是《专利公报》中索引的年度累积本，分为分类年度索引和申请人、专利权人年度索引两个分册。各分册都包括发明专利、实用新型专利和外观设计专利 3 部分。

分类年度索引的款目按 IPC 顺序排列。检索者根据检索课题所属的国际专利分类号，可由此索引查出有关专利的公开号(公告号)、申请人(专利权人)、发明名称及《专利公报》刊登的卷期号。

申请人、专利权人年度索引按申请人或专利权人姓名或译名的汉语拼音字母顺序排列。检索者根据申请人或专利权人的姓名或译名，可由索引检索出其专利申请的公开号(公告号)、IPC 号、发明名称及《专利公报》刊登卷期号。

根据年度索引的检索结果，可以在《专利公报》中找到文摘或者向专利说明书收藏单位索取专利说明书。

四、中华人民共和国国家知识产权局网站

1. 基本概况

中华人民共和国知识产权局网站(http://www.sipo.gov.cn /sipo2008/)(见图5-1)是国家知识产权局建立的政府性官方网站,是国家知识产权局对国内外公众进行信息报道、信息宣传、信息服务的窗口。该网站提供多种与专利相关的信息服务。包括政务、服务、互动、资讯四大板块。

图5-1 中华人民共和国国家知识产权局网站

2. 专利数据库

(1) 数据库概况

国家知识产权局网站中的专利数据库收录了1985年9月10日以来公布的全部中国专利信息,包括发明、实用新型和外观设计3种专利的著录项目及摘要,并可浏览到各种说明书全文及外观设计图形,是检索中国专利的权威数据库。该数据库每周三更新一次。

进入国家知识产权网站,在主页右方有“专利检索”和“其他检索”栏目。在“专利检索”栏目下提供一个检索对话框以便快速检索,下拉菜单提供包括申请(专利)号、申请日、公开(告)号、申请(专利权)人、发明(设计)人、名称、摘要、主分类号等8种检索字段供检索者选择。点击“高级检索”按钮,进入专利数据库检索界面(见图5-2)。

图 5-2　中国专利数据库检索界面

(2) 检索入口

数据库提供 16 个检索字段，分别是申请(专利)号、名称、摘要、申请日、公开(公告)日、公开(公告)号、分类号、主分类号、申请(专利权)人、发明(设计)人、地址、国际公布、颁证日、专利代理机构、代理人和优先权。

检索时可选择一个或多个检索字段，在对话框中输入相应的检索词，有些检索字段还允许进行复杂的逻辑运算。各检索字段之间全部为逻辑“与”运算。

① 分类号

专利申请案的分类号可由《国际专利分类表》查得，键入字符数不限(字母大小写通用)。

分类号可实行模糊检索，模糊部分位于分类号起首或中间时应使用模糊字符“%”，位于分类号末尾时模糊字符可省略。

② 申请(专利)号

申请(专利)号由 8 位或 12 位数字组成，小数点后的数字或字母为校验码。

申请号可实行模糊检索。模糊部分位于申请号起首或中间时应使用模糊字符“%”，位于申请号末尾时模糊字符可省略。

③ 公开(告)日

公开(告)日由年、月、日三部分组成，各部分之间用圆点隔开；“年”为 4 位数字，“月”和“日”为 1 或 2 位数字。

公开日可实行模糊检索。模糊部分可直接略去(不用模糊字符),同时略去字符串末尾的圆点。

④ 公开(告)号

公开(告)号由 7 位数字组成。

公开号可实行模糊检索。模糊部分位于公开号起首或中间时应使用模糊字符"%",位于公开号末尾时模糊字符可省略。

⑤ 申请(专利权)人

申请(专利权)人可为个人或团体,键入字符数不限。

申请人可实行模糊检索。模糊部分位于字符串中间时应使用模糊字符"%",位于字符串起首或末尾时模糊字符可省略。

申请人还可实行组合检索。组合检索的基本关系有两种:"and"(逻辑与)关系和"or"(逻辑或)关系。必须同时满足的若干检索要求,相互间为"and"关系;必须至少满足其中之一的若干检索要求,相互间为"or"关系。

⑥ 发明(设计)人

发明(设计)人可为个人或团体,键入字符数不限。

发明人可实行模糊检索。模糊部分位于字符串中间时应使用模糊字符"%",位于字符串起首或末尾时模糊字符可省略。

⑦ 地址

地址的键入字符数不限。

地址可实行模糊检索。模糊部分位于字符串中间时应使用模糊字符"%",位于字符串起首或末尾时模糊字符可省略。

⑧ 名称

专利名称的键入字符数不限。

专利名称可实行模糊检索,模糊检索时应尽量选用关键字,以免检索出过多无关文献。模糊部分位于字符串中间时应使用模糊字符"%",位于字符串起首或末尾时模糊字符可省略。

⑨ 摘要

专利摘要的键入字符数不限。

专利摘要可实行模糊检索,模糊检索时应尽量选用关键字,以免检索出过多无关文献。模糊部分位于字符串中间时应使用模糊字符"%",位于字符串起首或末尾时模糊字符可省略。

⑩ 主分类号

同一专利申请案具有若干个分类号时,其中第一个称为主分类号。

主分类号的键入字符数不限(字母大小写通用)。

主分类号可实行模糊检索。模糊部分位于主分类号起首或中间时应使用模糊字符“%”,位于主分类号末尾时模糊字符可省略。

⑪ 申请日

申请日由年、月、日三部分组成,各部分之间用圆点隔开;“年”为4位数字,“月”和“日”为1或2位数字。

申请日可实行模糊检索。模糊部分可直接略去(不用模糊字符),同时略去字符串末尾的圆点。

⑫ 颁证日

颁证日由年、月、日三部分组成,各部分之间用圆点隔开;“年”为4位数字,“月”和“日”为1或2位数字。

颁证日可实行模糊检索。模糊部分可直接略去(不用模糊字符),同时略去字符串末尾的圆点。

⑬ 专利代理机构

专利代理机构的键入字符数不限。

专利代理机构可实行模糊检索。模糊部分位于字符串中间时应使用模糊字符“%”,位于字符串起首或末尾时模糊字符可省略。

⑭ 代理人

专利代理人通常为个人。

专利代理人可实行模糊检索。模糊部分位于字符串中间时应使用模糊字符“%”,位于字符串起首或末尾时模糊字符可省略。

⑮ 优先权

优先权信息中包含表示国别的字母和表示编号的数字。

优先权可实行模糊检索。模糊部分位于字符串中间时应使用模糊字符“%”,位于字符串起首或末尾时模糊字符可省略。

⑯ 国际公布

(3) 检索过程

在检索界面输入框的上方有“发明专利”、“实用新型专利”、“外观设计专利”三种选择。检索时首先根据需要选择检索范围,缺省时将在所有专利范围内进行检索。然后在检索界面中选择检索字段的对话框中输入检索条件,所有检索条件输入完备,点击输入框下面的“检索”按钮,系统将执行检索并进入检索结果显示页。

(4) 检索结果显示输出

① 专利题录、摘要信息显示

在检索结果显示页,根据检索条件,列出该检索式在相应数据库中命中的记录数。检索结果按发明、实用新型、外观设计专利的顺序显示专利申请号及专利名称信息。点击相应的专利类型可直接进入命中的相应类型专利的显示页面。每页最多显示10条记录。在显示页的下方,可以查看目前所在页码及总页数,还可以快速跳转到指定页码或直接回到检索结果的首页、上一页、下一页。点击任一条记录的专利名称项，将进入专利题录和摘要信息显示页。

② 专利说明书全文显示

在题录、摘要显示页的左侧列出专利申请号、申请公开说明书全文总页数。点击说明书页码的链接，就可以看到该专利说明书的全文。

专利说明书全文（见图 5－3）为 TIF 格式文件，查看全文应安装相应的浏览器。在数据库检索界面下方有全文浏览器安装工具条。也可以使用操作系统自带的图像浏览软件或其他可阅读 TIF 格式文件的软件阅读说明书全文。

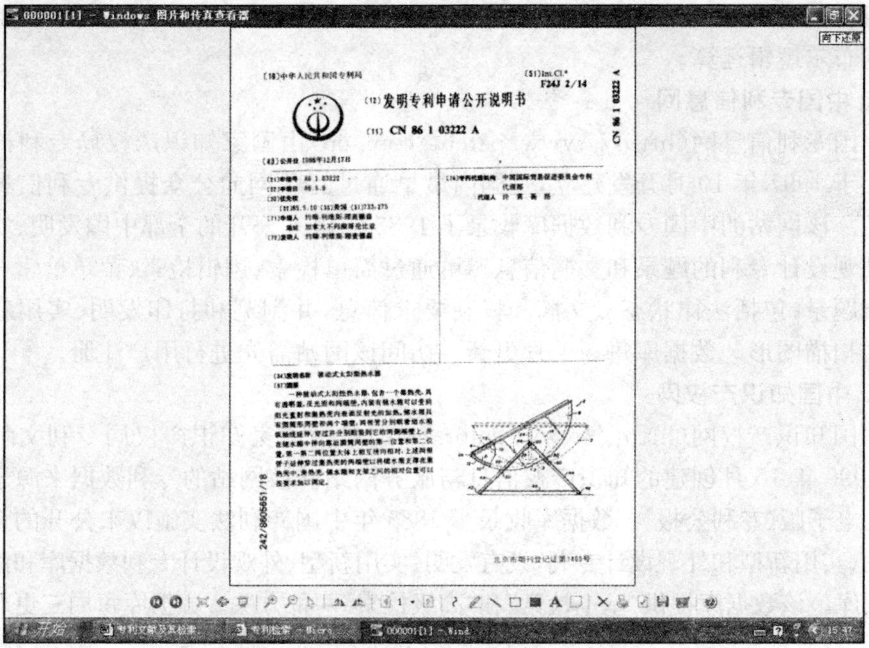

图 5－3 中国专利说明书全文显示页面

五、国内其他专利数据库

1. CNKI 专利数据库

CNKI 专利数据库收录 1985 年中国专利法实施以来公开的中国发明、实用新型、外观设计专利的题录、文摘信息。登录 CNKI 镜像站的中国专利数据库，数据库提供初级检索、高级检索两种检索方法。在初级检索界面左侧的检索字段选择下拉式菜单提供 16 个检索字段，分别是发明名称、发明人、法律状态、通讯地址、申请人、申请号、公告号、审定公告号、申请日、公告日、审定公告日、授权日、授权公告日、代理人、代理机构地址、文摘。在检索对话框中输入相应的检索词即可获得相应专利的文摘信息。高级检索界面提供 6 个检索对话框，每个对话框同样提供 16 个检索字段选择,各对话框之间可进行“与”、“或”、“非”的布尔逻辑运算。用户也可以按照专利分类逐级获得所需的专利信息。

2. 万方数据资源系统专利数据库

万方数据资源系统专利数据库收录 1985 年中国专利法实施以来公开的中国发明、实用新型、外观设计专利的题录、文摘信息。登录万方数据资源系统专利数据库,在检索界面上方提供发明专利、实用新型专利、外观设计专利及全选 4 种数据库选择。数据库提供 3 个检索对话框,每个对话框提供包括全文、专利名称、申请人、发明人、通讯地址、申请号、申请日期、审定公告号、审定公告日、分类号、主权项、文摘、代理机构、机构地址、代理人等 15 个检索字段选择,各对话框之间可进行“与”、“或”、“非”的布尔逻辑运算。

3. 中国专利信息网

中国专利信息网(http://www.patent.com.cn)由国家知识产权局专利检索咨询中心于 1997 年 10 月开发建立,是国内最早通过互联网向公众提供专利信息服务的网站。该网站的中国专利数据库收录了 1985 年以来公开的全部中国发明、实用新型和外观设计专利的题录和文摘信息。可通过简单检索、逻辑检索、菜单检索 3 种方法检索题录(包括法律状态)、文摘和权利要求信息,并浏览和打印发明、实用新型专利全文扫描图形。数据库每 3 个月更新。访问该网站需先进行用户注册。

4. 中国知识产权网

中国知识产权网(http://www.cnipr.com)是由国家知识产权局专利文献出版社于 1999 年 10 月创建的知识产权信息与服务网站。该网站的专利数据来源于每周出版的电子版《专利公报》。数据库收录了 1985 年中国专利法实施以来公开的全部中国发明、实用新型和外观设计专利,设有发明、实用新型、外观设计专利数据库和法律状态数据库。该数据库提供“基本检索”和“高级检索”两种方法。数据库每周三更新。

第四节 国外专利文献及其检索

一、欧洲专利局网站

欧洲专利局网站(http://ep.espacenet.com/)是由欧洲专利局、欧洲专利组织成员国及欧洲委员会共同研究开发的专利信息网上免费检索系统。该网站提供了自 1920 年以来世界上 80 多个国家公开的专利题录数据库及 20 多个国家的专利说明书。该网站是检索世界范围内专利信息的重要平台。该系统中各数据库收录专利国家的范围不同,各国收录专利数据的范围、类型也不同。

1. 数据库收录范围

EPO 各成员国数据库,收录欧洲各成员国最近 24 个月公开的专利。EP 数据库，收录欧洲专利局最近 24 个月公开的专利。WO 数据库，收录世界知识产权组织最近 24 个月公开的专利。以上数据库使用原公开语言检索近两年公开的专利，提供有专利全文扫描图像。在此之前的专利文献可通过世界范围专利数据库检索。

世界范围专利数据库，收录 80 个国家专利。在世界范围专利数据库所收录专利的国家中，收录题录、摘要、全文扫描图像、IPC 及 Ecla 分类信息的只有英、德、法、美少数几个国家，大部分国家只收录题录数据而未提供全文扫描图像。

2. 数据库检索方法

通过网址进入页面(见图 5-4)。该页面左侧列出了以下几种检索方法：快速检索(Quick Search)、高级检索(Advanced Search)、号码检索(Number Search)和欧洲专利分类检索(Classification Search)。可检索以下 3 个数据库收录的专利信息：世界范围专利数据库、欧洲专利数据库和世界知识产权组织数据库。

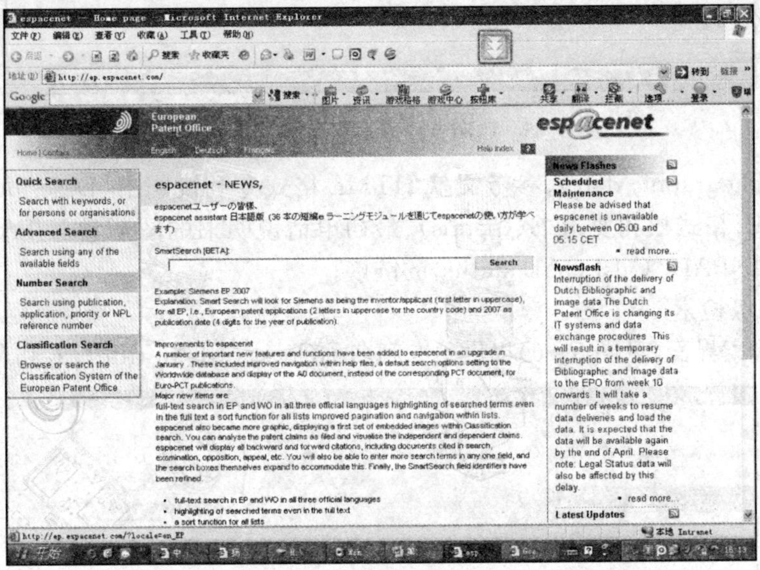

图 5-4　欧洲专利局数据库主页页面

(1) 快速检索

点击 Quick Search 按钮，进入快速检索界面(见图 5-5)。

在快速检索界面上提供了下拉式菜单选择数据库，可选择在世界范围专利、欧洲专利局专利、世界知识产权组织专利 3 个数据库中检索。

检索结果列出命中专利的名称、发明人、申请人、公开日期、公开号、IPC 及 EC 分类号等信息。点击专利名称即可查看该专利的详细信息。选中专利名称右侧的"in my patent list"，所选记录将保存在"my patent list"中(可存放 20 条记录)。点击"my patent list"链接，可查看被保存的专利信息。

点击命中记录的专利名称，进入检索结果题录显示页面。该显示页面上方有获

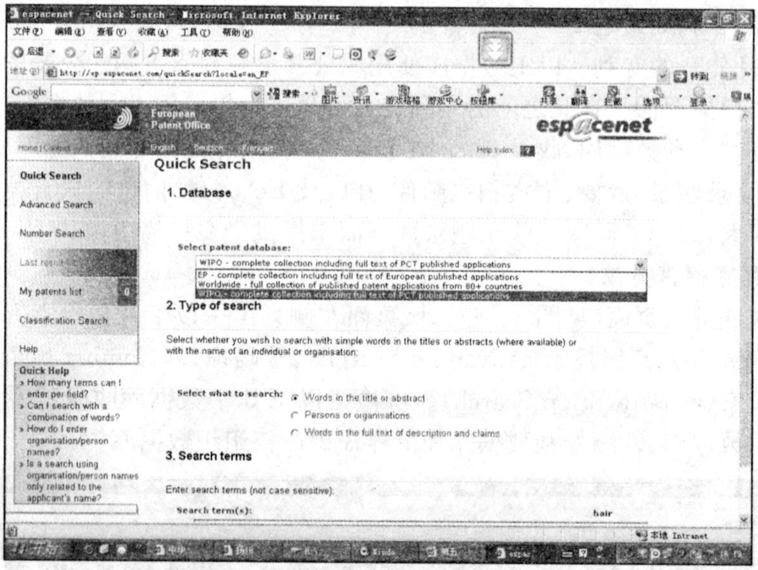

图 5-5 欧洲专利局数据库快速检索界面

取题录(Bibliographic date)、参考文献 HTML 格式专利说明书(Description)、参考文献 HTML 格式权利要求书(Claims)、最初申请说明书的图形和 INPADOC 法律状态信息(INPADOC LEGAL status)的链接。

(2) 高级检索

高级检索界面(见图 5-6)提供了专利名称(keywords in title)、专利名称或摘要

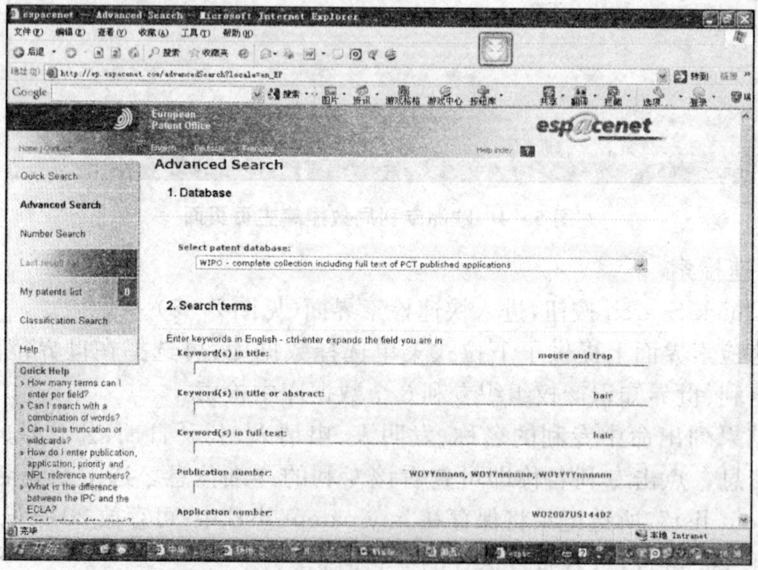

图 5-6 欧洲专利局数据库高级检索界面

(keywords in title or abstract)、公开号(publication number)、申请号(application number)、优先权号(priority number)、公开日(publication date)、申请人(applicant)、发明人(inventor)、欧洲专利分类(European classification)、国际专利分类(IPC)等 10 个检索字段，各检索字段之间为逻辑“与”的关系。用户可根据需求在相应的对话框中输入检索词，点击“search”按钮得到检索结果。检索结果及其显示格式与快速检索结果相同。

(3) 号码检索

该检索界面专门提供从公开号途径检索专利信息。其特色是选中对话框下面的“including family”选项，将同时检索出该专利的同族专利信息。

(4) 分类检索

分类检索界面提供了欧洲专利分类的浏览及通过关键词检索欧洲专利分类信息的功能。其使用方法与中国专利数据库的分类检索相似。

二、美国专利商标局网站

美国专利商标局网站(http://www. usptogov)是美国专利商标局建立的政府性官方网站，收录美国自 1790 年实施专利法以来至最近一周的所有美国专利。其中，1976 年 1 月至目前的专利提供全文检索功能，可获得 HTML 格式的专利说明书及权利要求书，并提供专利全文扫描图像链接。1790 年至 1975 年 12 月的专利只能通过专利号和美国专利分类号检索，并通过链接查看专利全文扫描图像。

1. 数据库检索方法

点击网站首页左侧“Patent”下的“Search”，进入数据库检索主页面(见图 5－7)。

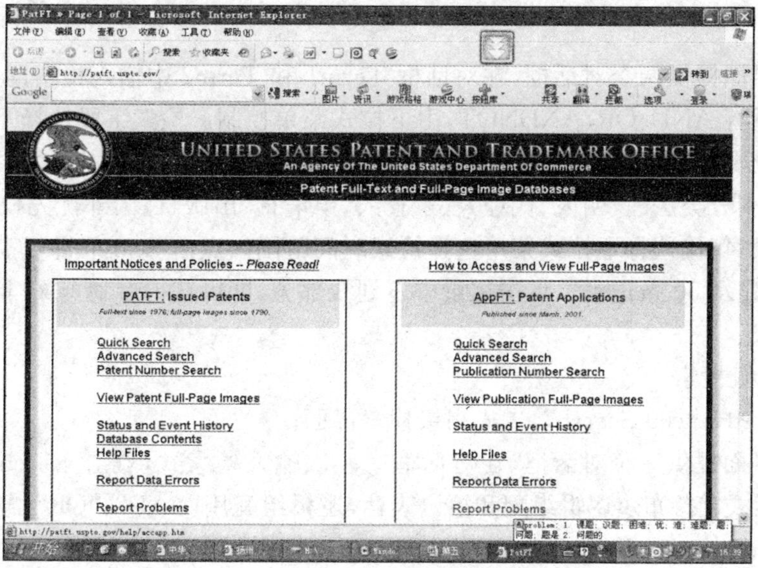

图 5－7 美国专利商标局专利检索主页面

检索主页面分左右两部分,左侧检索的是 1790 年以来授权的美国专利信息,右侧检索的是 2001 年以来公开的美国专利申请。左右两侧均提供 3 种检索方法:快速检索(Quick Search)、高级检索(Advanced Search)和专利号检索(Patent Number Search)。

(1) 快速检索

点击“Quick Search”按钮,进入快速检索界面(见图 5-8)。

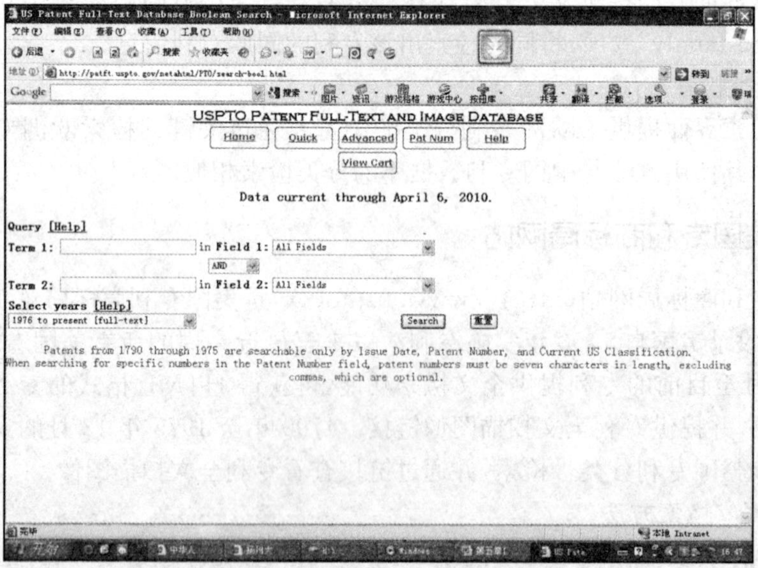

图 5-8 美国专利数据库快速检索界面

检索界面提供两个对话框,在对话框 Term1 和 Term2 中输入检索词,两者之间的逻辑关系有 AND、OR、ANDNOT,由下拉式菜单控制。检索字段选择下拉式菜单提供包括全文、专利名称、文摘、专利号、申请号、权利要求、说明书、美国专利分类法、国际专利分类法、发明人、代理人、审查人、申请日、出版日、国外优先权等多达 30 个检索字段,年代选择下拉式菜单选择检索时间范围。点击 Search 即可获得检索结果,一次可显示 50 条记录。点击记录中下划线部分,即可获得专利全文,检索结果可打印或下载。

(2) 高级检索

点击“Advanced Search”,进入高级检索界面。

检索界面提供一个对话框,在对话框中一次输入检索式,点击 search 既可完成检索。检索式支持布尔逻辑组配和短语表达,逻辑组配用“AND”、“OR”、“ANDNOT”表示。如:tennis AND(racqunet OR racket)、television OR(cathode AND tube)、meedle ANDNOT((record AND player) OR sewing),短语用“ ”表示,如“bawling balls”。检索式中用符号“/”限定检索词所在字段。限定字段代码有 31 种，在检索界面中有详细的列表可供参考。如发明名称字段代码 TTL，TTL/(nasal or nose)或 TTL/nasal or TTL/nose 代表检索词限定于发明名称中，发明人字段代码 IN，IN/Dobbs 代表发明人为 Dobbt 的所有专利等。

(3) 专利号检索

点击“Patent Number Search”，进入专利号检索界面。

检索界面提供一个对话框，在对话框中输入专利号，点击 search 即可完成检索。因美国专利分为发明、外观设计、植物、重颁、防卫等类型，对话框下面给出各种专利的专利号表达方式。

2. 检索结果显示

检索结果一次可显示 50 条记录。点击记录下划线部分，即可得到该项专利 HTML 格式的说明书全文。

点击 HTML 格式说明书全文页面上部的“Image”按钮，即可得到该项专利的图像格式说明书全文(见图 5-9)。该格式文件与纸质载体说明书完全一致。下载图像格式的美国专利说明书全文需在本地机上安装 TIFF 软件。

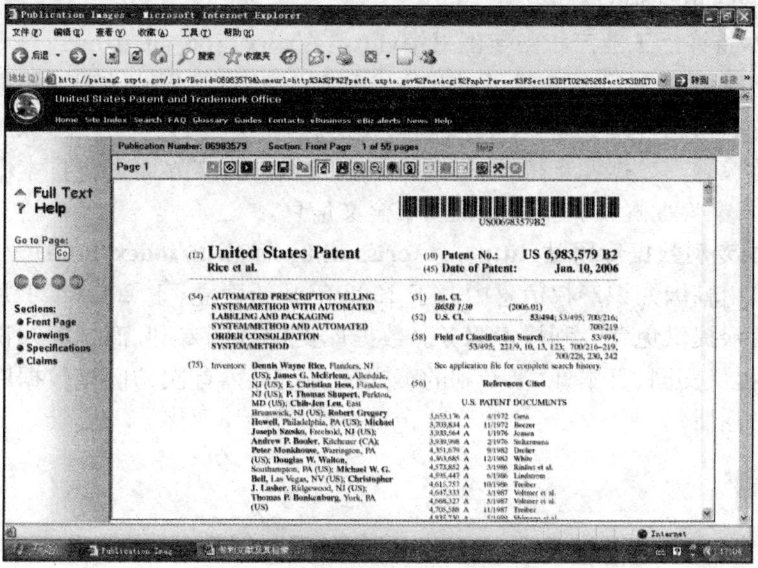

图 5-9 美国专利图像格式说明书全文

三、其他国外专利数据库

1. 世界知识产权数字图书馆网站(http://www.wipo.int/pctdb/en/)

世界知识产权数字图书馆(Intllectual Property Digital Library，简称 IPDL)由

世界知识产权组织于1998年建立，主要收录有PCT国际专利公报数据库、PCT国际专利全文图形数据库、马德里快报数据库、海牙快报数据库、健康遗产测试数据库和专利审查最低文献量科技期刊数据库。系统中不同信息的更新时间有的每天更新，有的每周更新，有的每月更新。

2. 加拿大专利数据库网站(http://patentsl. ic. gc. ca/pntro-e. html)

该网站是由加拿大国家知识产权局(http://cipo. gc. ca)建立的政府官方网站，可通过英语、法语免费检索加拿大专利信息。该数据库收录了1920年以来的加拿大专利说明书文本及扫描图形信息。

1978年8月15日以前授权的专利未收录文摘和权利要求信息，只能通过专利号、标题、发明人、分类号进行检索。

3. 澳大利亚知识产权局网站(http://ipaustralia. gov. au)

该网站提供澳大利亚1975年以来公开的专利申请的免费检索。点击网站主页上的"Search Database"，系统提供4个数据库：新专利方案数据库(New Patent Solution Datebase)、专利主机题录数据库(Patents mainframe bibliographic datebase)、澳大利亚公开专利数据库(AU Published Patent Date Searching)和专利说明书全文数据库(Patent specifications)。

4. 日本特许厅工业产权数字图书馆(http://www. jpo. go. jp)

该网站提供1976年以来公开的日本专利及1993年1月以来日本专利的法律状态信息。专利信息每月更新，专利法律状态信息每两周更新。通过关键词、公开号等字段进行检索。数据库支持英、日两种语言检索。英文界面提供日本专利的英文摘要信息，日文界面提供日本专利说明书全文信息。

5. 韩国专利数据库网站(http://kipris. or. kr/english/index, html)

该网站由韩国知识产权信息中心于1998年开始建立，于2000年1月开始通过互联网向公众提供免费专利检索服务。数据库提供韩国专利、商标等知识产权的韩文信息，并提供美国、日本、欧洲专利的英文摘要信息。首次访问该数据库的用户需要进行用户注册。

思考题

1. 中国专利有哪几种类型？授予专利权的发明创造必须具备什么条件？
2. 什么是专利制度？如何在我国申请专利？
3. 中国专利文献检索途径有哪些？
4. Internet上有哪些免费专利数据库？
5. 如何检索摩托罗拉公司在全球范围内申请的专利？

第六章 标准文献及其检索

第一节 概 述

一、标准、标准文献

1. 标准

标准是科学技术和经济管理研究工作成果的一种表现形式，是生产科研活动中对产品、工程及其他技术基础上的质量、品种、检验方法及技术要求等所作的统一规定，是有关方面共同遵守的技术依据和准则。

1983 年我国的国家标准 GB3935.1—83 对标准定义为："为重复性事物和概念所作的统一规定。它以科学、技术和实践经验的综合成果为基础，经有关方面协商一致，由主管机关批准，以特定形式发布，作为共同遵守的准则和依据。"

2. 标准文献

标准文献一般是指由技术标准、管理标准及其他具有标准性质的类似文件所组成的特种科技文献体系。广义的标准文献是指包括除标准原始文件以外的一切标准化的书刊、目录和手册等。狭义的标准文献是指"标准"、"规范"、"技术要求"等。构成标准文献有 3 个条件：

(1) 标准是经过有关方面的共同努力所取得的成果，它是集体劳动的结晶；

(2) 标准必须经过一个公认的权威机构或授权单位的批准认可；

(3) 标准必须随着科学技术的发展而更新换代，即不断地进行补充、修订或废止。

标准文献是反映标准的技术文献，是一种重要的科技情报源，它反映了一个国家、一个部门、一个地区、一个行业的生产、技术和管理水平。世界上现有几十万件国际标准和国家标准，每年还以较快的速度增长。因此，积极采用标准和了解标准，对一个国家的进步和发展起着重要的作用。

二、标准文献的类型

1. 按使用范围划分

(1) 国际标准　是指国际间通用的标准。如:国际标准化组织标准(ISO)、国际电工委员会标准(IEC)等。

(2) 区域标准　是经世界某一地区的若干国家标准化机构协商一致颁布的标准。如:全欧标准(EN)、欧洲计算机制造商协会标准(ECMA)等。

(3) 国家标准　是指一个国家的全国性标准化机构颁布的标准。如:我国国家标准(GB)、美国国家标准(ANSI)、英国国家标准(BS)等。

(4) 专业标准　是指某一专业团体对其所采用的零部件或原材料、完整的产品及有关工艺设备所制订的标准。如;美国材料与试验协会标准(ASTM)、美国石油学会标准(APl)。

(5) 企业标准　由公司企业自己规定的统一标准,在该公司企业内施行。如:美国波音飞机公司标准(BAC)。

2. 按标准内容划分

(1) 基础标准　是标准的标准,一般包括术语、符号、代号、机械制图、公差与配合等;

(2) 产品标准　规定产品的品种、系列、分类、参数、型式尺寸、技术要求、试验等;

(3) 方法标准　包括工艺要求、过程、要素、工艺说明等,还包括使用规程;

(4) 辅助产品标准　包括工具、模具、量具、夹具、专用设备及其部件的标准等;

(5) 原材料标准　包括材料分类、品种、规格、牌号、化学成分、物理性能、试验方法、保管验收规则等。

此外还有安全标准、卫生标准、环保标准、管理标准和服务标准等。

3. 按标准成熟程度划分

(1) 法定标准　也称正式标准,是指具有法律性质的必须遵守的标准;

(2) 推荐标准　是制定和颁布标准的机构建议优先遵循的标准;

(3) 试行标准　指内容不够成熟,尚有待在使用实践中进一步修订、完善的标准;

(4) 标准草案　指审批前由草拟者或提出机构供讨论并征求有关方面修改意见的标准稿件。

标准文献除了以标准命名外,还常以规范、规程、建议等名称出现。国外标准文献常以 Standard(标准),Specification(规格、规范),Rules、Instruction(规则),Practice(工艺),Bulletin(公报)等命名。标准文献与一般的科技文献不同,主要表现在以下几个方面:首先,发表方式不同。它是各级主管标准化工作的权威机构主持制定和颁布的，通常以单行本形式发行，一项标准一册；其次，检索工具不同，查找技术标准主要靠专门的工具——标准目录；再次，分类体系不同，一般采用专门的技术分类体系。最后，性质不同，它是一种具有法律性质或约束力的文献，有生效、未生效、试行、失效等状态之分，未生效和失效过时的标准没有使用价值。

三、标准文献的分类

1. 国际标准文献的分类

1991 年 ISO 组织完成了国际标准分类法的编制工作，《国际标准分类法》(简称 ICS)是由信息系统和服务委员会(INFCO)制定的，它主要用于建立国际标准、区域性标准、国家标准及其他标准文献的目录结构，并作为国际标准、区域性标准和国家标准的订购系统的基础，也可用作数据库和图书馆中标准及标准文献的分类。ICS 的制定将促进信息和有关工具(如目录、选择清单、数据库等)的协调，以及国际标准、区域性标准、国家标准及其他标准文献的传播。

ICS 是在 1992 年由 INFCO 通过、理事会批准的。ISO 从 1994 年开始在其标准上采用 ICS 分类法。目前，ICS 的最新版本(第 4 版)已正式出版。1996 年，ISO 中央秘书处对 ICS 的使用进行了调查，调查范围包括所有 ISO 成员和 6 个国际和区域性标准组织。在返回调查表的 79 个 ISO 成员中，有 52 个采用 ICS；23 个准备采用；4 个因能力所限，不准备采用。在 6 个国际和区域性标准组织中，有 5 个采用了 ICS，1 个准备采用。另外，有 34 个成员将 ICS 翻译成了 26 种文字，有 24 个成员正式出版了 ICS。

ICS 采用三级分类，第一级由 41 个大类组成，第二级分为 405 个二级类目，第三级为 884 个三级类目，分类法采用数字编号，第一级和第三级采用双位数，第二级采用三位数表示，各级类目之间以实圆点(中文版采用短横线)相隔。

我国自 1995 年开始对 ICS 进行分析，将其与中国标准分类法进行了对照，于 1996 年出版了 ICS 的中文版，该版本是在 ICS 的结构下，根据我国国情适当补充而形成的。目前，与 ICS 第四版相对应的 ICS 中文版即将出版，该中文版中仍增加了一些适合我国国情的条目。至今为止，我国在标准分类上仍采用 ICS 与中国标准分类法并行的办法，随着我国标准化工作与国际的接轨，ICS 将最终取代中国标准分类法。

2. 我国标准文献的分类

《中国标准文献分类法》试行本自 1984 年 8 月试行以来，经过四年的试用，基本可行。在此基础上进行了修订补充，已审查通过《中国标准文献分类法》正式本，自 1990 年 1 月 1 日起施行。并以技监局标发(1989)411 号文件颁发通知。其分类体系结构以专业划分为主，由一级类目和二级类目组成：一级类目设有 24 个大类，分别用英文大写字母来表示，先从人类基本生产活动排序，后划分工业生产和人类生活需

要,其大类序列如下:

A	综合	N	仪器、仪表
B	农业、林业	P	建筑
C	医药、卫生、劳动保护	Q	建材
D	矿业	R	公路与水路运输
E	石油	S	铁路
F	能源、核技术	T	车辆
G	化工	U	轮船
H	冶金	V	航空、航天
J	机械	W	纺织
K	电工	X	食品
L	电子技术、计算机	Y	轻工、文化与生活用品
M	通信、广播	Z	环境保护

四、标准文献的作用

(1) 通过标准文献可了解各国经济政策、技术政策、生产水平、资源状况和标准水平;

(2) 在科研、工程设计、工业生产、企业管理、技术转让、商品流通中,采用标准化的概念、术语、符号、公式、量值、频率等有助于克服技术交流的障碍;

(3) 国内外先进的标准可供推广研究、改进新产品、提高工艺和技术水平借鉴;

(4) 它是鉴定工程质量、检验产品、控制指标和统一试验方法的技术依据;

(5) 可以简化设计、缩短时间、节省人力、减少不必要的试验、计算,能够保证质量、减少成本;

(6) 进口设备可按标准文献进行装备、维修配置某些零件;

(7) 有利于企业或生产机构经营管理活动的统一化、制度化、科学化和文明化。

第二节　国内标准及其检索

一、概况

我国的标准化工作从 1956 年制订全国统一的国家标准开始,1978 年 5 月国家标准总局成立和 1979 年 7 月“中华人民共和国标准管理条例”的颁布,标志着我国标准化工作进入了一个新的发展时期。1978 年 9 月中国标准化协会(CAS),加入了国际标准化组织(ISO),并参加了其中的 103 个技术委员会。1975 年参加了国际电工委员会(IEC)。信息产业部代表中国于 1978 年参加了国际电信联盟(ITU)。中国曾任 ISO 理事会、技术管理局、IEC 执委会和管理局的成员。中国每年派出几百名专家出席 ISO、IEC 组织的各种技术会议，并与许多国家进行了标准化交流和学习，承办 10 多个 ISO、IEC 技术委员会会议。

截至 2011 年年底，我国国家标准总数为 28 422 项，累计备案行业标准 47 430 项、地方标准 21 662 项。标准体系进一步完善，较好地满足了产业、科技、贸易和社会事业发展需要。

从国际标准化组织 ISO 和国际电工委员会 IEC 的国际标准转化情况来看，ISO/IEC 现有标准 16 745 项，已转化为我国国家标准的 6 300 项，转化率为 38%。其中比较突出的行业有：煤炭行业对应的 ISO 国际标准 66 项，转化率为 97%；电力行业对应的 IEC 国际标准 181 项，转化率为 81%；机械行业对应的 ISO/IEC 国际标准 4 417项，转化率为 52%，其中电工行业对应的 IEC 国际标准 1 372 项，转化率为 64%；汽轮机、低压电器、电气传动等标准的转化率达到 100%。

从我国参与国际标准制修订方面来看，由我国起草的 10 多项国际标准已由 ISO/IEC 批准发布，另有 20 多项我国起草的国际标准草案已提交国际标准化组织。我国有 20 种标准样品列入国际标准化组织标准样品委员会（ISO/REMCO）的标准样品推荐目录。

二、我国标准的等级及编号

1. 标准的等级

我国的标准分为国家标准、行业标准、地方标准和企业标准 4 级。

(1) 国家标准　这是对全国经济、技术发展有重大意义的，必须在全国范围内统一和实施的标准。

(2) 行业标准　指行业的标准化主管部门发布的在某一行业范围内统一和实施的标准。

(3) 地方标准　指在没有国家标准和国家标准不能满足需要的情况下，依据某地区的特殊情况在该地区范围内统一的标准。目前地方标准很少，绝大部分都下放给企业。

(4) 企业标准　指由企业或上级有关机构批准发布的标准，是为了不断提高产品质量、强化竞争能力、适用企事业单位的标准。

2. 标准编号

根据规定，我国国家标准及行业标准的代号一律用两个汉语拼音大写字母表示，编号由标准代号＋顺序号＋批准年代组成。

(1) 国家标准　其代号有 3 种：

GB XXXX—XX　　强制性国家标准

GB/TXXXX—XX　　推荐性国家标准

GB/ * XXXX—XX　　降为行业标准而尚未转化的原国家标准

(2) 行业标准　用该行业主管部门名称的汉语拼音首字母表示，机械行业标准用JB表示，轻工行业标准用QB表示等等。例如QB1007—90是指轻工行业1990年颁布的“罐头食品净重及固形物含量的测定标准”。

(3) 地方标准　由“DB”(地方标准代号)加上省域、市域编号，再加上专业类号(以字母表示)及顺序号和标准颁布年份组成地方标准编号。例如DB/3204—G24—87，其中“32”表示江苏省，“04”表示常州市。

(4) 企业标准　其代号规定以Q为分子，以企业名称的代码为分母表示，在Q前冠以省、市、自治区的简称汉字。例如：京Q/JB1—79是指北京机械工业局1979年颁布的企业标准。

注：由于历史的原因和现状，部标准与专业标准、行业标准还会共存一段时间。

在此将我国行业标准信息列表如下(表6-1)。

表6-1　中华人民共和国行业标准一览表

行标名称	代号	归口单位	邮编
船舶行业标准	CB	船舶工业总公司科技信息咨询中心	100081
测绘行业标准	CH	国家测绘局科技处建设部标准定额所	100835
城市建设行业标准	CJ	建设部产品标准处	100835
新闻出版行业标准	CY	国家新闻出版署	100036
地质矿业行业标准	DZ	地质矿业部标准处	100812
核工业行业标准	EJ	中国核工业总公司标准所	100091
纺织行业标准	FZ	中国纺织总会标准处	100742
社会公共安全行业标准	GA	公安部科技司二处	100741
广播电影电视行业标准	GY	广播电影电视部标准所	100866
航空工业行业标准	HB	航空工业总公司310所资料室	100028
化工行业标准	HG	化工部标准所	100723
环境保护行业标准	HJ	国家环保局标准处	100835
海洋行业标准	HY	国家海洋局标准处	100060
机械行业标准	JB	机械部标准化所	100081
建材行业标准	JC	国家建材局标准处	100835
交通行业标准	JT	交通部标准化所	100845
劳动和劳动安全行业标准	LD	劳动部科学技术办公室	100716
林业行业标准	LY	林业部标准处	100710

续 表

行标名称	代号	归口单位	邮编
民用航空行业标准	MH	中国民航局科技司标准计量处	100710
煤炭行业标准	MT	煤炭部科技司标准计量处	100713
民政工业行业标准	MZ	民政部标准处	100020
农业行业标准	NY	农业部标准处	100026
轻工行业标准	QB	中国轻工总会	100833
汽车行业标准	QC	中国汽车技术研究中心标准化所	300162
航天工业行业标准	QJ	航天总公司708所国内贸易部	100830
国内贸易行业标准	SB	技术信息研究咨询中心	100801
石油化工行业标准	SH	中国石油化工总公司	100083
电子行业标准	SJ	信息产业部电子技术标准化研究所	100007
水利行业标准	SL	水利部技术监督局	100761
出口商品检验行业标准	SN	国家进出口商品检验局	100020
石油天然气行业标准	SY	中国石油天然气总公司	100724
铁道行业标准	TB	铁道部标准计量研究所	100081
文化行业标准	WH	文化部科技司标准处	100010
兵工民品行业标准	WJ	中国兵器工业总公司计划处	100081
黑色冶金行业标准	YB	冶金部标准化所	100711
烟草行业标准	YC	中国烟草总公司	100052

三、我国标准文献的检索

1. 书本式标准文献检索工具

利用书本式标准文献检索工具查找国内标准文献，主要可采用分类途径和标准号途径。

(1)《中华人民共和国国家标准目录总汇2009》(上、下)　本书由国家标准化管理委员会编，由中国标准出版社出版。本书收录截至2008年年底批准、发布的全部现行国家标准信息，同时补充被代替、被废止国家标准目录及国家标准修改、更正、勘误通知等相关信息。分上、下册出版，内容包括四部分：国家标准专业分类目录，被废止的国家标准目录，国家标准修改、更正、勘误通知信息以及索引。第一部分国家标准专业分类目录，按中国标准文献分类法(CCS)编排，收录截至2008年底前批准、发布的现行国家标准信息，条目共22 918项。本书目录中列出了CCS大类的代号(字母)及正文所在页码,在本部分的每大类前,设页列出该大类的二级类目分类号及类名。本部分的"类号"指CCS的分类号。"代替标准"中的国家标准,其属性参照国家标准清理整顿的结果及《中华人民共和国强制性国家标准目录》信息整理。

(2)《2009最新工业行业国家标准和行业标准目录》 该书由机械科学研究总院中机生产力促进中心多位专家遴选编纂而成,不仅权威、规范、科学,而且全面、系统、简洁、实用,符合国情,具有一定前瞻性。本《目录》收入截止到2008年底以前批准发布的现行有效工业行业国家标准和行业标准信息46 000余条,由16个部分构成。在编排上按行业排列。其中第1部分按企业标准体系表的形式编排,其他部分按企业标准体系中产品标准排列,为了便于查阅,索引部分先按国家标准(GB)、机械行业标准(JB)排列,再按其他行业的汉语拼音字母顺序排列,在同一行业中按标准编号由小到大顺序排列。

(3)《中华人民共和国强制性国家标准目录2005》 2005年版强制性国家标准目录载入截至2004年12月底前批准发布的现行强制性国家标准,共3 043项。本目录正文部分按中国标准文献分类法(CCS)编排,中文目录在前,英文目录在后。书后附有中英文目录标准顺序号索引。正文部分的"类号"指CCS的分类号;"代替标准"中的国家标准,不论是强制性或推荐性,标准代号均用"GB"表示。按照新的采用国际标准管理办法,我国标准与国际标准的对应关系除等同(IDT)、修改(MOD)外,还包括非等效(NEQ)。非等效(NEQ)不属于采用国际标准。以前采用国际标准和国外先进标准代号:idt。(等同采用);eqv(等效采用);neq(非等效采用)。本目录将定期出版,需与每年出版的《中华人民共和国国家标准目录及信息总汇》配合使用,查询现行的国家标准目录信息。

(4)《中国国家标准汇编》 该汇编是一部大型综合性国家标准全集。自1983年起,按国家标准顺序号以精装本、平装本两种装帧形式陆续分册汇编出版。它在一定程度上反映了新中国成立以来标准化事业发展的基本情况和主要成就,是各级标准化管理机构,工矿企事业单位,农林牧副渔系统,科研、设计、教学等部门必不可少的工具书。收入我国每年正式发布的全部国家标准,分为"制定"卷和"修订"卷两种编辑版本。"制定"卷收入上年度我国发布的、新制定的国家标准,顺延前年度标准编号分成若干分册,封面和书脊上注明"20××年制定"字样及分册号,分册号一直连续。各分册中的标准是按照标准编号顺序连续排列的,如有标准顺序号缺号的,除特殊情况注明外,暂为空号。"修订"卷收入上年度我国发布的、被修订的国家标准,视篇幅分设若干分册,但与"制定"卷分册号无关联,仅在封面和书脊上注明"20××年修订-1,-2,-3,……"字样。"修订"卷各分册中的标准,仍按标准编号顺序排列(但不连续);如有遗漏的,均在当年最后一分册中补齐。个别非顺延前年度标准编号的新制定的国家标准没有收入在"制定"卷中,而是收入在"修订"卷中。自1996年起,《中国国家标准汇编》仅出版精装本。

(5)《中国国家标准分类汇编》　该汇编收录截止 1992 年发布的各类标准。按专业分类，共计 15 卷，每卷分若干分册。一级类设为卷，每个二级类内按标准顺序号排列。例如：机械卷(J)有 26 分册，电工卷(K)有 16 分册，电子与信息技术卷(L)有 26 分册。

(6)《中国标准化年鉴》　由中华人民共和国国家技术监督局（原由国家标准局）编辑出版，1985 年创刊，以后逐年出版一本，内容包括我国标准化事业的现状、国家标准分类目录和标准号索引三部分。

2. 万方数据资源系统的中外标准信息数据库（www. wanfangdata. com. cn）

该库收录了包括中国国家标准、建设标准、建材标准、行业标准、国际标准、国际电工标准、欧洲标准以及美、英、德、法国国家标准和日本工业标准共 14 个数据库 25 多万条记录（见图 6－1）。

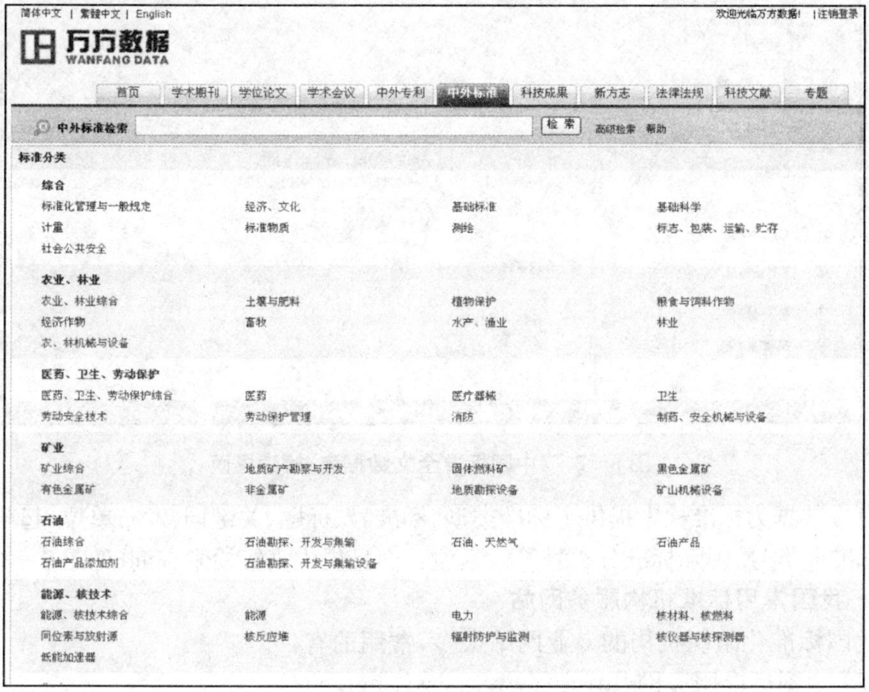

图 6－1　《中外标准信息数据库》检索界面

此外万方数据资源系统还推出《中国标准全文数据库》，收录了我国发布的全部国家标准、某些行业的行业标准以及电气和电子工程师技术标准，并可以下载全文。此外，在检索界面左侧的数据库列表中还有中外标准数据库，收录了国家技术监督局、建设部情报所提供的中国国家标准、建设标准、建材标准、行业标准、国际标准、国际电工标准、欧洲标准以及美、英、德、法国国家标准和日本工业标准等，在勾选此库后可检索到收录标准的文摘信息。（见图 6－2）。

图 6－2 《中国标准全文数据库》检索界面

万方数据为标准检索提供了标准类型、标准号、标题、关键词、发布单位、起草单位、中国标准分类号、国际标准分类号等检索项。而且提供高级检索查询(见图 6－3)。

3. 我国常用标准机构服务网站

我国标准化组织机构的专业网站很多，常用的有：

(1) 中国标准服务网(http://www.cssn.net.cn/)

中国标准服务网(www.cssn.net.cn)是国家级标准信息服务门户，是世界标准服务网(www.wssn.net.cn)的中国站点。中国标准化研究院标准馆负责网站的标准信息维护、网员管理和技术支撑。中国标准服务网以种类齐全、信息权威、更新及时、服务快捷为服务宗旨。

中国标准服务网的标准信息主要依托于国家标准化管理委员会、中国标准化研究院标准馆及院属科研部门、地方标准化研究院(所)及国内外相关标准化机构。中国标准化研究院标准馆收藏有 60 多个国家、70 多个国际和区域性标准化组织、450 多个专业学(协)会的标准以及全部中国国家标准和行业标准共计约 60 多万件。此

科技文献检索与利用(第5版)

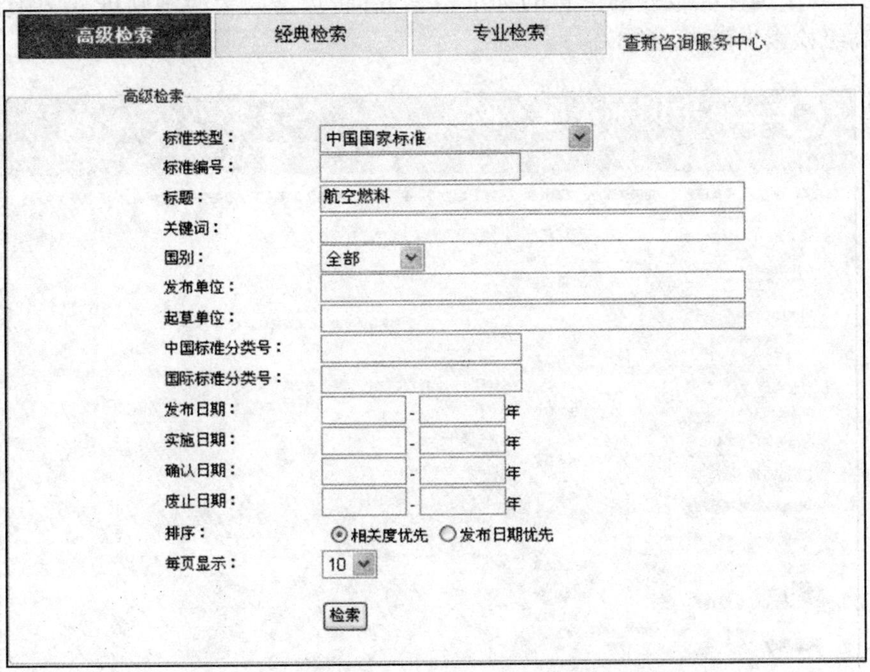

图 6-3　《中外标准信息数据库》高级检索界面

外，还收集了 160 多种国内外标准化期刊和 7 000 多册标准化专著，与 30 多个国家及国际标准化机构建立了长期、稳固的标准资料交换关系，还作为一些国外标准出版机构的代理，从事国外和国际标准的营销工作。每年投入大量经费和技术人员，对标准文献信息进行收集、加工并进行数据库和信息系统的建设、维护与相关研究。

网站采用网员制服务形式，非网员用户只能查到相关的题录信息。只有填写相关信息进行缴费注册后才能浏览到全文信息。

该网站提供三种检索方式，即：标准模糊检索、标准分类检索和标准高级检索。标准模糊检索需先选择按“标准号”检索还是按“关键词”检索，然后再输入检索条件。检索条件可以是单个词，也可以是多个词，多个词之间应以空格分隔，空格分隔的多个词之间是逻辑与的关系，即检索结果中必须同时满足包含有输入的以空格为分隔的词。检索条件不区分大小写；标准分类检索又分为按“国际标准分类”和“中国标准分类”两种。用户可点击自己感兴趣的分类，点击后页面会显示当前类别下的明细分类，直到显示该分类下的所有标准列表；标准高级检索与前两种检索方式相比，标准高级检索提供了可输入多种条件、不同条件进行组合的检索方式，用户能够更准确地查找所需的标准。

检索实例：利用中国标准服务网站，检索关于“航空燃料”的标准。

打开 IE 浏览器，进入 http://www.cssn.net.cn/网站，选择主页面上的标准检索,则打开中国标准服务网主页的标准检索界面,点击高级检索则进入中国标准服务网高级检索界面(见图 6-4)。

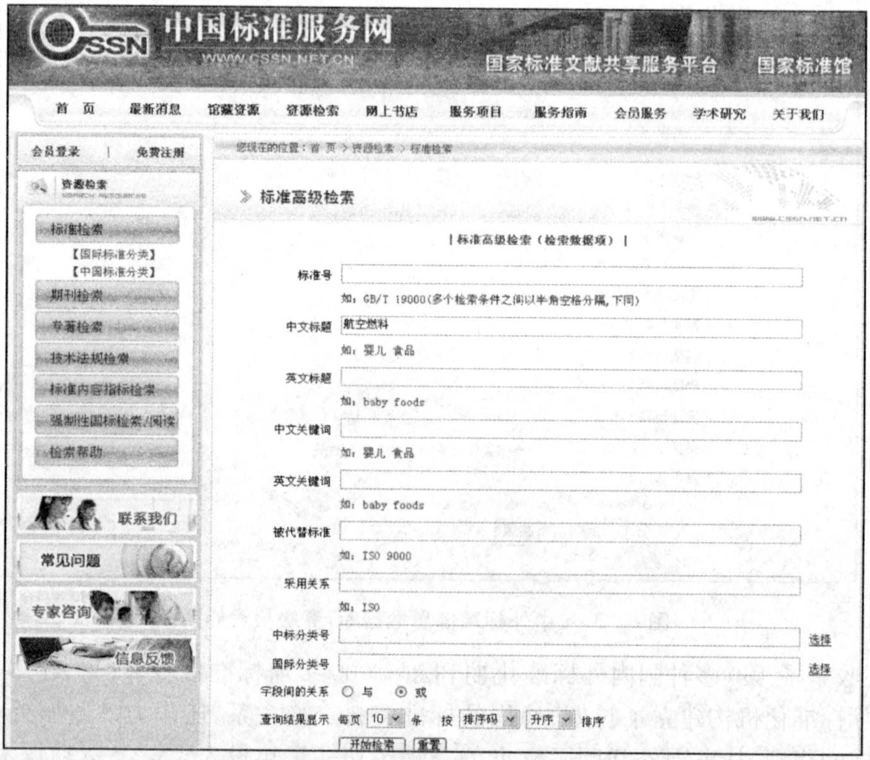

图 6-4　中国标准服务网站标准高级检索界面

按照给出的查询标准条件和查询界面提示,选择"中文标题"栏输入"航空燃料",并选择相关的逻辑关系,核对无误后,按"检索"按钮进行检索,得到查询结果(见图 6-5),再打开标准号的链接,就可得到关于此标准的摘要信息。

(2) 中国标准化研究院网站(http://www.cnis.gov.cn/)

中国标准化研究院是国内惟一的国家级标准化研究机构,是我国重要的标准化研究和开发基地,对发展和开拓中国的标准化科学事业肩负着重要的责任。中心是在原中国标准化与信息分类编码研究所、中国技术监督情报研究所和国家质量技术监督局管理所的基础上,经国家质量技术监督局同意并报中央编办批准,于 1999 年 10 月 12 日组建,同年 12 月 27 日正式挂牌成立。中国标准研究中心设有质量与环境研究室、基础标准化研究室、术语标准化研究室、能源与资源标准化研究室、信息技术标准化研究室、信息分类编码标准化研究室、计算机辅助技术标准化研究室、技术监督理论研究室和情报研究室 9 个研究部门;设有生产许可证审查中心、全国组织机构代码管理中心、中国物品编码研究中心、国家质量技术监督局信息中心和标准

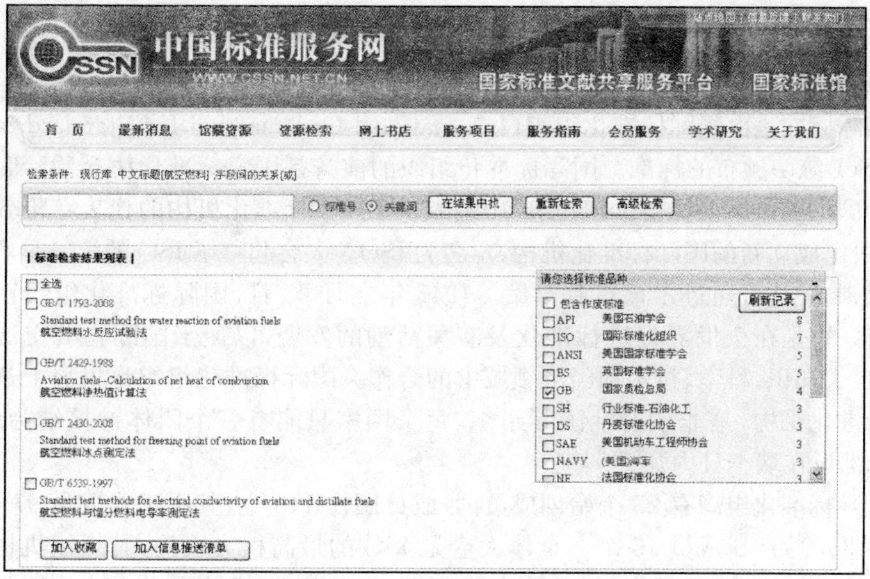

图 6-5 “航空燃料”的查询结果

馆。丰富的标准信息为用户提供了极大的方便。

(3) 国家标准频道(http://www.chinagb.org/)

国家标准频道网是国内最大的标准专业网站，提供中国国家标准、行业标准、地方标准及国际标准、外国标准的全方位咨询服务，包括标准信息的免费在线查询、标准有效性的确认、标准文献翻译、标准培训、企业立标等各种相关服务。

还提供了丰富多彩的标准新闻资讯，设有标准要闻、WTO/TBT、标准与商品、标准公告、标准论坛、质量认证、BBS等版块和国际、国内及行业标准动态、质量抽查公告、质检公告、世贸通告与预警、标准与生活、标准知识、标准乐园等众多栏目，世界贸易风云、与标准有关的国内外重要新闻、与百姓生活息息相关的热点话题、权威专家的言论等等，都可一览无余。

中国国家标准咨询服务网的BBS版块，更拉近了访问者与网站的距离，访问者需要标准方面的服务，有与标准有关的建议、看法、意见，标准趣闻、生活经验，都可在这尽情交流和发挥。

第三节 国际标准及其检索

国际标准是由国际标准化组织采用的标准或在某些情况下由国际标准化团体采用的技术规范。国际标准包括国际标准化组织(ISO)和国际电工委员会(IEC)制订的标准及国际标准化组织认可的其他27个国际组织制订的一些标准。

一、国际标准化组织(ISO)及其标准文献检索

1. 概况

国际标准是由国际标准化组织(International Organization for Standardization,简称ISO)统一颁布的标准。国际标准化组织的前身是国家标准化协会国际联合会和联合国标准协调委员会。1946年10月,25个国家标准化机构的代表在伦敦召开大会,决定成立新的国际标准化机构,定名为ISO。大会起草了ISO的第一个章程和议事规则,并认可通过了该章程草案。1947年2月23日,国际标准化组织正式成立。其宗旨是在全世界促进标准化及有关活动的发展,以便于国际物资交流和服务,并扩大知识、科学、技术和经济领域中的合作。国际标准化组织是世界上最大的国际标准化机构,是非政府性国际组织,每个国家只能有一个团体被接纳为成员。ISO总部设在瑞士日内瓦。

国际标准化组织有25个始创成员国,成员团体148个,其中正式成员97个,通讯成员36个,注册成员15个。全体大会是ISO的最高权力机构,其组织机构还包括理事会、政策制定委员会、技术管理局、中央秘书局、标准物质委员会。国际标准化组织下设225个技术委员会(TC),目前仍在工作的有188个,600多个分技术委员会(SC),2 000多个工作组(WG)。

中国是ISO始创成员国之一,也是最初的5个常任理事国之一。由于"中华民国"政府未按章交纳会费,1950年被ISO停止会籍。1978年9月中国以中国标准化协会名义参加ISO,1985年改由中国国家标准局参加,1989年又改由中国国家技术监督局参加。2001年机构改革后,国家标准委代表中国组织参加该组织的活动。2008年10月16日,在阿联酋迪拜召开的第31届国际标准化组织大会上,我国正式成为ISO常任理事国。这是我国自1978年加入ISO以来首次进入国际标准化组织高层的常任席位,它标志着我国标准化工作实现了历史性的重大突破。

ISO标准每5年重新修订审定一次。使用时要注意选用最新标准版本。

ISO标准号的结构形式为:标准代号+顺序号+年份,如:ISO3347—1976表示1976年颁布的有关木材剪应力测定的标准。

ISO标准的分类按制定标准的技术委员会(TC)的名称设立类目。现分为146个大类,分类号由字母加数字组成。

2. 国际标准检索工具

《国际标准化组织标准目录》(ISO Catalogue XXXX年)是检索ISO标准的主要工具。由国际标准化组织(ISO)编辑出版,由中英文对照标准条目、索引和附录组成。条目为全书的主题,每条标准包括:标准号、发布日期、中文名称、英文名称、版本号、TC/SC号和国际标准分类号(ICS)。索引包括标准序号索引和TC索引。附录包括截至上一年12月底为止的国际标准化组织公布的全部撤销标准号、发布日

期、撤销日期、制定该标准的 TC 号及被替代的标准号和发布日期。每年还出版 4 期补充目录。ISO 目录主要包括 5 个部分：

① 技术委员会序号目录(Technical Committee Order)

② 作废标准目录(Withdrawals)

③ 标准号序表(List in Numerical Order)

④ 国际十进分类号/技术委员会序号索引(UDC/TC Index)

⑤ 主题索引(Subject Index)

1993 年以后，ISO 目录使用国际标准分类表(International Classification for Standards)，简称 ICS(见表 6-2)。

表 6-2　国际标准分类表(ICS)的一级类目及类号表

分类号	一级类目	分类号	一级类目
01	综合、术语、标准化、文献	49	航空与航天工程
30	社会学、服务、公司组织和管理、行政、运输	53	材料储运设备管理、行政、运输
07	数学、自然科学	55	货物的包装和分发
11	医学、卫生技术	59	纺织和皮革技术
13	环境和保健、安全	61	服装工业
17	计量学和测量、物理现象	65	农业
19	试验	67	食品技术
21	机械系统和通用部件	71	化工技术
23	流体系统和通用部件	73	采矿和矿产
25	制造工程	75	石油及有关技术
27	能源和传热工程	77	冶金
29	电工技术	79	木材技术
31	电子学	81	玻璃和陶瓷工业
33	电信	83	橡胶和塑料工业
35	信息技术、办公设备	85	造纸技术
37	成像技术	87	涂料和颜料工业
39	精密机械、珠宝	91	建筑材料和建筑物
45	道路车辆工程	93	民用工程
43	铁路工程	95	军事工程
47	造船和船用设备	97	服务性工作、文娱、体育

其主要内容调整为：

(1) 主题分类目录(List of Standards Classified Subject)　它实际上是目录的正文部分，按ICS标准分类表编排。

(2) 字顺索引(Alphabetical Index)　该索引采用文中关键词(Keyword-in-Context，KWIC)对标题中除禁用词外的每个词都进行排检。

若利用字顺索引检索，则在3个检索词下都可以检索到该标准，由给出的页码和标准号可以在分类目录中查到其他的信息。

(3) 标准序号索引(List in Technical Committee Order)　该索引是根据标准号顺序排列，包括标准号、TC号、标准在分类目录中的页码。

(4) 技术委员会序号目录(Technical Committee Order)　该目录先按TC归类，再按标准号顺序排列。

(5) 作废标准目录(Withdrawals)　该目录列出已作废标准的标准号，按序排列，并列出所属技术委员会序号及作废年份，最后标出现行标准的标准号及制订年份。

(6)《ISO技术规则》　由国际标准化组织编辑出版，年刊，报道4 000多份可视为国际标准的文件和已达到委员会草案(CD)阶段和国际标准草案(DIS)阶段的全部文件。

3. 国际标准化组织网站(http://www.iso.org)

ISO官方网站"ISO在线"于1975年开通，网站设置了12个栏目，包括：ISO简介、ISO的成员、ISO的技术工作、ISO的联系方式、标准和世界贸易、世界标准服务网络、ISO标准目录、ISO 9000和ISO 14000、新闻与商务等。

"ISO标准目录"栏目包含有ISO国际标准数据库，该库收录了有关基础科学、社会科学、自然科学、农业、医学、土木工程、环境工程等方面计2万余条国际标准的题录，包括已发布的ISO标准信息、ISO作废标准和其他ISO出版物以及订购信息；另外，"ISO 9000和ISO 14000"栏目专门介绍基于ISO 9000系列标准的质量管理和质量认证的详细出版信息，以及基于ISO 14000系列标准的环境管理方面的信息。

"ISO在线"有英、法2种语言版，其英文版网址为：http://www.iso.org/iso/en/ISOOnline.frontpage。

4. 检索方法

ISO国际标准数据库有"基本检索"、"扩展检索"和"分类检索"3种方式，其中"基本检索"只需在其主页上部"Search"后的检索框内输入检索要求，然后点击"GO"按钮即可。在ISO主页上部选项栏中最左侧的"ISO Store"处单击进入该栏目，再点击"Search and Buy Standards"，则进入"分类检索"界面。该页面列出ICS的全部97个大类，通过层层点击分类号，最后就可检索出该类所有标准的名称和标准号，点击"标准号"，即可看到该项标准的题录信息和订购标准全文的价格。

为了既快又准地找到所需标准，提高检索效率，应采用"扩展检索"方式。单击ISO主页上部选项栏中"GO"右侧的"Extended Search"即进入"扩展检索"界面。"扩展检索"界面的上部为"检索区"，在其下面的2个区域内分别点选不同的选项，可对检索范围和检索结果的排序方式进行限定。"检索区"内设置了若干检索字段，用户可检索其中某个字段，也可进行多字段组合检索，此时系统默认在字段间作"与"运算。

(1) 关键词或词组(Find Keyword or Phrase)

该字段供用户输入单词或词组进行检索，而词组必须置于双引号("")中；如果在该字段中一次输入2个或以上检索词，系统默认各词之间以"OR"算符相连；若希望检索结果中同时含有所输入的全部检索词，应在检索词之间加上"AND"，例如：copper and coating；如果在输入的某个检索词使用了"NOT"算符，则检索结果中不会出现含有这个检索词的记录。该字段支持截词检索，采用"x"为截词符，例如：输入 electroplatx，可检出含有 electro-plated、electroplating 等词的标准文献。

选中本字段下方"Titles"、"Abstracts"或"Full text or standards"前面方框中的1个或多个，可指定在标准名称、摘要或全文中进行检索。

(2) 标准号(ISO Number、ISO partnumber)

ISO标准的编号由"ISO＋标准顺序号＋制定或修改年份"构成。如：ISO 9001—2000。按标准号检索时，输入标准顺序号即可，如检索前述标准只需输入9001。若检索标准中的某一部分，例如 ISO 9000 第4部分，可在 ISO Number 后输入9000，再在 ISO partnumber 后输入4，也可直接在 ISO Number 后输入9000—4。需要一次检出多项标准时，应分别情况处理：如果待检标准号是连续的，可输入起、止标准号，中间以":"相连，例如1:400；如果标准号是间断的，应将待检标准号分别输入，中间以","分隔，例如9000,14001,14004；如果标准号既有连续的，又有间断的，则应将上述方法结合使用，例如1:400,9000,14001,14004。

(3) 文献类型(Document type)

点击该字段的下拉菜单，可以选择检索的文献类型，如：International Standard(标准)、Guide(指南)、Technical Specification(技术准则)等。

(4) 国际标准分类号(ICS)

在该字段输入ICS分类号，可检索出相应类别的标准。采用在标准号字段检索时相似的方法，可一次检出多个类别的标准，如：87.020;87.060;87.100。

(5) 阶段代码(Stagecode、Datecurrent stagereached)

该字段供用户使用"阶段代码"进行检索。

(6) 技术委员会(Committee、Subcommittee)

该字段供用户按技术委员会分类进行检索。点击该字段的下拉菜单，选择需要检索的技术委员会的英文代码，如 TCl07(金属和其他无机覆盖层技术委员会)，便可检索出该技术委员会所在学科领域的全部标准。若对某技术委员会下设的分技术委员会进行检索,应先选定技术委员会代码,然后输入分技术委员会的编号,如:先在"Committee"下拉菜单中选定 TC207,再在"Subcommittee"中输入 5。

ISO 系统执行用户的检索指令后,将反馈检索结果的清单,包括标准号和标准名称,单击标准号,则会显示标准的订购信息,点选电子(PDF 格式)文档或印刷文本,以及文献的语种(英文或法文),便可获得所需标准。

二、国际电工委员会(IEC)及其标准文献检索

1. 概况

国际电工委员会(International Electro Technical Commission,简称 IEC)是非政府性国际组织,是联合国社会经济理事会的甲级咨询机构,正式成立于 1906 年 10 月,是世界上成立最早的专门国际标准化机构,网址是 http://www.iec.ch。

凡要求参加 IEC 的国家,应先在其国内成立国家电工委员会,并承认其章程和议事规则。被接纳为 IEC 成员后,该电工委员会就成为这个国家委员会,代表本国参加 IEC 的各项活动。每一个国家只能有一个组织作为该国 IEC 国家安全委员会,参加 IEC 的各项活动。1957 年 8 月我国加入了 IEC,1980 年我国首次进入执行委员会,1982 年 1 月以中国标准化协会作为我国国家委员会,参加 IEC 的各项活动,后又改用国家标准局、国家技术监督局的名义参与 IEC 的活动。1990 年首次承办 IEC 全体大会(第 54 届),2002 年承办了 IEC 第 66 届大会。

IEC 的宗旨是促进电气、电子工程领域中标准化及有关问题的国际合作,增进国际间的相互了解。为此,IEC 出版包括国际标准在内的各种出版物,并希望各成员国在本国条件允许的情况下,在本国的标准化工作中使用这些标准。

IEC 的组织机构主要由理事会、执行委员会、认证管理委员会、专门委员会和若干技术委员会组成。理事会是最高权力机关,由 IEC 主席、副主席、前任主席和秘书长组成(后两者无表决权)。

IEC 下设技术委员会(TC)、分技术委员会(SC)和工作组(WG)。每一个技术委员会负责一个专业的技术标准编制工作,其工作范围由执行委员会指定。截止 1998 年底,IEC 共有 TC 104 个,SC 143 个,WG 3 个。共制定标准 6 000 多个。

IEC 标准的编号是:IEC+顺序号+制订(修订)年份。

例如:IEC434(1973)为飞机上的白炽灯的 IEC 标准。

IEC 网站提供电力、电子、电信和原子能方面的工程技术信息。

2. 检索工具及其检索

IEC 标准的主要检索工具是《国际电工委员会标准目录》(IEC Catalogue of Publications),该目录为年刊,由 IEC 中央办公室以英法文对照的形式编辑出版。它由两大部分组成:① 标准序号目录(Numerical List of IEC Publications)。该目录按标准号顺序排列。不仅包括现行标准,而且包括作废标准,现行标准用黑体印刷,废

弃标准均给出替代标准。② 主题索引(Subject lndex),按主题词字顺排列,主题词分两级。

《IEC Catalogue of Publications》对应的中文版检索工具是《国际电工标准目录》,该目录正文按 IEC 技术委员会(TC)号排列,后附有标准序号索引,其检索方法与《IEC Catalogue of Publications》相仿。

第四节 有关国家标准检索

一、美国国家标准

1. 概况

美国国家标准(http://www. ansi. org)是由美国国家标准协会(American National Standards Institute,简称 ANSI)颁布的标准。该协会建于 1918 年,和其他国家不同,协会本身很少制订标准,大部分是该协会从本国 72 个专业团体所制订的专业标准中择取对全国具有重要经济意义的标准,经 ANSI 各专业委员会审核后作为国家标准,并给出 ANSI 标准代号及分类号,目前 ANSI 标准有 1 万余件。

2. 美国国家标准分类

ANSI 标准采用字母与数字相结合的混合标记分类法,目前共分为 18 个大类,每个大类下再细分若干个小类,并用一个字母标记一个大类,用数字表示小类。

3. 美国国家标准号的构成

(1) ANSI 自行制订的国家标准

ANSI 十分类号+小数点+序号+年份

如:ANSIK 61. 1—81

(2) 专业标准经审批后提升为国家标准

ANSI+断开号+原专业标准号+制定年份+(修订年份)

如:ANSI/AWWAB406—87

4. 检索工具

(1)《美国国家标准协会目录》(ANSI Catalogue) 该目录由美国国家标准协会编辑出版,每年出版一次。目录列举了现行美国国家标准,内容包括两个主要部分,即"主题目录"(List by Subject)和"标准序号目录"(Listing by Designation)。在各条目下列出标准主要内容,标准制订机构名称、代码和价格,可供读者从主题和序号途径查找。

(2)《95 美国国家标准目录》(中文版) 中国标准化综合研究所编,科学文献出版社出版,不定期。报道了截止 1994 年底的美国国家标准,按标准号编排。

二、日本工业标准

1. 概况

日本工业标准(Japanese's lndustrial Standards,简称JIS),网址为http://www.jsa.or.jp,是由成立于1949年的日本工业标准调查会(Japanese lndustrial Standards Committee,简称JISC)负责制定,由日本标准协会发行。现行JIS标准近万件,每隔5年审议一次。

日本工业标准为国家级标准,除药品、食品及其他农林产品另制订专业技术规范或标准外,内容涉及各个工业领域,包括技术术语及符号,工业产品的质量、形状及性能;试验、分析与测量,设计、生产、使用及包装运输等方面。

日本工业标准采用字母与数字相结合的混合标记分类法,用一个字母表示一个大类,共17个大类,大类下面用数字细分为146个小类。标准号的构成为:

标准代号(JIS)十字母类号+数字类号+标准序号+制定年份

例如:JISD 68 02—90(自动输送车辆的安全标准)

2. 检索工具

(1)《日本工业标准总目录》(JIS总目录) 由日本标准协会编辑出版,每年出一版。供读者从分类途径和主题途径进行检索。

(2)《日本工业标准年鉴》(JIS Yearbook) 由日本标准协会出版,它实际上是一本英文版的年度总目录。我国有不定期的中文译本。

三、英国标准

1. 概况

英国标准(British Standard,简称BS,网址为http://www.bsi-global.com/index.xalter),由创建于1901年的英国标准学会(British Standards Institution,简称BSI)负责制订。英国标准(BS)在世界上有较大影响,因为英国是标准化先进国家之一,并为英联邦国家采用,所以英国标准受到国际上的重视。英国标准5年复审一次,现行标准近万件。

BS标准的标准号构成:

标准代号(BS)+顺序号+分册号+制订(修订)年份

例如:BS 6912pt. 2—93(土方机械安全)

2. 检索工具

(1)《英国标准学会目录》(BSI Catalogue) 年刊,该目录由英国标准学会编辑发行。刊登现行英国标准及其他英国标准协会的出版物。

(2)《英国标准目录》1992(中文版) 按《中国标准分类法》分类编排,共收录标准11 000余条,是检索英国标准的必备工具,由目录和索引两部分组成,供读者从分类标准号途径进行检索。

四、德国国家标准

1. 概况

德国标准化学会的主要工作是从事制定德国标准 DIN。东西德统一，DIN 标准已取代了东德国家标准（TFL），成为全德统一的标准。网址为 http://www.beuth.de。

DIN 标准编号：DIN+顺序号+年份

如：DIN13208—85

2. 检索工具

(1)《DIN-Katalog for Teehnische Regcln》 德英对照，每年出版一次，目录正文按专业分类编排，目录后附有顺序号索引和德文、英文的主题索引。

(2)《德国标准目录 1990》(中文版) 北京技术监督情报研究所出版。该目录分 75 个大类，在目录前有中文分类表，为读者查阅提供了方便。

五、法国标准

1. 概况

法国标准有：正式标准(NF)、试行标准(EXP)、标准化参考文献(RE)和标准分册(FD)4 种。一般而言，法国标准是自愿采用的，但约有 200 条标准是强制性的。网址为 http://www.afnor.fr/portail.asp。

NF 标准编号：NF+字母类号+数字小类号+顺序号+年份

如：NF A45313—1984

2. 检索工具

(1)《Catalogue des Normes Francaises》 每年出版 1 次，报道法国现行标准，其正文按大类首字母顺序排列。

(2)《法国标准目录》(中文版) 科学技术文献出版社出版。

六、其他标准

1. IEEE 标准组织(http://standards.ieee.org/)

IEEE 标准组织提供美国电气电子工程师学会和英国电气工程师学会出版的近 900 种标准的全文信息。用户可以检索、浏览、下载或打印与原出版物版面完全相同的文字、图表、图像和照片的全文信息。IEEE 于 1963 年由美国电气工程师学会(AME)和美国无线电工程师学会(IRE)合并而成，是美国规模最大的专业学会，由 17 万名从事电气工程、电子工程和有关领域的专业人员组成，分设 10 个地区和 206 个地方分会，设有 31 个技术委员会。IEEE 提供的标准内容包括电气与电子设备、试验方法、元器件、符号、定义以及测试方法等。

2. 美国印刷电路协会(IPC)(http://www.ipc.org/)

美国印刷电路协会由300多家电子设备与印刷电路制造商,以及原材料与生产设备供应商等组成,下设若干技术委员会。IPC主要制订与发展规格、标准,它还积极参加IEC的电子元件标准的制订。IPC的一些标准已为美国国家标准所采用,其网站提供IPC标准等其他产品的目录,IPC、ANSI标准和规格的制定和批准的程序文献,IPC标准化的地位论述、标准文件、手册的免费下载服务。

3. 国际电信联盟(ITU)(http://www.itu.ch/)

国际电信联盟于1865年5月在巴黎成立,1947年成为联合国的专门机构。ITU是世界各国政府的电信主管部门之间协调电信事务的一个国际组织,它研究制订有关电信业务的规章制度,并提出推荐标准。

4. 美国材料与试验协会(ASTM)(http://www.astm.org/)

美国材料与试验协会成立于1902年,在美国及国外设有许多分会,拥有会员291 000个,其中近17 155名会员在其各个委员会中担任技术专家工作,他们代表81 540个参加单位。ASTM下设138个技术委员会,每个委员会又下设5~10个小组委员会。ASTM主要致力于制订各种材料的性能和试验方法的标准。从1973年起,扩大了业务范围,开始制订关于产品、系统和服务等领域的试验方法标准。标准包括标准规格、试验方法、分类、定义、操作规程以及有关建议。

思考题

1. 标准文献的特点及作用是什么?
2. 我国标准文献主要有哪些类型?
3. 怎样利用国内外标准检索工具检索标准文献?

第七章 学位论文、会议文献和科技报告及其检索

第一节 学位论文及其检索

一、概述

学位论文(Thesis 或 Dissertation),是指高等院校或学术研究机构的学生为获得某种学位而撰写的科学论文,包括学士论文(Bachelor)、硕士论文(Master)、博士论文(Doctor)等。学位论文是经审查的原始研究成果,具有内容专一、阐述详细、见解独到、参考文献比较系统等特点,因此广为科研人员所重视。

学位论文大多不正式出版,而是以打印本的形式保存在规定的收藏地点,因此其传播和交流受到一定的限制。在我国,只有北京图书馆、中国科技信息研究所、中国社会科学院文献情报中心这三家单位有责任根据相关使用规定向公众开放。随着网络技术的发展,学位论文逐步以二次文献的形式对外开放,这不仅为获取学位论文的信息提供了便利,而且为进一步获取学位论文的全文提供了可能。目前,国内学位论文数据库主要有 CALIS 高校学位论文文摘及全文数据库、万方数据资源系统中国学位论文数据库(CDDB)、CNKI 中国优秀博硕士学位论文全文数据库(CDMD)等。

二、国内学位论文的检索

1.《中国学位论文通报》

《中国学位论文通报》由中国科技信息研究所编辑,科技文献出版社出版,1985年创刊,现为双月刊。它以题录、简介和文摘相结合的形式,报道该所收藏的我国高等院校和科研机构的自然科学领域的博士和硕士论文,每期内容包括分类目录、正文和索引。分类目录按《中图法》分类,共设经济、数理科学和化学、地球科学、生物化学、工业技术、信息技术等 9 个大类和 18 个子类。正文按《中图法》标引编排,著录内容有:分类号、顺序号、论文题目、学位名称、文种、著者姓名、学位授予单位、总页

数、发表年月、文摘、图表及中国科技信息研究所馆藏资料索取号等。索引部分有机构索引和年度分类索引。

2.《中国科学院博士学位论文文摘》

《中国科学院博士学位论文文摘》收录中国科学院所属各研究机构和高校的博士研究生的学位论文。正文按《科图法》分类顺序编排,其后有作者索引、导师索引、《中图法》分类号索引和授予学位单位索引。

3.《CALIS 高校学位论文文摘与全文数据库》

由中国高等教育文献保障体系 CALIS 全国工程文献中心——清华大学图书馆牵头组织,协调全国众多高校合作建设的文摘与全文数据库。截止 2013 年 9 月,共收录博硕士学位论文数据逾 384 万条,其中中文数据约 172 万条,外文数据约 212 万条,内容覆盖自然科学、社会科学、医学等各个学科领域。

该数据库使用 IP 登录方式控制使用权限,参与建设的单位采用共建共享的方式,通过 CERNET 访问该库。数据库提供简单检索(Basic Search)和高级检索(Advanced Search)两种检索方式,用户可从题名、论文作者、导师、作者专业、作者单位、摘要、分类号、主题等不同角度进行检索,还可以通过逻辑"与"、逻辑"或"、逻辑"非"以及精确匹配等方式进行组配检索,如图 7-1。

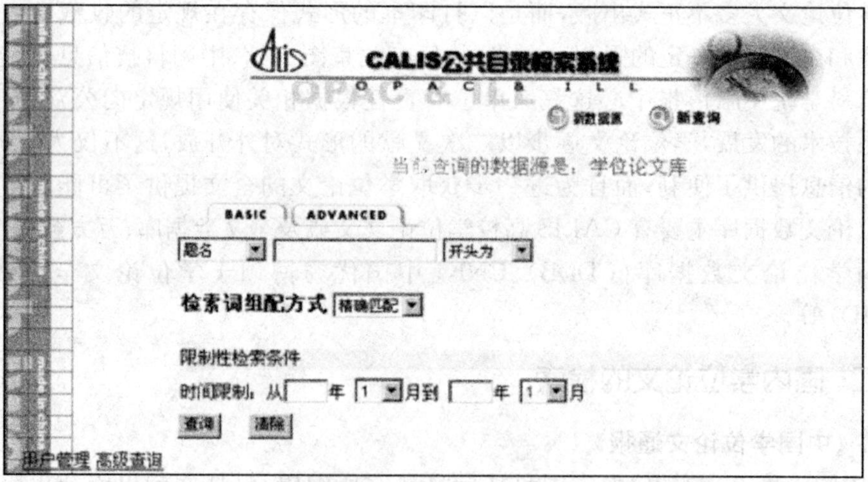

图 7-1　CALIS 高校学位论文数据库检索界面

4.《CNKI 中国优秀博硕士学位论文全文数据库》(CDMD)

《CNKI 中国优秀博硕士学位论文全文数据库》(CDMD)是目前国内相关资源最完备,收录质量最高,连续动态更新的中国博硕士学位论文全文数据库。收录从 1984 年至今的博硕士学位论文,截止 2012 年 10 月,共收录博硕士学位论文全文文献 170 万多篇。覆盖基础科学、工程技术、农业、医学、哲学、人文、社会科学等各个领域。产品分为十大专辑：基础科学、工程科技Ⅰ、工程科技Ⅱ、农业科技、医药卫生科技、哲学与人文科学、社会科学Ⅰ、社会科学Ⅱ、信息科技、经济与管理科学。十大专辑下分为 168 个专题。这些学位论文分别来自全国 404 家培养单位的博士学位论文和 621 家硕士培养单位的优秀硕士学位论文。211 工程院校已经全部收齐。该库集题录、文摘、全文文献信息于一体，可实现一站式文献信息检索（One-stop Access）。数据库每日更新，其专辑光盘每季度更新。

CDMD 学科范围覆盖了人文社会科学与自然科学的各个分支学科领域，内容涉及理工 A（数理化、天文、地理、生物）、理工 B（化学化工、能源与材料）、理工 C（工业技术）、农业、医药卫生、文史哲、政治经济与法律、教育与社会科学、电子技术与信息科学 9 个学科领域。可通过中文题名、副题名、关键词、中文摘要、中文目录、作者姓名、导师、全文引文、论文级别、学科专业名称、学位授予单位、论文提交日期、英文关键词、英文题名、英文副题名、英文摘要等途径进行检索。如图 7－2 所示。检索结果可按更新日期及相关度进行排序。

图 7－2 中国优秀博硕士学位论文全文数据库检索界面

5.《万方数据资源系统中国学位论文数据库》（CDDB）

《万方数据资源系统中国学位论文数据库》（Chinese Dissertation Database，简称 CDDB）由国家法定的学位论文收录权威机构——中国科技信息研究所提供，委托万方数据加工建库。内容涵盖人文社科、理学、医药卫生、农业科学、工业技术等各个学科领域，以 211 重点高校、中科院、工程院、农科院、医科院、林科院等机构的精选博士、硕士论文为主，收入率达 95％以上。截至 2012 年，已收录了各类学位论文全文 261 万篇。并且每年稳定新增 30 余万篇，是我国收录数量最多的学位论文全文库。

该数据库提供论文题名、论文作者、分类号、导师姓名、关键词、作者专业、授予学位、授予学位单位、出版时间等入口进行检索，还可使用逻辑“与”、“或”、“非”进行组配检索，检索结果可按升序或降序排列。如图 7 - 3 所示。

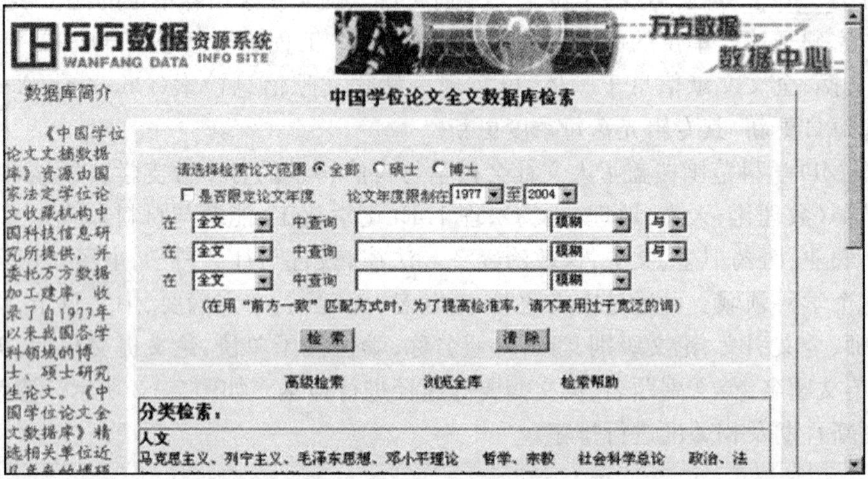

图 7 - 3 中国学位论文全文数据库检索界面

三、国外学位论文的检索

1.《国际学位论文文摘》(DAI)

美国《国际学位论文文摘》(Dissertation Abstracts International，简称 DAI)，是查找国外博士论文的主要检索工具，该刊于 1938 年创刊，月刊，由美国大学缩微品国际出版公司出版。它主要收录美国和加拿大约 500 所大学的博士论文摘要。目前，该刊分了 3 个分册：

A 辑　人文与社会科学，月刊。主要报道美国和加拿大的 400 多所大学的人文和社会科学方面的博士论文。

B 辑　科学与工程，月刊。主要报道美国和加拿大 400 多所大学的自然科学和工程技术方面的博士论文。

C 辑　欧洲学位论文文摘，季刊。主要收录世界范围各学科领域的博士后学位论文，但仍以报道奥地利、比利时、德国、瑞士、法国、西班牙、英国、荷兰等西欧国家的学位论文为主，内容既包括人文和社会科学领域，也包括自然科学和工程技术领域。

3 个分辑的结构基本相同，都包括文摘和辅助索引两大部分。对工程技术人员而言，B 辑最有用。B 辑各篇论文摘要的著录项目内容是：论文题目、订购号、著者姓名、颁发的学位名称、授予学位的大学名称、授予学位的年份、总页数、导师姓名、论文内容摘要。B辑每期后附有两种索引：

① 关键词索引 从每篇论文的题名中选出若干个关键词，按字母顺序编排。关键词下列出论文题名和著者姓名，以及论文文摘在该期中的页码。

② 著者索引 按著者姓名字顺排列，其下著录论文文摘在该期中的页码，不著录论文题名。

每卷卷末出版年度的A、B、C 3辑共同的累计著者索引。

《DAI》的检索途径有分类、关键词和著者3种途径。通过3种途径查出的文摘，若想阅读原文，可根据订购号等信息与UMI联系复制和通过国际互联网订购；或通过我国国内的收藏单位，如北京图书馆（收藏有自然科学和社会科学方面的博士论文），中国科技信息研究所和社会科学信息所（分别收藏自然科学和社会科学方面的博士和硕士论文）等单位借阅或复制。

2.《美国博硕士学位论文文摘与全文数据库》(PQDD)

《美国博硕士学位论文文摘与全文数据库》(ProQuest Digital Dissertations，简称PQDD)是美国UMI(University Microfilms Int.)公司开发的博硕士论文文摘与全文数据库。该公司自20世纪30年代开始专门报道美国重点大学博硕士学位论文的题目与文摘，并提供全文复制服务。它所提供的博硕士学位论文缩微平片产品一直是世界上获取学位论文的主要途径之一。随着科学技术特别是网络技术的发展，UMI公司的学位论文产品呈现出多样化的特点，除缩微平片外，还出售印刷版、光盘版和网络版产品，为用户使用博硕士学位论文提供多种便利的手段。PQDD即是UMI公司博硕士学位论文的网络版形式。

PQDD是学术研究中十分重要的参考信息源。该数据库收录了1861年以来欧美1 000余所大学和著名研究机构的150万篇博硕士学位论文的摘要与索引，其中，博士论文摘要350字左右，硕士论文摘要150字左右。每周更新，内容涉及商业管理、社会与人文科学、科学与技术、金融与税务、医药学等广泛领域。UMI公司在其提供的Web版数据库中，将二次文献与一次文献实行“捆绑”销售，为最终用户提供文献获取一体化服务。用户在检索文摘索引时就可以实时获取image全文信息。检索结果可以HTML格式或PDF格式显示，用户可选择浏览该文献的目录、引文、文摘或全文。

2002年底，CALIS与ProQuest公司合作，正式引进ProQuest博硕士学位论文文摘与全文数据库。CALIS的各高校成员图书馆和研究所均可共享ProQuest的信息服务。

(1) PQDD文摘库的检索

PQDD文摘库提供基本检索(Basic Search)和高级检索(Advanced Search)两种检索方式。

① 基本检索方式

提供关键词(Keyword)、作者(Author)、题名(Title)、文摘(Abstract)、授予学位(Degree)、导师(Advisor)、语种(Language)等 12 个可检字段,通过逻辑"与"、"或"、"非"进行匹配,并可实现年代限制检索。

PQDD 文摘库基本检索窗口如图 7-4 所示。

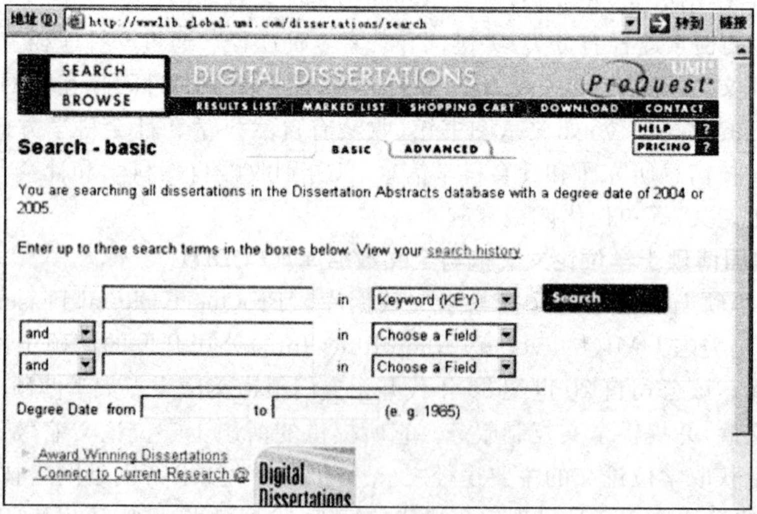

图 7-4 PQDD 文摘库检索界面

② 高级检索方式

PQDD 文摘库的高级检索方式可支持字段限制检索、布尔逻辑运算、位置运算、截词检索、词组/短语检索、嵌套检索以及自动忽略噪音词等功能。其检索界面分为检索式输入框和检索式构造辅助提问窗口两部分。可以在检索式输入框中输入用户自己构造的检索式,也可以通过检索式构造辅助提问窗口构造检索式。

A. 选择"KEYWORDS+FIELDS"按钮提供基础的检索界面。在此窗口中的各检索条件中输入关键词,选定其逻辑关系以及要求检索的字段和时间范围。

B. 选择"SEARCH HISTORY"按钮可帮助用户根据检索经验调整检索式。PQDD 保存用户该次登录后的全部检索过程,单击此按钮便可以查看检索表达式、检索步骤及其检索命中的结果数量,并可以利用已构造好的检索表达式与其他检索条件重新组合进行检索,从而得到进一步的检索结果。

C. 单击"SUBJECT TREE"按钮提供从学科范畴角度对检索进行限制。PQDD 将所收录的学位论文划分为 12 个大类,分别为人文与社会科学(The Humanities and Social Sciences),交流与艺术(Communications and the Arts),教育(Education),语言、文学与语言学(Language, Literature and Linguistics),哲学、宗教与神学

(Philosophy, Religion and Theology)，社会科学(Social Sciences)，科学与工程(The Sciences and Engineering)，生物科学(Biological Sciences)，地球与环境科学(Earth and Environment Sciences)，保健科学(Health Sciences)，物理学(Physical Sciences)，心理学(Psychology)。

PQDD 赋予每一大类一个 4 位数字的学科代码，并对所收录的每篇学位论文进行标引，给出其学科范畴，因此可以用学科名称或学科代码进行检索。此外，数据库还可显示每一个学科大类所收录的学位论文数量。

D. 还可选择“SCHOOL INDEX”关于入库论文的授予学位单位的索引。只要在输入框中输入被检索学校名称的一部分，即可查看数据库中是否收录有该学校的学位论文，还可以查看该学校的全称。

③ 检索结果的输出

输入正确的检索表达式后，系统便将检索结果呈现给用户。检索结果显示命中的论文题目、作者、学校名称、年代、原文总页数、原文索取号等信息。

PQDD 提供 3 种检索结果获取方式：打印(Print List)、E-mail 发送(E-mail List)和下载(Down Load)，用户可根据需要选择其中一种方式获取检索结果。

(2) PQDD 全文库的检索

PQDD 全文库提供基本检索和高级检索两种检索方式，其检索方式与文摘库基本相同，但目前只收录了 1998 年以后的博硕士学位论文全文，且只能以 PDF 格式显示原文。

PQDD 全文库现有 CALIS 镜像站点和上海交大镜像站点，页面已经汉化，如图 7-5 所示。高校用户可通过 CALIS 成员图书馆进入该系统并获取服务。

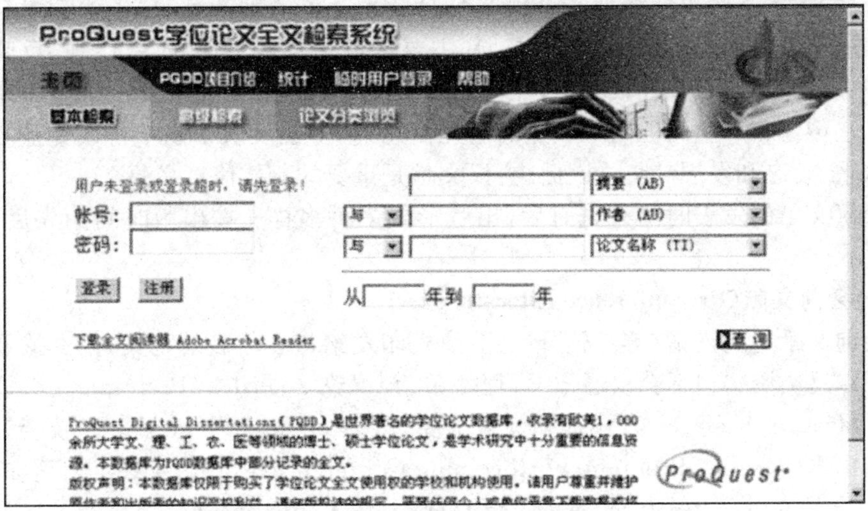

图 7-5 PQDD 全文库检索界面

3. 其他国家的学位论文检索

(1)《英国和爱尔兰大学及国家学术奖评判学位论文索引》(Index to these accepted for higher degree in the Universities of Great Britain—Ireland and the Council for National Academic Awards) 年刊,1950年创刊,主要报道英国和爱尔兰重要大学的学位论文。按分类编排,著录有著者、学位名称、论文名称、英国国家图书馆外借部的馆藏号等。并附有著者索引和主题索引。

(2)《德国高等学校出版物目录》(Jahresverziechins der Deutschen Hochschul Schriften) 年刊,1985年创刊,实为德国的博士论文通报,按分类编排,同一大类下按大学名称排。著录项目有著者、论文名称、学位授予时间、页数、开本等。并附有著者索引和主题索引。

(3)《法国高等院校博士论文目录》(Catalgue des These de Doctoral Soutenues Devant les Universites Francaised) 年刊,1884年创刊,主要报道法国各大学和研究机构的博士论文,先按学科编排,同一学科内再按各大学的论文作者字顺排列。著录项目有著者姓名、论文名称、出版地、出版社、学位授予年份、开本、页数等。并附有著者索引和主题索引。

第二节 会议文献及其检索

一、概述

学术会议是科学工作者进行学术交流,相互学习,相互接触,彼此沟通学术思想,提高学术水平的重要场所。会议文献是学术会议的副产品,是各种学术会议上所发表的论文、报告、演讲等的统称。其主要特点是直接迅速,时效性强,反映新成果较快,质量较高,专业性较突出,往往代表着某一学科或专业领域的最新学术研究成果。它传递新产生的但尚未成熟的研究信息,基本上反映了该学科或专业当时的学术水平、动态和发展趋势。因此,会议文献是重要的科技信息来源之一。

会议文献的发表时间有先有后,出版形式多种多样。按出版时间的先后,大致有3种。

1. 会前文献(Preconference Literature)

会前文献一般是指在会议进行之前预先印发给与会代表的论文、论文摘要或论文目录。这类资料包括会议通知书、程序单、会议论文预印本(Preprints)、会议论文摘要(Advance Abstracts)、议程和发言提要(Program and Summary)以及会议近期通信或预告(Current Program/Forthcoming Conference/Future Meeting)等。

2. 会间文献(Literature Generated During the Conference)

会间文献又称会中资料。包括开幕词、闭幕词以及其他讲话、会议记录、会议决议、行政事务和情况报道性文献等。有些论文预印本和论文摘要在开会期间发给与会者，也成为会间文献。其中，会议决议是会中重要材料，有的会后立即发表，有的送交有关学会鉴定，许多还在期刊上发表。

3. 会后文献(Post Conference Literature)

会后文献也称会后出版物(Post Meeting Publication)。会后文献主要是指会议结束以后正式出版的会议论文集，是会议文献的主要组成部分。会后文献的名称形形色色，常见的有：会议录(Proceeding)、会议论文集(Symposium)、学术讨论论文集(Colloquium Papers)、会议论文汇编(Transactions)、会议记录(Records)、会议报告集(Reports)、会议文集(Papers)、会议出版物(Publications)、会议辑要(Digest)等。

二、国内会议文献的检索

1.《中国学术会议文献通报》

《中国学术会议文献通报》是由中国科技信息研究所和中国农业大学主办，科技文献出版社出版，1982 年创刊，双月刊。每期以题录、简介或文摘形式报道该所收藏的国内学术会议论文近 2 000 篇，内容涉及数理科学和化学、医药卫生、农业科学、工业技术、交通运输、环境科学及管理科学，按中图法分类组织文献，由目次、摘要构成，可通过分类和主题途径进行检索，是检索国内会议文献信息的主要工具。目前，《中国学术会议文献通报》已建成数据库，可通过中国科技信息研究所的联机系统进行检索。

2.《CNKI 中国重要会议论文全文数据库》(CPCD)

《中国重要会议论文全文数据库》(CPCD)由清华同方光盘股份有限公司制作，收录 1998 年以来我国各级政府职能部门、高等院校、科研院所、学术机构等单位的会议论文集，每年新增约 1 500 本论文集、10 万篇论文及相关资料，截止 2006 年 12 月 31 日，累计收录会议论文全文近 58 万篇，内容涵盖理科(数理化天地生)、工程科学、农林、医药卫生、电子技术、信息科学、文学、历史、哲学、经济、政治、法律、教育等各个方面。该库有网络和光盘两种版本，网上数据每日更新，光盘数据每季度更新。

该数据库提供简单检索、高级检索与二次检索。使用者可通过高级检索从论文题名、作者、摘要、关键词、作者机构、引文、全文、会议名称、会议录名称、主办单位、会议地点等途径进行检索，并可选择检索不同的分数据库、结果时间范围以及每页显示的记录条数。CNKI 注册用户可下载全文，一般用户可检索到论文题名、作者、摘要、作者机构、会议名称、会议时间、会议录名称和编者等相关信息。如图 7－6 所示。

3.《万方数据资源系统中国学术会议论文全文数据库》(ACIC)

《中国学术会议论文全文数据库》(Academic Conferences in China，简称 ACIC)，由中国科学技术信息研究所开发，通过万方数据中心(www. wanfangdata. com. cn)向全国用户提供检索服务。ACIC 收录有国家级学会、协会、研究会组织召开的全国性学术会议论文，内容范围覆盖自然科学、工程技术、农林、医学、人文社科等领域，

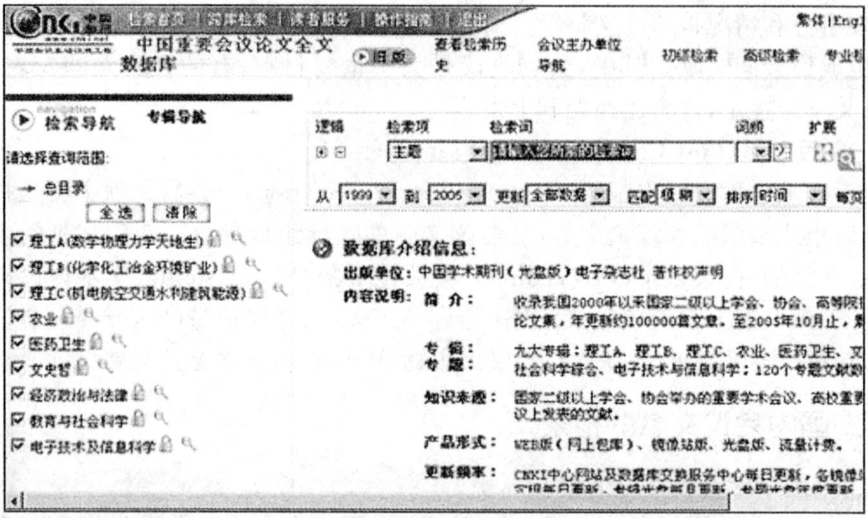

图 7-6　CNKI 中国重要会议论文全文数据库检索界面

是国内收集学科最全面,数量最多的会议论文数据库,属国家级重点数据库,是了解国内学术动态必不可少的帮手。该数据库目前分为两大系统。

《中国学术会议论文全文数据库:中文版》主要收录 1998 年以来由国家级学会、协会、研究会组织、部委、高校召开的全国性学术会议论文,会议名录数量近 5 000 个,论文数量约 65 万篇,论文正文为中文。

《中国学术会议论文西文全文数据库》主要收录 1998 年以来由国家级学会、协会、研究会组织、部委、高校在中国境内召开的国际性会议论文,会议名录数量近 400 个,论文篇数约 47 000 篇,论文正文多为英文。

《中国学术会议论文全文数据库》具有强大的检索功能,提供了多种访问全文的途径:可按会议分类浏览、会议论文检索、会议名录检索。如图 7-7 所示。

常用的检索方法有:普通检索、高级检索、分类检索、字典检索和全库浏览。会议论文的检索字段有:全文、论文题名、作者、会议名称、会议时间、主办单位、母体文献、分类号、关键词、文摘。会议名录的检索字段有全文、主办单位、会议名称、会议地点、会议时间、母体文献、出版单位、分类号。服务方式可将数据库资源备份到用户本地,用户可以随时随地无限制地多次下载和使用,并且可以根据需要自由选择数据库进行组合或集团购买。

三、国外会议文献的检索

1.《世界会议》(WM)

《世界会议》(World Meetings,简称 WM)由美国世界会议情报中心(世界会议数据集中公司)编辑,专门预报两年内将要在全世界 100 多个国家和地区召开的学术会

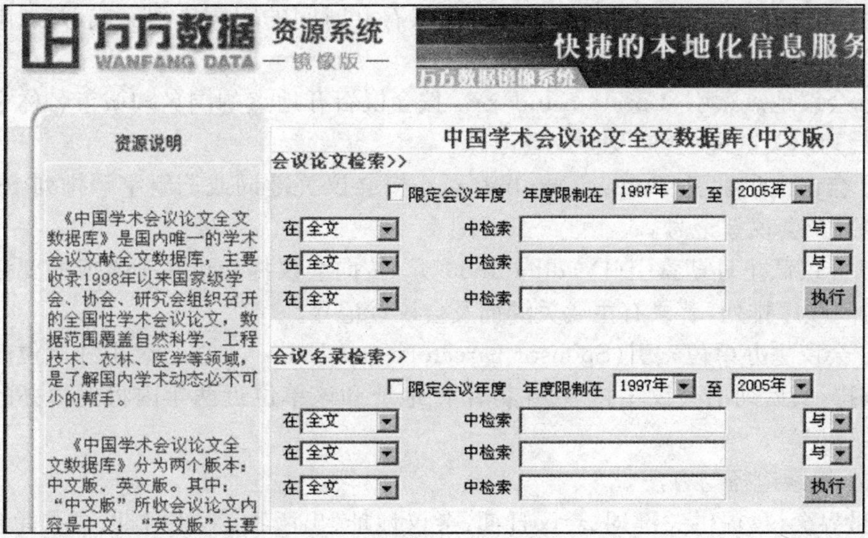

图 7-7 中国学术会议论文全文数据库检索界面

议消息。其报道的学术会议涉及自然科学、工程技术、医学和社会学等多个领域。共分 4 辑，按季度报道。

《World Meetings：United States and Canada》：1963 年创刊，预报美国和加拿大两国当年或次年将要召开的各种世界性会议。

《World Meetings：Outside United States and Canada》：1968 年创刊，预报美国和加拿大以外其他国家和地区召开的各种学术会议。

《World Meetings：Medicine》：1978 年创刊，预报两年内医学方面的世界会议。

《World Meetings：Social & Behavioral Science，Human Services & Management》：1971 年创刊，预报两年内将要召开的社会科学、行为科学、教育与管理方面的国际会议。

《World Meetings》每辑的编辑方法、著录格式、索引类型都基本相同，均由正文和索引两部分构成。

(1) 正文部分(Main Entry Section)

按会议登记号顺序编排，著录有会议名称，会议地点，主办单位，参加人数，截止日期，论文出版情况，联系人等会议基本信息。正文前附有关键词索引、日期索引、会议地点索引、出版物索引、论文截止期限索引，正文之后附有主办单位索引。可根据索引查找会议登记号，再按登记号查阅正文。

(2) 索引部分(Index)

《世界会议》共有 6 种索引：

① 关键词索引(Keyword Index)　按会议名称和内容的关键词或词组字顺排列而成，著录有会议地点、会议召开时间及会议登记号。

② 会议日期索引(Date Index)　按会议召开时间的顺序排列而成，并列出会议召开地点、关键词及会议登记号。

③ 会议地点索引(Location Index)　按会议召开地点的国名和城市名称字顺排列，其后列出关键词、会期及会议登记号。

④ 会议文集索引(Publication Index)　按会议关键词或词组字顺排列，著录有出版情况及会议登记号。

⑤ 会议截止日期索引(Deadline Index)　按向会议提交论文全文或摘要截止期限的时间顺序排列，著录有主要关键词及会议登记号。

⑥ 会议主办单位索引(Sponsor Directory and Index)　按会议主办单位的名称字顺编排，其后列出会议主持者、主办单位地址和该单位近两年内将要举办的各种会议的登记号。

(3) 检索途径与方法

《世界会议》提供关键词、会议日期、会议地址、出版物、截止日期、主办单位等6种检索途径。利用《世界会议》检索最新国际会议消息时，首先选择所需分册，然后通过每一个检索途径，都能得到会议登记号，再根据登记号，即可在正文中找到所需要的会议款目。

2.《会议论文索引》(CPI)

美国《会议论文索引》(Conference Papers Index，简称CPI)，1973年创刊，双月刊。1981年由美国剑桥科学文摘社(Cambridge Scientific Abstracts Co.，简称CSA)编辑出版，是查找全世界刚召开不久或即将召开的学术会议的重要检索刊物，属一种题录式报道工具，主要报道化学、物理、地球科学、工程技术以及生命科学、医学等方面的会议文献，每年报道量约为12万篇。

CPI由会议文献题录与索引两部分组成。正文部分收录的内容包括航天学与工程、动植物学、生物化学、普通生物学、化学与化工、建筑与机构工程、临床医学、电子工程、实验医学、一般工程技术、地球科学、材料科学与工程、数学与计算机科学、跨学科文献、药物学、物理学与天文学、核动力工程、专题资料等17个学科。CPI将每一大类的文献题录按顺序号编排，每一会议文献的著录格式包括世界会议登记号(年代+季度代号+顺序号)，会议名称，会议召开地点与日期，主办会议单位名称，订购情况的说明，论文题目等。

CPI除正文题录之外，还有按专业排列的会议名称索引(Conference Locator)、主题索引(Subject Index)和著者索引(Author Index)。提供了主题、著者、会议日期、会议议题等4种检索途径。

目前，CSA已经开发了自己的网络平台，网址为http://www.csa.com，其中收录了1982年以来的会议文献。该网站提供多库检索及相关因特网资源的浏览，可以记录检索历史，保存检索策略，每日更新，可帮助用户及时了解最新的研究成果。

目前国内已经有多所大学引进该数据库，可通过校园网进入 CSA 系统进行检索。

3.《科技会议录索引》(ISTP)

《科技会议录索引》(Index to Scientific & Technical Proceedings，简称 ISTP)，是一种综合性的科技会议文献检索刊物，为世界著名的三大检索工具之一，由美国费城科学信息情报所(ISI)编辑出版。1978 年创刊，月刊。年报道量约 10 000 个会议、论文约 15 万篇，约占全世界出版会议录的一半。该检索工具收录包括自然科学、技术科学以及历史与哲学等，覆盖的学科范围广，收录会议文献齐全，而且检索途径多，出版速度快，已成为了检索全世界正式出版的会议文献的主要的和权威的工具。

(1) 正文

ISTP 的全部内容分为 7 个部分(Section)，主要由正文(会议录目录)和 6 种辅助索引组成。其中会议录目录是 ISTP 的主体部分，按会议录顺序号编排。

(2) 索引

ISTP 主要有 6 种索引，提供了 6 种检索途径，即分类途径、主题途径、会议主办单位途径、会议地址途径、著者/编者途径、机构途径。

① 类目索引(Category Index)　按会议内容的学科主题字顺排列，每期约分 200 个类目，每个类目下列出会议名称和会议录顺序号。

② 著者/编者索引(Author/Editor Index)　按论文著者或会议录编者的姓名字顺排列，每一条目下列出著者或编者的姓名、会议录顺序号和论文的起始页码。

③ 会议主办单位索引(Sponsor Index)　按照会议主办者、主持者的缩写名称字顺排列，参加排列的会议主办者可多达 10 个单位。每一条目包括：主办单位、会议地点和会议录顺序号。

④ 会议地址索引(Meeting Location Index)　按照会议召开地点的所在国国名字顺排列，国名下再按城市名称排列。

⑤ 轮排主题索引(Permuterm Subject Index)　该索引的主题词选自论文篇名，是表达文章主题内容的一些“实质”性的词语。主题词有两级，即主题词和副主题词，它们共同构成一篇会议文章的主题。编排顺序是主题词＋副主题词，即先按主题词，再按副主题词顺序排列。

⑥ 团体机构索引(Corporate Index)　该索引包括地理索引和机构索引两部分。地理索引按论文第一著者的工作单位所在国家的名称字顺排列，同一国家，再按城市名称的字顺排列，同一城市，再按机构(公司、院校等)名称字顺排列。

(3) 网络版概况

ISI Proceedings(WOSP)是美国科学情报研究所(ISI)基于 ISI Web of Knowledge 检索平台开发的网络书目数据库产品，包括 ISTP(科学技术会议录索引)和 ISSHP(社会科学及人文科学会议录索引)两个子库。WOSP 汇集了世界上最新出版的会议录资料，包括专著、丛书、预印本以及来源于期刊的会议论文，是唯一能够通过网络检索国际著名会议、座谈会、研讨会以及其他各种会议中发表的会议录论文的多学科数据库。和印刷版相比，它增加了会议论文的摘要信息和社会科学及人文科学会议录索引部分。

ISI Proceedings 可通过 ISI Web of Knowledge 平台进行检索，相关文献可以直接链接到 Web of Science。

《世界会议》预报未来两年内即将召开的国际会议和重要会议的消息，因此它只是一种消息性检索工具；《会议论文索引》报道已经召开或即将召开的会议消息以及在会议上宣读的论文(题录性质)；《科技会议录索引》则是一种详尽收集会后发表的会议文献的检索工具。因此，这 3 种检索刊物在检索的时间性和信息的稳固性、可靠性方面都有所不同。

4. OCLC 检索系统中的有关会议数据库

(1) 国际学术会议论文索引数据库(PapersFirst)

该数据库收录世界范围内各类学术会议上发表的学术论文的索引信息，每两周更新一次。其内容覆盖了自 1993 年以来在“大英图书馆资料中心”会议文库中所收集的所有大会、专题讨论会、博览会、讲习班、学术报告会上以及其他会议上所发表的论文。可查阅各领域最新会议文献，还可以通过 FirstSearch 获取联机订购服务，向“大英图书馆”订购在本数据库中收录的会议文献的论文。

(2) 国际学术会议录索引数据库(ProceedingsFirst)

ProceedingsFirst 是 PapersFirst 的相关库，收录了世界范围内举办的各类学术会议上发表的论文的目次表。可通过该库检索“大英图书馆资料提供中心”的会议录。此外，还可根据所列出的某一学术会议所提交的论文了解各次会议的概貌和当时的学术水平。PapersFirst 数据库中的每条记录对应着 ProceedingsFirst 数据库中的某个会议记录，可以根据其记录中的数据库号在 ProceedingsFirst 中检索出该会议完整的目次表。

5. 其他会议文献检索工具

(1)《在版会议录》(Proceedings in Print)

《在版会议录》由美国《在版会议录》公司出版，1964 年创刊，双月刊，报道美国国内外举办的科技会议及其出版的会议录，其后附有“会议录著者索引”、“主题索引”、“举办单位索引”3 种索引。

(2)《在版会议录指南》(Directory of Published Proceedings)

《在版会议录指南》由美国英特多克公司(Liter Dok)出版，共分 3 辑，主要报道世界各国学术会议名称、日期、地点、主办单位、会议文献主题及出版形式，其后附有 4 种索引，分别是：著者索引、主题索引、会议地址索引和主办单位索引。

第三节 科技报告及其检索

一、概述

科技报告(Scientific & Technical Reports)是指科研成果的最终报告或研究过程中的实际记录,一般由科研机构、政府机构所属的科研单位、专业学术团体及高等院校附设的研究所提供。科技报告作为重要的信息来源,可追溯到第二次世界大战期间,当时,各国为了战备的需要,对与国防有关的理论和技术的发展非常重视,设立了专门机构对有关课题进行多方面的研究与试验。这些研究成果都以报告的形式向主管机构汇报或用于交流,便形成了为数众多的技术报告。第二次世界大战后,为了促进经济发展,增强国力,各国持续开展各类科学研究,产生了许多研究成果,促使科技报告数量迅速增长,并扩展到民用工程技术方面,成为一种重要的情报源。

目前,世界上许多国家都出版有自己的科技报告,例如著名的美国政府四大科技报告、英国航空委员会报告(ARC)、欧洲空间组织报告(ESRO)、法国国家航空研究报告(RNEAR)、法国原子能委员会(CEA)等。全世界每年出版的科技报告达上百万份,其中,又以美国的科技报告数量最大,约占总数的80%。

科技报告按专业名称和内容,可分为科学报告、技术报告、工程报告、调查报告、研究报告、试验报告、生产报告、交流报告等。

按科技报告的形式,可分为报告书、技术札记、备忘录、论文、通报、技术译文等。

按科技报告所反映的研究进展,可分为初步报告、预备报告、进展报告、中间报告、终结报告等。

此外,科技报告还可按密级分为绝密报告、机密报告、秘密报告、非密限制发行报告、非密报告、解密报告。

科技报告不同于图书、期刊和其他类型出版物的资料。它通常以单册形式出版,册书不限,篇幅不等,数量难以掌握;由于保密性强,往往内部发行,且在尖端技术领域有一定的密级限制,有的解密公开之后又在期刊上发表;生产技术报告的单位有个人公司,有学术团体,机构编号多,往往一件报告书有好几个号码,给检索带来一定的难度。由于科技报告常常反映前沿科技和正在进行中的研究项目,内容专深、具体,并经主管部门审定,成熟可靠,因此对科技工作者进行科学研究具有重要的借鉴和参考价值。

二、国内科技报告的检索

1.《国研网》及系列研究报告

国务院发展研究中心信息网(http://www.drcnet.com.cn),简称国研网,是由国研网公司开发的中国著名的大型经济类专业网站。国务院发展研究中心是直属国务院的政策研究和咨询机构，主要职责是研究国民经济、社会发展和改革开放中的全局性、综合性、战略性、长期性问题，提供政策建议和咨询意见，而国研网则以国务院发展研究中心丰富的信息资源和强大的专家阵容为依托，由国务院发展研究中心专家不定期发布有关中国经济和社会诸多领域的调查研究报告。

目前，国研网公司已推出了“国研报告数据库”、“宏观经济报告数据库”、“金融中国报告数据库”、“行业经济报告数据库”、“世界经济金融评论报告数据库”和“财经数据库——十余种行业统计数据库”等一系列专业经济信息产品。其中，《国研报告》每年200期，100万字左右，不定期出版，网络版每天在线更新，印刷版每月初出版，具有很高的权威性和预见性；《宏观经济报告数据库》是多视角展示中国经济发展的转型氛围和内外部环境的研究报告库，由月度分析报告、专题研究报告、决策参与3个子库构成；《金融中国》数据库是对我国金融整体运行状况和政策导向进行深入跟踪研究分析形成的一系列研究报告库，由月度分析报告、季度分析报告、专题研究报告、金融决策参考等系列子数据库组成；《世界经济与金融评论》收录国研网编译的国际知名经济研究机构和媒体（如IMF、高盛公司、摩根斯坦利、野村证券、法国CDC IXIS、德意志银行、《经济学家》杂志等）的最新研究报告，内容包括这些机构对全球经济、金融形势的分析判断与预测，各国经济发展热点问题的研究评论，以及最新的经济理论研究。这几个库是政府、企业、金融机构领导、决策人士和经济研究人员观察了解国内外经济风云变幻的窗口，均以光盘版、网络版等多种形式出版。

同时，国研网提供了从行业、书名、作者和关键词等途径对深度报告进行查询，并提供报告的目录与摘要信息。如图7-8所示。

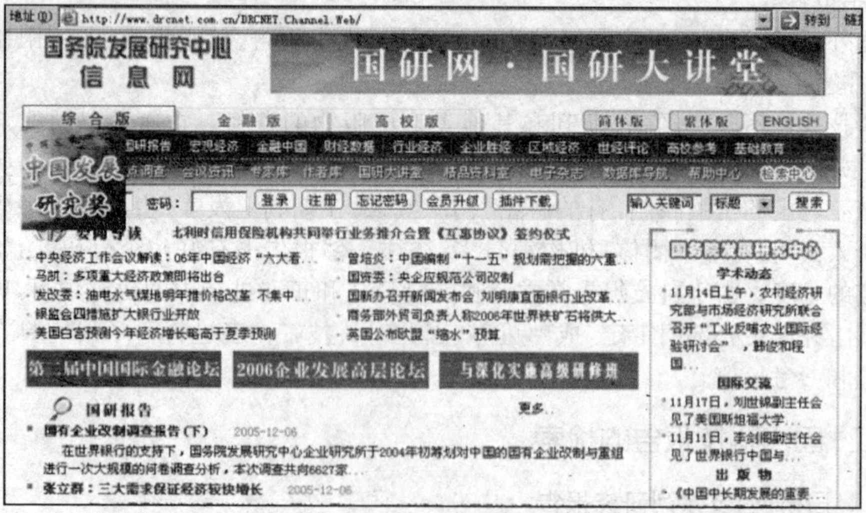

图7-8　国研网检索界面

2.《国防科技报告文摘库》

国防科技报告文摘库由中国国防科技信息中心提供的数据建立，从1978年至今共收录了14万篇该单位搜集的科研报告、会议录及译文等，专业范围包括航空、航天、电子、兵器、船舶等科学技术领域。该库提供了17个数据项提供检索与显示，分别是：文献号、源记录、载体类型、馆藏单位、文献代码、书号刊号、报告号、题名、责任者、会议项、出版项、母体文献、日期标识、分类标识、主题标识、自由词与文摘。

3.《中国航空科技报告文摘数据库》

中国航空科技报告是全面系统地反映航空工业科学技术发展水平的系列报告，其内容以航空科技应用和发展研究中取得的成果为主，也反映航空基础科学的理论研究成果。它所涉及的专业包括空气动力学与飞行力学，飞机结构强度，发动机技术，航空电子仪表，电气设备，导航与控制系统，航空武器，航空材料与工艺，试验与测试技术，产业政策与管理等。

中国航空工业发展研究中心下属的信息资源部(http://www.aeroinfo.com.cn)可向用户提供科技查新与科技报告查询服务。其中《航空科技报告文摘数据库》收录了国内航空企事业单位航空科研、生产、管理等方面的技术报告和研究成果的文摘，现收录1981～2003年数据达5 000余条，公开发布的比例约为50%。1981年～1996年的科技报告提供全文借阅服务。1997年以后的科技报告只有公开级的全文报告提供借阅服务，内部(索取号后带N)和密级(索取号后带M或J)的科技报告暂不借阅。

4.《中国科技成果数据库》

万方数据资源系统提供的3个科技成果数据库，可以作为检索我国科研项目成果报告的主要途径，主要包括：

(1)《中国科技成果数据库》(CSTAD)

该库由中国科技信息研究所提供，收录了自1980年以来各省、市、部委鉴定后上报国家科委的科技成果及星火科技成果，包括新技术、新产品、新工艺、新材料、新设计等技术成果项目，专业涉及社会科学、自然科学、工业技术、航空航天、交通运输、环境保护等。截止2013年8月5日，CSTAD收录成果已达794 293条，并且每年新增2万～3万条，是国家科委指定的一个新技术、新成果查新数据库。

中国科技成果数据库主页如图7-9所示。

(2)《全国科技成果交易信息数据库》(NDSTRTI)

该库由北京市科技情报所提供，收录了1985年至今国内可转让的适用科技成果，含机电仪表、化工医药、轻工食品、农林牧渔等新产品，内容涉及自然科学领域内各地、各行业的新技术、新工艺、新产品，以及其他一些国内可转让的适用新技术成果。其数据来源于全国各省、市、自治区、计划单列市的情报所。至2004年7月底，数据累积量达到了133 099条。

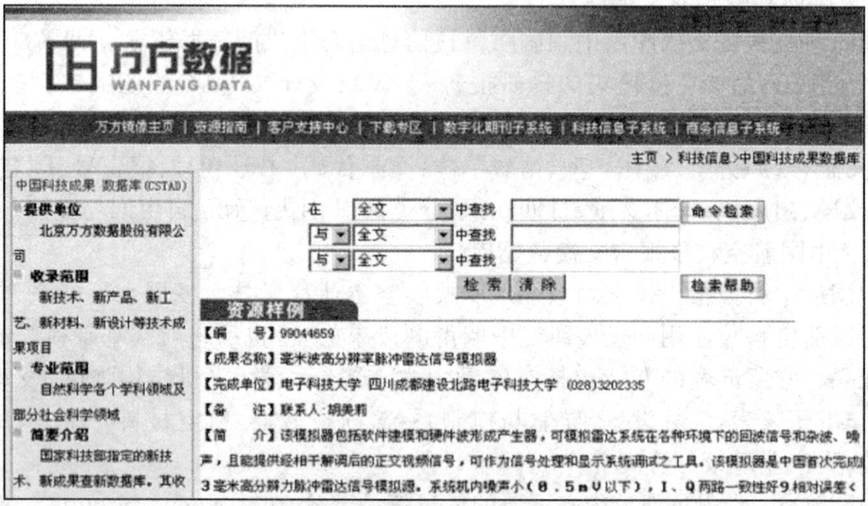

图 7-9 中国科技成果数据库主页

(3)《中国重大科技成果数据库》(ZDCG)

该库主要介绍国家级重大科技成果和省部级重大科技成果。所有成果均经过鉴定,由各省、直辖市、自治区和计划单列市科委、国务院各有关部、委、局、总公司的科技司(局)、中国科学院审查推荐的具有国际先进水平、国内领先水平、省部尖端水平和经济效益及社会效益显著的重大科技成果,比较充分地反映了我国的科技水平。至 2003 年 7 月底,ZDCG 共有记录45 934条。

三、国外科技报告的检索

1. 美国政府四大科技报告

美国政府四大科技报告,又叫美国政府研究报告,是美国科技文献的一个重要组成部分。四大科技报告包括:政府系统的 PB 报告、军事系统的 AD 报告、能源系统的 DOE 报告和航空航天系统的 NASA 报告。这些报告是美国政府科学研究、研制、实验和鉴定工作的记录与成果总结,学科内容丰富,涉及工业、农业、能源、交通、国防、军事、航空航天、电子、天文、地球、环境保护、数学、物理、化学、生物、医学、卫生、工程技术等各个领域。

(1) PB 报告

美国 1945 年 6 月成立了商务部出版局(Office of the Publication Board),专门负责整理从德国、日本、意大利等战败国夺取的科技资料,并在这些资料上冠以 PB (Publication Board)字样,即 PB 报告。这批资料编至 10 万号就已编完,之后的 PB 报告,主要涉及美国国内政府科研机构、公司企业、高等院校、研究所以及部分国外科研机构的科技报告。1970 年 9 月起,美国国家技术情报服务局(National Techni-

科技文献检索与利用(第5版)

cal Information Service，简称 NTIS）负责收集、整理、报道和发行美国研究单位的公开报告，并继续使用 PB 报告号。

PB 报告内容侧重于民用工程方面。如土木建筑、城市规划、生物医学、航空、电子、原子能利用和军械等。

(2) AD 报告

AD 报告产生于 1951 年，原为美国军事技术情报局（Armed Services Technical Information Agency，简称 ASTIA）的报告文献，有 ASTIA 统一编号，称 ASTIA Documents，即 AD 报告。1963 年 ASTIA 改组为国防科技情报文献中心（Defense Documentation Center for Scientific and Technical Information，简称 DDC），1979 年又改为国防技术情报中心（Defense Technical Information Center，简称 DTIC），继续收藏、报道美国国防研究与发展成果的报告，仍用 AD 编号，但此时 AD 的含义引申为 Accession Document。其公开报告由 NTIS 发行，保密报告和一部分限制发行报告在《技术文献通报》（Technical Abstracts Bulletin）半月刊上内部刊登。

AD 报告来源于美国陆海空三军科研单位、公司企业、大专院校，以及国外一些科研机构和国际组织。由于保密，早期的 AD 报告往往加编 PB 字样发行，致使两种报告有交叉现象。自 AD254980 号报告之后，AD 不再以 PB 号码字样出现。AD 报告的编号与本身的密级有着直接的关系，因此其编号较复杂。1975 年之后，AD 报告的编号中加入 A、B、C、D、E 等字母，以表示 AD 报告的性质。

(3) DOE 报告

DOE 报告是美国能源部（Department of Energy，简称 DOE）及其所属科研机构、能源情报中心、公司企业、学术团体发表的技术报告文献。

DOE 报告内容包括能源保护、矿物燃料、环境与安全、核能、太阳能与地热能、国家安全等方面。

(4) NASA 报告

美国国家航空航天局（National Aeronautics and Space Administration，简称 NASA）成立于 1958 年 10 月，其前身是美国国家航空咨询委员会（National Advisory Committee for Aeronautics，简称 NACA）。NASA 是专门研究宇宙航行火箭技术的机构。在工作过程中，所属机构或合同用户会产生大量的研究报告，这些科技报告的编号分别冠有 NASA（或 NACA）字样，故称 NASA 报告。

NASA 报告的内容主要包括地球大气层内外飞行问题的研究，宇宙飞船的试验研究，空间开发活动研究等，同时对民用基础学科也有涉及。

2.《美国政府报告通报与索引》(GRA&I)

《美国政府报告通报与索引》（Government Reports Announcements & Index，简称 GRA&I）是系统地检索美国政府四大科技报告的主要工具。

《GRA&I》于 1946 年创刊，现由美国商务部国家技术情报处（National Technical

Information Services,简称 NTIS)编辑出版,双周刊,它不仅报道美国的四大科技报告、政府研究机构和合同户的研究报告,也报道搜集到的其他国家的科技报告。

(1)《GRA&I》编排及著录格式

《GRA&I》每年出版发行一卷,每卷24期,每期由使用说明、分类表、文摘和索引4个部分组成。每卷汇编出版《政府报告年度索引》(Government Reports Annual Index)。

文摘(正文)部分按照分类编排。1987年以后采用新的NTIS主题分类体系,分为38个大类、350个小类,而且只有类目名称,没有类号。大类及小类均按类名字顺排列。同一小类下的文摘,1984年以前按订购号顺序排列,1984年以后按文摘号顺序排列。

(2)《GRA&I》的索引体系

《GRA&I》每期正文后附有5种索引:关键词索引、个人著者索引、团体著者索引、合同号/资助号索引、订购号/报告号索引。每卷汇编的(Government Report Annual Index)的5种索引与期索引相同,只是在每条文摘号前增加期号,在文摘号后列出价格代码。

① 关键词索引(Keyword Index) 1980年以前该索引为主题索引(Subject Index)。索引中关键词虽为非规范词,但其中许多也选自NTIS词表。关键词按字顺编排,同一关键词下按订购号顺序排列。在每一关键词下列出报告篇数、NTIS订购号及文摘号。

② 个人著者索引(Personal Author Index) 该索引按个人著者姓名字顺排列,在每一著者下列出报告篇数、NTIS订购号及文摘号。

③ 团体著者索引(Corporate Author Index) 该索引按报告来源机构名称字顺排列,同一机构名称下按报告顺序号排列,每一机构名称下列出报告号、报告篇名、NTIS订购号及文摘号。

④ 合同号/资助号索引(Contract/Grant Number Index) 该索引的合同号/资助号下列出执行本合同的全部报告。在一项合同的执行过程中会产生涉及诸多方面的技术报告,使用该索引都可查出。该索引按合同号/资助号字顺及数字顺序排列,每一合同号下列出执行机构名称、有关报告的NTIS订购号及文摘号。

⑤ 订购号/报告号索引(NTIS Order/Report Number Index) 1980年以前为入藏号/报告号索引(Accession/Report Number Index)。该索引将执行机构机构号、NTIS订购号及主管机构报告等合在一起,按字顺混排。每一报告号或NTIS订购号下,列出报告篇名、NTIS订购号、文摘号及价格码。

(3)《GRA&I》的检索途径与方法

《GRA&I》期索引和年度索引的检索方法及途径完全相同,现分别以分类、主题、号码途径介绍《GRA&I》的检索方法。以查找有关“换热器制造”的课题为例:

① 分类表(NTIS Subject Category and Subcategory Structure) 首先分析课题,确定类目,按分类目录字顺查到"Manufacturing Technology"大类下的有关小类,然后逐篇阅读并选取所需文献。根据选定文摘中 NTIS 订购号,索取报告原文。

② 关键词索引(Keyword Index) 分析课题,确定关键词,从课题中选出关键词"Heat Exchange"。然后按字顺查索引,得到符合课题的文摘号,按文摘号查阅文摘,得到 NTIS 订购号,按 NTIS 订购号索取报告原文。

③ 个人著者索引(Personal Author Index) 按著者姓名字顺查著者索引,得到符合课题的文摘号,按文摘号查阅文摘,得到 NTIS 订购号,按 NTIS 订购号索取报告原文。

④ 团体著者索引(Corporate Author Index) 合同号/资助号索引(Contract/Grant Number Index)及 NTIS 订购号/报告号索引(NTIS Order/Report Number Index)3 个索引的使用较简单,故不再赘述。

3. NTIS 数据库(http://www. ntis. gov)

美国政府四大科技报告一直为我国自然科学、工程技术领域的研究人员所重视,从 20 世纪 60 年代起就引进了 NTIS 主办的系统报道美国政府科技报告的主要检索工具《美国政府报告通报与索引》(Government Reports Announcements and Index,Texas:NTIS,1964 -,GRA&I)。因特网的应用为我国提供了通过网络来检索、利用美国政府科技报告的便捷方法和途径。

NTIS 是美国商务部国家技术情报服务局(National Technical Information Service)的简称,它是编辑、出版、收集、管理和销售美国政府及其机构生产的科学、技术、工程以及相关的商业信息资料的核心机构,收藏和提供近 300 万件各种形式的信息产品,包括印刷型出版物,缩微胶片,磁带版和声像资料,CD - ROM 光盘版,联机数据及网络数据库等。NTIS 近年来推出了自己的网络平台。该网站提供按学科分类(农业、商业、能源、卫生、军事等)的综合导航服务,同时对其最大型的收藏——科技报告提供免费检索。其数据库收录了自 1990 年以来由美国政府或国际组织机构资助的各研究项目产出的 35 万件印刷出版物和技术报告,内容涉及管理学、行为与社会学、科学技术、工程、建筑和有关的商业领域。用户输入 1～3 个关键词进行检索,输出的检索结果包括命中文献目录(用户可选择按相关度或按字顺排列)及各篇文献的书目著录,含题目、提出单位、机构、著者、文献类型、NTIS 订购号、页数、价格和所属主题分类范畴,内容关键词和原报告号等各项,同时提供联机订购服务。NTIS 主页如图 7 - 10 所示。

NTIS 数据库可以通过多个检索系统,如 CSA、IDS、DIALOG 等进行检索。

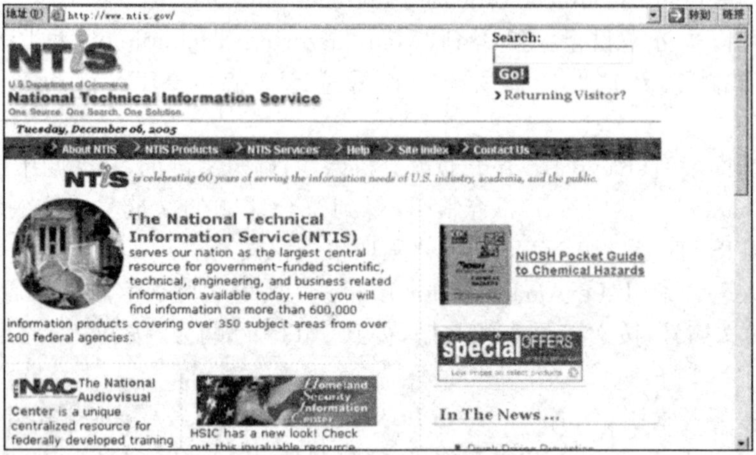

图 7-10 NTIS 数据库主页

4. 其他国家科技报告的检索

除美国外，世界上其他国家如英、法、德、日等国每年也都发行大量的科技报告，在国际上流通较广的有以下几个国家的科技报告。

(1) 英国科技报告

英国每年出版大量科技报告，公开发行的可向政府有关部门索取。较著名的有“英国航空委员会”的 BARC 报告，比较系统并有连续编号的以“英国原子能局”的 UKAEA 报告最有代表性，收录范围包括生物、医学、化工、地质、物理、冶金与材料、数学与计算机等学科领域。

(2) 日本科技报告

多为日本本国的研究成果或调查结果，其报告来源主要是国立、私立研究机构、企业及大学。如国家航空航天研究所的技术备忘录等。

(3) 其他国家的科技报告

如“联邦德国航空研究报告”(DVR)，瑞典的“国家航空研究报告”(FFA)，加拿大的“原子能公司报告”(AECL)和法国“原子能委员会报告”(CEA)等。

思考题

1. 何谓科技报告？科技报告的种类有哪些？

2. 会议文献有哪几种出版类型？ISTP 属于哪种类型的检索工具？可检索哪些范围的会议文献？

3. 试述学位论文的特点和检索方法。

4. 请查找国内外有关下列课题方面的会议文献各两篇。

① 电子商务　② 信息安全　③ 人工智能　④ 纳米材料

科技文献检索与利用(第5版)

⑤ 基因工程 ⑥ 金融危机 ⑦ 低碳经济 ⑧ 精英教育

5. 请查找国内外有关下列课题方面的学位论文各两篇。

① 城市大气污染与防治 ② 计算机集成制造 ③ 蓝牙技术

④ 经济增长与宏观调控 ⑤ 大学生就业压力 ⑥ 气候变化

第八章 国外有关重要检索工具

第一节 美国《工程索引》及其检索

一、《工程索引》概况

美国《工程索引》(The Engineering Index,简称 EI),是检索工程技术领域文献的主要工具,为世界上著名的三大检索工具之一。EI 创刊于 1884 年 10 月,由美国工程情报公司(The Engineering Information Inc.)编辑出版。从 1906 年起,由美国工程杂志工程公司出版。从 1919 年起,美国机械工程师学会(American Society of Mechanical Engineer)购买了《工程索引》的所有权,以工程科学图书馆(The Engineering Science Library)定期收到的工程技术出版物作为收录报道的来源文献。从 1934 年起,由工程情报公司负责编辑出版至今。1962 年,创办了《工程索引月刊》(The Engineering Index Monthly),每月一期,每年一卷,同时每年年终又集中月刊内容出一套年刊。

EI 收录文献范围广泛,收录了工程技术类期刊、会议录、技术报告、科技图书等 5 100多种出版物;专业覆盖应用物理、光学技术、航空航天、土木、机械、电工、电子、计算机、控制、石油化工、动力能源、汽车船舶、采矿冶金、材料等领域;各学科纯理论研究和专利文献一般不收录。EI 收录文献质量高,是工程类科技论文的一种评价性工具,中国大部分高校和研究单位都将 EI 核心版(印刷版)收录的文献认定为高质量科技论文。EI 出版形式呈多样化,除印刷版年刊、月刊外,1969 年开始编制计算机检索磁带供给 Dialog 等大型联机信息服务公司进行国际联机检索服务,20 世纪 70 年代开始出版光盘。1995 年开始,工程索引公司推出基于 Web 方式的网络信息集成服务产品系列,称为 EI Village。

二、印刷版《工程索引》介绍

EI 年刊和月刊的内容及编排格式完全相同,只是月刊报道及时,年刊到年底才能编辑出版,是全年度的文献累积本。同一条文摘在年刊与月刊中的文摘号并不相同。在年度索引中年刊文摘号前加字母 A(Annual),月刊文摘号前加字母 M(Month)。

EI 印刷版年刊全年共 10 本左右,分文摘正文和索引两大部分。文摘正文以 EI 使用的规范主题词字顺排列,所有文摘按其内容在某一最恰当的一个主题词(叙词)下。EI 文摘正文中的每条文献内容无论涉及多少个主题词,其文摘在正文中均只出现一次,不重复。对于存在多个主题的文献记录,将在年度主题索引中得以体现,它们的题目及文摘号会重复出现在相关主题词之下。

1. 文摘正文著录格式(以 EI 年刊为例)

DIGITAL FILTERS①

041037② Completely parallel realizations for multi-dimensional digital filters. ③ This paper proposes a new method for realizing the general form multi-dimensionl (M-D) digital filters as the combination of parallel sections consisting of cascaded one-dimensional(1-D) digital felters. First, we use the coefficients of an M-D filter to construct an M-D efficient array…and VLSI implenentation. (Author abstract)④ 6Refs. ⑤ English. ⑥

Deng, Tian-Bo(Toho Univ, Chiba, Jpn). ⑦ Digital Signal Process Rev J v 7 n 3 Jul 1999 Acad Press Inc, San Diggo, CA, USA, p188—189⑧

说明:① 主题词;② 文摘号;③ 论文题名;④ 文摘正文;⑤ 参考文献数;⑥ 原文语种;⑦ 第一作者姓名和所属机构;⑧ 文摘来源:会议文献的简称、卷期、发表年月、会议信息和原文所在页码。

2. 辅助索引

(1) 主题索引(Subject Index) 1987 年开始建立,该索引采用受控词和自由词作为主题词,受控词来自《工程标题词表》或《工程情报叙词表》。1993 年前,主题词分为主标题词和副标题词两级;1993 年后,主题词不再分级,而是将规范化的主题词和未规范化的自由词按字顺编排,并以重黑体和浅黑体印刷加以区别。

(2) 著者索引(Author Index) 月刊和年刊本中都有著者索引,凡是文摘部分出现过的著者都编入著者索引。著录时姓在前,名在后,按著者姓名的英文字母顺序排列。非拉丁语系著者,著录其音译名。

(3) 著者单位索引(Author Affiliation Index) 1974 年开始增设的。它按照著者单位的名称字顺排列,后面附有文摘号。利用著者单位索引可了解国外某一机构的研究动态和水平。

(4) 工程出版物索引(Publications Indexed for Engineering,简称 PIE) 收录了 EI 在本年度所引用的全部出版物名称,其中包括期刊、会议录、研究报告、图书等。

(5) 会议出版物索引 收录了本年度的 EI 中摘录的会议录、论文、学术报告和其他会议出版物,按出版物的名称字顺进行排列。

(6) 文摘号对照索引　该索引是EI月刊和年刊的文摘号对照索引。

(7) 机构名称字首缩写表　该表是EI收录的出版物机构名称简称与全称对照表。

(8) 缩语、单位和略语表　EI中应用了大量的简写、缩语和略语。为了帮助读者阅读,该表按字顺列出了缩写与全称的对照表。

3. EI的检索途径和步骤

EI提供了著者与主题两种检索途径,检索者可以通过著者索引获得文摘号,再利用文摘号查阅文摘;主题途径检索(利用SHE核对主题词后)有两种方式,一是直接按主题词的字顺查阅,一是利用主题索引获得相关文摘号,再查阅文摘。在获得所需文摘后利用PIE得出出版物全称。检索步骤如图8-1所示。

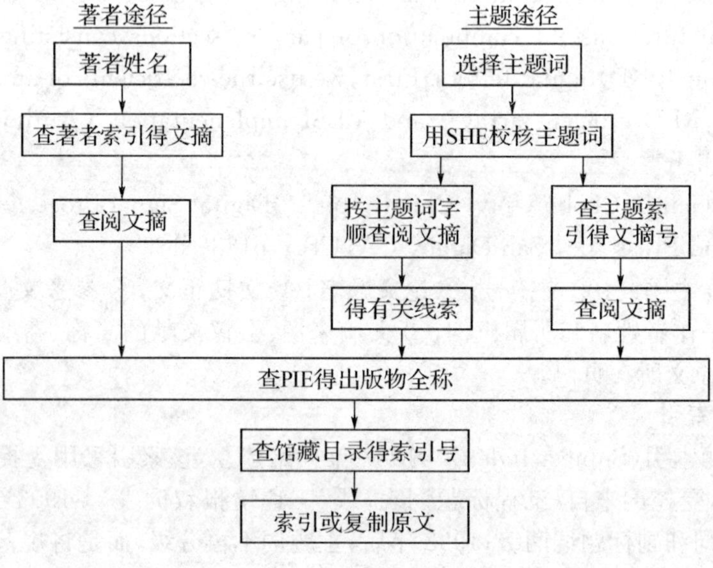

图8-1　EI的检索途径和步骤

三、EI光盘数据库介绍

EI光盘(EI Compendex Plush Dialog on Disc)是工程信息公司与DIALOG信息服务公司1989年推出Compendex Plus数据库的只读光盘产品。由EI Compendex和EI Engineering Meeting两个数据库组成,每月更新,收录了自1970年以来的《工程索引》数据,有DOS版、Window版等多种版本。DOS版《工程索引》光盘与通过Dialog远程终端访问系统或telnet登录到Dialog联机检索系统时的检索界面、检索方法相同,有Dialog命令式检索(Dialog CommandSearch)和菜单式检索(EasyMenuSearch)两种方式检索。Windows版提供的检索途径有关键词、主题词、著者姓名、著者单位、题名、期刊名称、会议信息等。为适应网络化发展,还推出了更加方便的网络版EI

Compendex Web。

四、《EI Compendex Web》介绍

1. 概况

1995 年 EI 公司推出了称为“Village”的一系列产品，EI Village 就是其中的主要产品之一。1998 年在清华大学图书馆设立了镜像服务器，开始向国内高校提供基于 Web 方式的 EI Village 信息服务。2002 年 Engineering Village 2 取代了 EI Village 提供 Compendex Web 服务。在 EI Compendex Plus 数据库基础上增加了 INSPEC、CRCENGnetBASE、TechstreetStandards、USPTO、Espacenet 以及最大的科技搜索引擎 Scirus 等多种工程数据库，检索方法也有所改进。Engineering Village 2 平台除了能检索 Compendex 外，还能检索 INSPEC 和 NTIS 等数据库。如果同时检索三库，可在网页中勾选各库。

2. EI Village 2 检索

EI Village 2 主要提供了简单检索(Easy Search)、快速检索(Quick Search)和专家检索(Expert Search)三种检索方式，还提供浏览索引(Browse Indexes)等其他辅助检索功能。如图 8-2 所示。

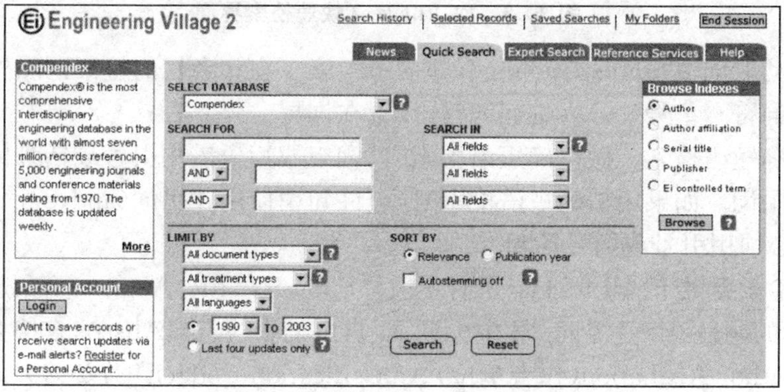

图 8-2 EI Village 2 检索界面

(1) 简单检索(Easy Search)

在“Search for”检索条件框中输入检索词后，将会在所有的数据库中进行检索。检索词可以是词或词组，也可采用布尔逻辑算符进行组配检索。

(2) 快速检索(Quick Search)

该方式提供了三个检索条件输入框(“SEARCH FOR”下)，每个输入框可以输入单词或词组进行检索。如图 8-3 所示。

① 输入规则 检索词大小写均可，输入框按顺序键入。

② 逻辑算符 用 AND、OR、NOT 表示。

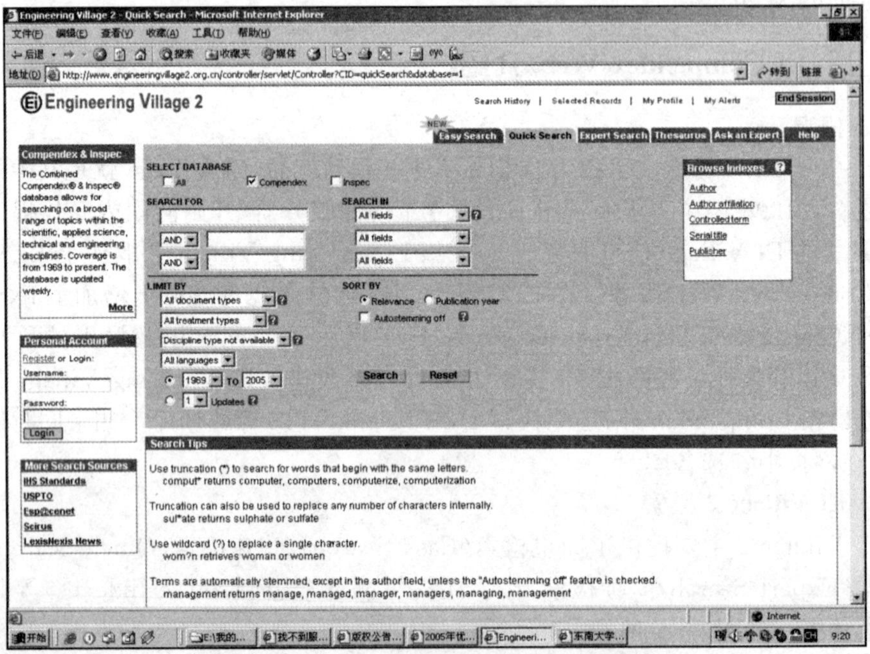

图 8-3 EI Village 2 快速检索界面

③ 自动取词根"autostemming",即词干检索。在作者栏的检索词除外。

④ 截词符 星号(*)为右截词符,放置在词尾。

⑤ 精确短语检索 做精确短语检索时,词组或短语需用引号或括号标引。

⑥ 停用词 如果用精确短语检索时,允许句中使用停用词(and,or, not, near)。但该语句必须用引号或括号括起。

快速检索提供了 All Fields(所有字段)、Subject/Title/Abstract(系统将从摘要、题目、翻译的题目、EI 受控词、EI 主标题词、自由词中检索)、Abstract(摘要)、Author(作者)、Author Affiliation(作者单位)、Classification Code(EI 分类号)、CODEN(图书馆所藏文献和书刊的分类号编号)、Conference Information(会议信息)、Conference Code(会议代码)、ISSN(国际标准期刊号码)、Main Heading(EI 主题词)、Publisher(出版商)、Serial Title(连续出版物名)、Title(文献题名中的词)、EI Controlled Terms(EI 受控词)等 15 个可供选择限制检索的字段。

(3) 专家检索(Expert Search)(如图 8-4 所示)

① 快速检索中的规则适用于专家检索。

② 使用专家检索时,应在检索词后加入字段说明,否则系统默认在全字段检索。

③ 检索式中,可以同时完成各种限定。高级检索界面右边的"Browse Indexs"中,比快速检索多了 Treatment type、Document Type 和 Language 三种索引。

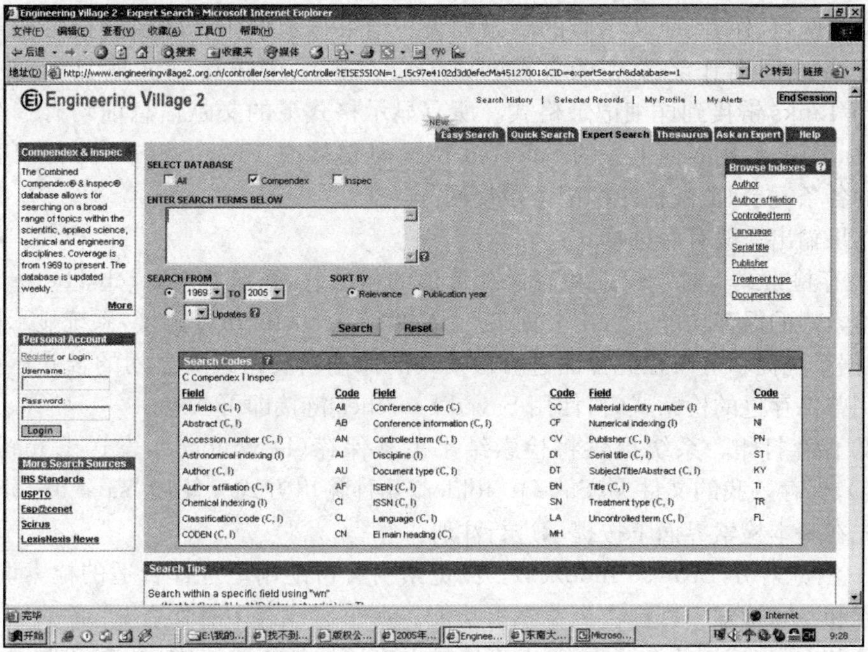

图 8-4 EI Village 2 专家检索界面

3. 检索结果

输入结束后点击“search”按钮后，系统将显示检索结果（如图 8-5 所示），它是

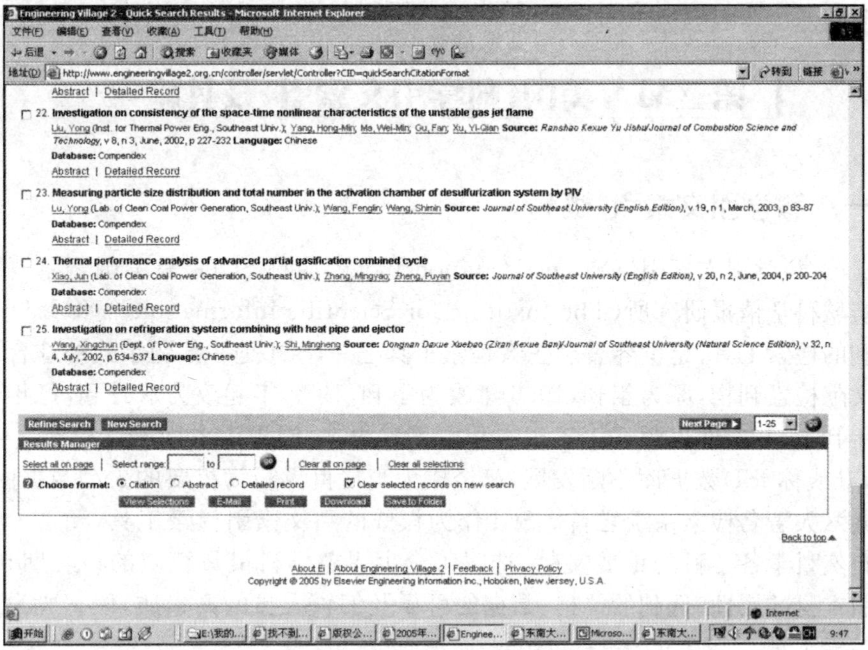

图 8-5 EI Village 2 检索结果的显示

命中文献题目、作者、原文出版的题录列表。结果显示中作者姓名链接可检索到所有该作者或同名作者发表的文献；Abstract/Links 可链接到文摘显示；Detailed Record/Links 链接到详细记录格式。所有显示格式下的文献信息前均有一个小方格，作标记用，使用界面上方的 Selected Record 链接或 View Selections 键可查看已选择的各条记录，也做打印标记记录使用。

结果输出一般有两种形式：

① 存检索式　对于较长和有保存价值的检索式，系统在“Search History”界面提供检索式的保存功能。点击界面最上方的“Search History”链接，系统显示检索历史，根据系统提示可以在此界面进行检索式的保存以及检索式之间的合并运算。如需使用曾保存过的检索式时，使用 Saved Searches 链接即可。

② 保存打印　系统提供将检索结果下载保存(Download)、发送 E-mail、打印(Print)、保存入我的文件夹(Save to folder)几种输出方式。使用“save to folder”必须预先在基本检索界面下按提示进行注册。

③ 浏览索引(Browse Indexes)　浏览索引可帮助用户选择合适的检索词，在快速检索和专家检索中都提供浏览索引功能。在快速检索中有作者、作者单位、刊名、出版商和 EI 受控词的浏览索引，在专家检索中还增加了论文类型、文献类型和语言的浏览索引。

④ 精练检索(Refine Search)　在检索结果页面，用户可以选择进一步精简检索结果。在检索结果页的左上角有一精简检索(Refine Search)按钮，点击此按钮用户可返回到上一次的检索页面，添加检索词或限制条件。

第二节　美国《科学引文索引》及其检索

一、《科学引文索引》概况

美国《科学引文索引》(Science Citation Index，简称 SCI)，是美国著名情报实业机构费城科学情报研究所(The Institute for Scientific Information，简称 ISI)于 1961 年创刊的检索工具，是世界著名三大检索工具之一，SCI 是一部题录式的综合性大型科技文献检索刊物，原为年刊，1966 年改为季刊，1979 年起改为双月刊，每年还另外出版年刊本，并定期出版五年累积本和十年累积本，便于读者回溯性检索。40 多年来，SCI(或称 ISI)数据库不断发展，已经成为当代世界最为重要的大型数据库，被列在国际六大著名检索系统之首。SCI 作为权威的引文索引检索工具，涵盖了当今世界上自然科学各学科的重要文献，选收了全世界各学科最具权威的核心期刊；其引文索引本身的属性、选刊的严格、数据的可靠及编辑人员的高素质，使它成为世界公认的检索工具。

《科学引文索引》编辑部 ISI 选用来源期刊是以著名科学情报专家、ISI 前所长加菲尔德(Garfield)博士首创的引文分析法为理论依据,制定了一套严密的选刊技术体系,统一选刊条件。选刊主要依据下面三方面的信息综合决定。

(1) 引文数据 引文数据是期刊的影响因子(ImpactFactors),即被引次数与发文量之比,影响因子=前两年所发论文在第三年被引用次数/该刊前两年所发论文总数。期刊影响因子越大表明受重视程度越高,影响越大。ISI 每年出版的《期刊引证报告》(JournalCitationReport,JCR)上刊载着全部选录期刊的影响因子。

(2) 期刊出版标准 期刊应该遵循国际通用的编辑规范,具有富含信息的刊名,描述性的论文题目,每位作者的详细通讯地址,所有引用参考文献应有完整的书目信息,按时出版。还必须有英文题目、作者姓名与地址、引用参考文献、论文摘要与关键词。

(3) 专家评审 ISI 编委会 21 名成员中有 2 名是诺贝尔奖得主,编委会每年根据订户、期刊编辑、出版者等各方面的意见,对期刊进行综合评审。

SCI 产品有 6 种版本。

① SCI Print 印刷版,1961 年创刊至今,双月刊,现在拥有 3 700 余种期刊。

② SCI-CDE 光盘版,季度更新,现在拥有 3 700 余种期刊。

③ SCI-CDE with Abstracts 带有摘要的光盘版,逐月更新,现在拥有 3 700 余种期刊。

④ Magnetic Tape 磁带数据库,每周更新,现在拥有 5 700 余种期刊。

⑤ SCI Search Online 联机数据库,每周更新,现在拥有 5 700 余种期刊。

⑥ The Web of Science SCI 的网络版,每周更新,截止 2010 年 4 月,核心期刊拥有 3 777 种,扩展版拥有 8 245 种期刊。

二、印刷版《科学引文索引》介绍

SCI 是根据文献之间的相互引证关系组织文献的。利用 SCI 不但能了解何人何时在何处发表了哪些文章,而且可以了解这些文章被哪些人在哪些文章中引用过。所以 SCI 是以被引文献作者和来源文献作者姓名字顺排列,SCI 全年六期,每期有六本之多。A、B、C 三本是引文索引(Citation Index);D 是来源索引(source Index)、机构索引(Corporate Index);E、F 是词对式关键词轮排索引(Permuterm Subject Index,即 PSI)由引文索引、来源索引、轮排主题索引三部分组成。

1. 引文索引(Citation Index)

该索引是 SCI 的核心部分。它由全部引文款目组成,分三种索引。

(1) 引文索引(Cited Index) 以引文著者作为检索标识,按被引文文献的第一著者姓名字顺排列。姓在前,名在后,并用缩写。如果某一著者的多篇论文同时被多人引用,则论文按发表年代的先后顺序排列。来源文献的著者也按他们的姓名字顺排列其后。

(2) 匿名引文索引(Citation Index: Anonymous) 如果被引文献著者不详,则编入匿名引文索引,按刊载被引文献的刊物名称缩写的年代的字顺排列。

(3) 专利引文索引(Patent Citation Index) 如果被引文献为专利,编入该索引,按专利号顺序排列。在专利号下,依次列出专利申请年、专利发明人、专利发明书类型以及国别、引用者姓名及其著作的出处。

2. 来源索引(Source Index)

它由全部来源款目构成,分两种索引。

(1) 机构索引(Corporate Index) 分成两部分,即地理部分(Corporate Index: Geographic Section)和机构部分(Corporate Index: Organization Section)。地理部分按引用著者所属机构所在地地名的字母顺序编排,在编排次序上,先排美国洲名,再排其他国家国名;在美国洲名和其他国家名之下,依次列出城市名称和机构名称及其下属部门。

(2) 来源索引(Source Index) 以来源文献第一著者的姓名作为款目,按姓名的字顺编排。可以用来源索引检索到某一著者所著文献的题名、出处和发表年份。来源索引只在第一著者下作详细著录,合著者可作为款目的标目,但其著录内容简单,只指引读者见第一著者。

3. 轮排主题索引(Permuterm Subject Index)

它是一种篇名关键词索引,即将篇名关键词轮流组配,每个篇名内的关键词轮流作主要词,与其余的篇名关键组配,可用于查找多主题文献。轮排主题索引由两级关键词组成,即主要词为检索的入口词,其他词进一步表征文献主题。

4. SCI 的检索方法

SCI 一般有五种检索方法,检索示意图如图 8-6 所示。

(1) 引文检索法

目的:查某作者在某一年内(或某五年内)有哪些文献引用了他(她)的著作。

方法:以该作者的姓名字顺查该年(或某五年、十年累积本)SCI 的引文索引。可查到该作者该年内(或五年、十年内)被引用过的历年的著作的出处,以及引用作者和来源文献的出处。据来源文献作者可转查来源索引,进一步查到来源文献的篇名、合作者、出处及第一作者单位和地址。

(2) 机构检索法

目的:了解某机构内的作者(群)发表专业文献的状况。

方法:第一步:已知机构名称,查机构索引的机构部分,查到其所在国家和城市。第二步:查地理部分,例如,查汕头大学有哪些作者的文献被 SCI 作为来源文献摘用?因已知该机构的地点(中国,广东汕头),故直接查机构索引的地理部分。先按字顺查到"Peoples R China",再按字顺分别查"GuangDong"和"Shantou"(两者都查

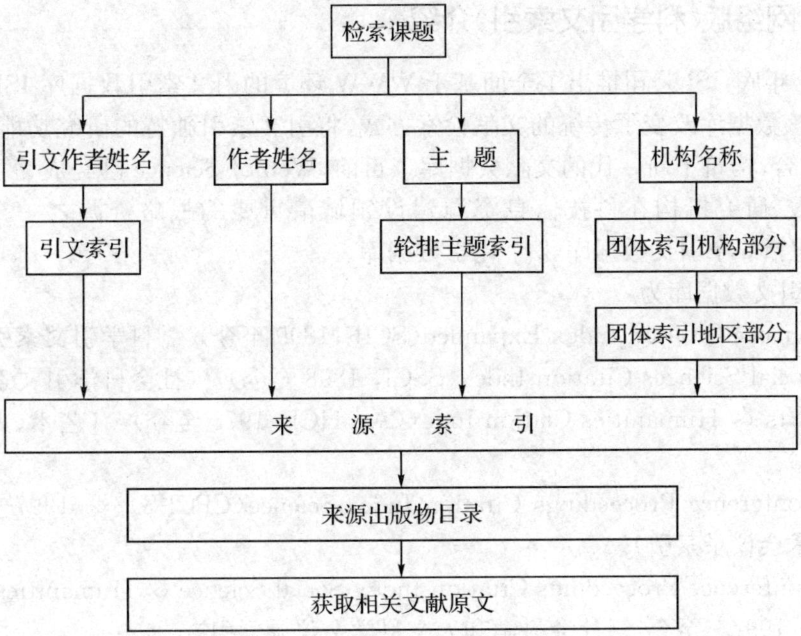

图 8-6　SCI 检索示意图

以免漏检)，即可找到“Shantou Univ”，其下列有各学院、研究室、实验室或附属医院的某些来源文献作者，及来源文献的出处(刊名缩写、卷次、页次、出版年)。第三步：在来源索引(Source Index)中分别查上述来源文献，即可查到合作作者、篇名、出处、参考文献数，以及第一作者的单位(机构)和地址。

(3) 作者检索法

目的：查某作者某年有什么著作被 SCI 作为来源文献摘用。

方法：从作者姓名字顺查来源索引。

(4) 关键词检索法

目的：了解某研究领域的来源文献作者(群)及来源文献出处。

方法：根据需要确定关键词，查词对照关键词索引(PSI)，即可查到一系列引用作者及来源文献的出处。根据这些作者的姓名可转查来源索引，进一步查得来源文献的篇名、合作作者、出处及第一作者的单位地址。

(5) 循环检索法

目的：检索与早期某篇“经典”论文内容有关的一系列文献。

方法：使用该篇“经典”论文发表之后的较早年份的 SCI，从引文索引中查到引用了该篇文献的一系列来源文献；然后以这些来源文献作者姓名，查晚些时候的 SCI 的引文索引，又查到一些引用了这些文献的来源文献，如此循环，则可查到越来越多的有引证关系的文献。

三、网络版《科学引文索引》介绍

1997年底,ISI公司推出了全面基于WWW环境的引文索引数据库ISI Web of Science,该数据库改变了传统的文献检索方式,将引文索引独特的研究功能与WEB技术相结合,构筑了新一代的文献数据库。目前,Web of Science已经成为世界各国政府、高校、研究机构在科技信息资源建设领域最重要的战略资源之一。Web of Science包括5个引文数据库,2个化学数据库。

5个引文数据库为

① Science Citation Index Expanded(SCIE,1899至今) (科学引文索引)。

② Social Sciences Citation Index(SSCI, 1898至今) (社会科学引文索引)。

③ Arts & Humanities Ciation Index(A&HCI, 1975至今) (艺术、人文科学引文索引)。

④ Conference Proceedings Citation Index-Science(CPCI-S)——1997—至今(科学技术会议录索引)。

⑤ Conference Proceedings Citation Index-Social Science & Humanities(CPCI-SSH)——1997—至今 (社会科学和人文科学会议录索引)

2个化学数据库为

① Current Chemical Reaction(CCR, 1985至今) 包括 Institut National de la Propriete Industrielle 化学结构数据,可回溯至1840年)

② Index Chemicus(IC, 1996至今)

1. Web of Science 的检索方法

进入web of knowledge界面后,首先需要选择数据库web of science,然后选择检索方式,web of knowledge主要检索方式为快速检索(quick search)、基本检索(general search)、被引检索(cited ref search)以及高级检索(advanced search)。

(1) 基本检索(general search) 可按主题、作者、团体作者、期刊名称和地址进行检索。如图8-7所示。

① 在TOPIC字段中检索,相当于检索article titles, keywords, or abstracts。

② 在AUTHOR中检索作者,输入作者姓全称,名的首字母缩写。

③ 在group author中检索团体作者。

④ Source title检索文献所在期刊刊名。

⑤ Address中输入作者单位。

⑥ 可选择检索结果的语言以及检索结果的文献类型。

⑦ 在每项检索中都可以使用index浏览检索词并添加至检索式中。

(2) 快速检索(Quick Search) 在检索框内输入检索词进行检索,检索结果比较宽泛。快速检索默认在题名、关键词以及摘要中检索。

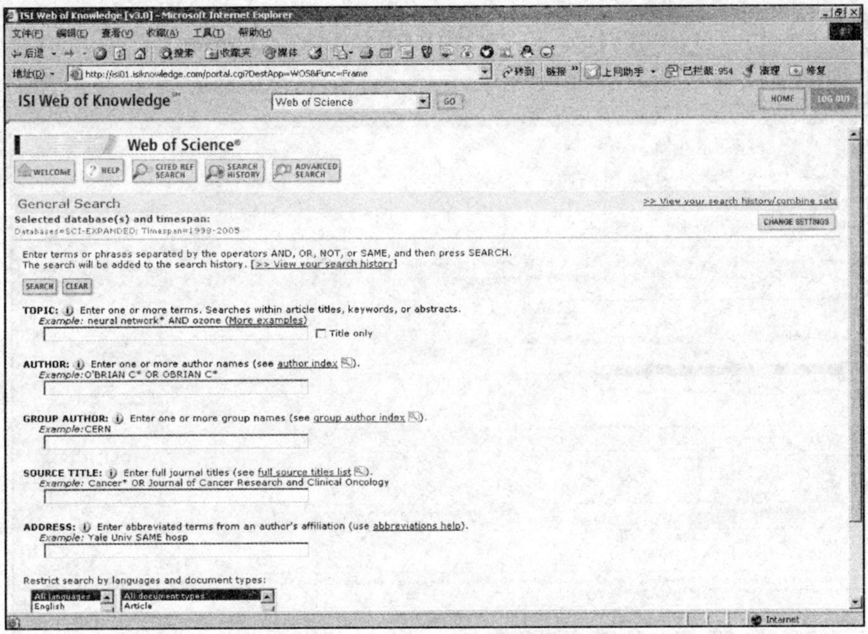

图 8－7 SCI 基本检索

(3) 引文检索(cited ref search) 通过引文著者或者引文文献来进行检索的方法。

① Cited Author 被引著者,一般应以被引文献的第一著者进行检索,但如果被引文献被 Web of Science 收录,则可以用被引文献的所有著者检索。

② Cited Work 被引著作,检索词为刊登被引文献的出版物名称,如期刊名称缩写形式、书名或专利号,点击“list”,查看并复制粘贴准确的刊名缩写形式。

③ Cited Year 被引文献发表年代,检索词为四位数字的年号。

说明:上面三个检索字段可以单独使用,也可同时使用,系统默认多个检索途径之间为逻辑“与”的关系,当需要 AND,OR,NOT,SAME 或 SENT 作为检索词,而不是作为算符时,可以用引号(“”)将这些词括起来。

(4) 高级检索(advanced search) 高级检索可以用不同的字段检索,可以使用布尔逻辑运算符确定由不同字段限定的检索词之间的关系。如:TS=(nanotub * SAME carbon) NOT AU=Smalley。可以对不同的检索结果做进一步的逻辑组配,如:#1 NOT #2;可限定检索结果的语种与文献类型。如图 8－8 所示。

2. 检索算符

(1) 逻辑算符 “NOT”、“AND”、“OR”,分别规定“非”、“与”、“或”逻辑关系。

(2) 位置算符 “SAME”或“SENT”,二者作用相同,规定其前后连接的两个词在检索记录中出现在同一句中,或同一个词组中(keyword 字段)。

(3) 通配符 “ * ”和“?”,用在检索词的中间和词尾“?”代表一个字符,“ * ”代表

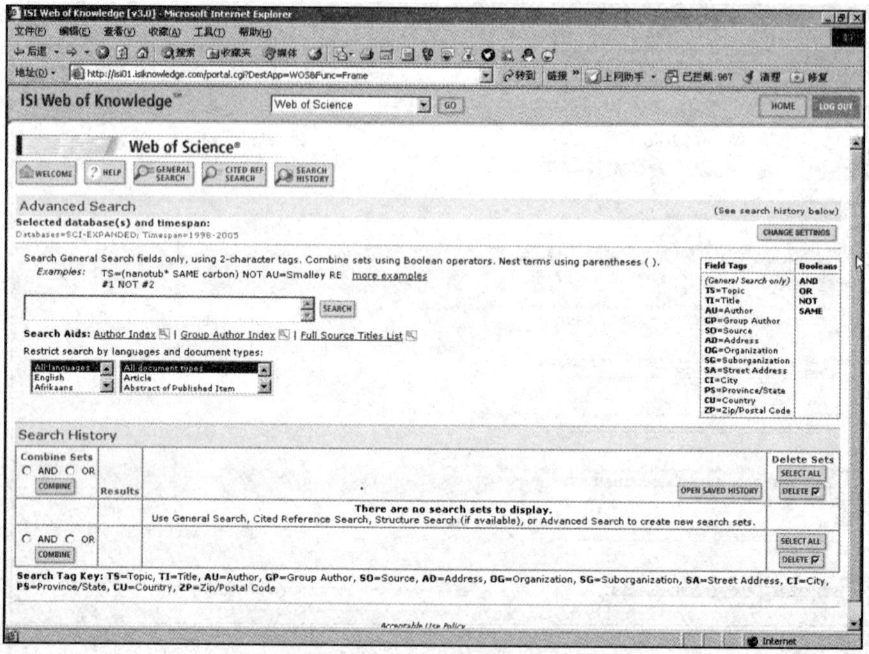

图 8-8 SCI 高级检索

零个或若干个字符。

3. 检索结果

(1) 检索结果处理 (如图 8-9 所示),点击蓝色的文献题名即进入检索结果的完全记录界面。

① 参考文献链接(Cited References) 它可提供该文所引用的参考文献列表。

② 被引次数链接(Times Cited) 它显示文章被引用的次数,可提供所有的被引文献列表。

③ 相关记录链接(Related Records) 可提供所有的相关文献列表。该检索可以快速有效地跨学科和时间的界限,发现相关的研究。

④ 全文链接(View Full Text) 如果某文献的全文为本馆所购买的其他全文数据库,可以直接链接至该数据库获取全文或通过 OPAC 链接到用户所在机构的馆藏文献。系统还提供了标记记录的功能,用户可以对标记记录进行操作。

(2) 检索结果输出 SCI 提供了 5 种结果排序方式选择即最近日期、被引次数、相关性、第一著者、来源题名。用户可根据需要对输出方式进行选择,可以选择打印格式、保存至文件、输出到参考文献软件、订购全文、电邮发送。

(3) 检索结果分析 点击“ANALYZE”按钮,进入结果分析界面。选择 8 种选项之一对检索结果进行分析:作者、国家或地区、文献类型、机构名称、语言、出版年

科技文献检索与利用(第5版)

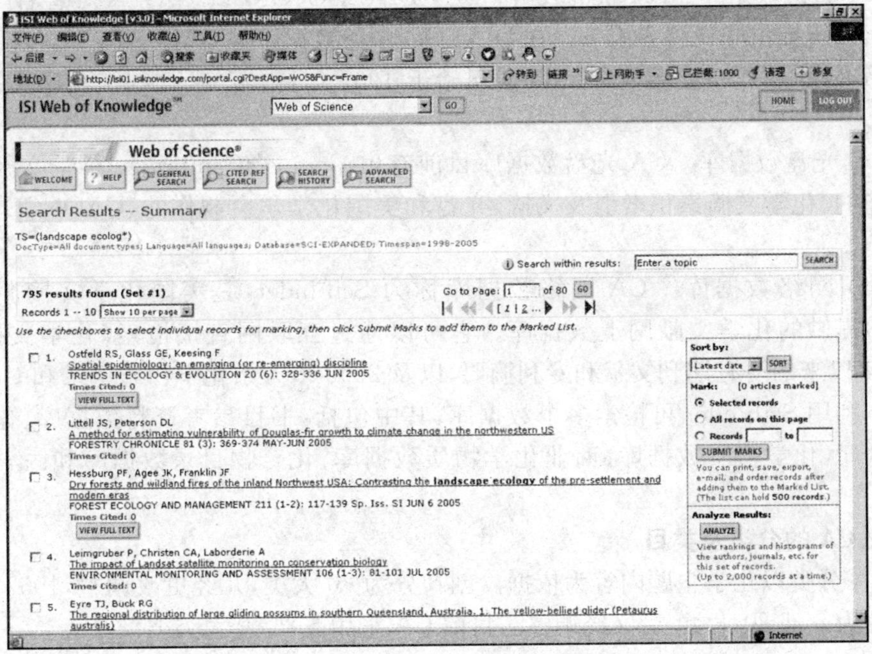

图 8-9　SCI 检索结果显示

份、来源刊名、期刊所属学科主题。同时选取一种分析结果的显示方式。然后点击“ANALYZE”按钮进行分析。

第三节　美国《化学文摘》及其检索

一、《化学文摘》概况

美国《化学文摘》(Chemical Abstracts，简称 CA)，1907 年创刊，由美国化学学会下属的化学文摘服务社(Chemical Abstracts Service，简称 CAS)编辑出版。1969 年合并了具有 140 年(1830～1969 年)历史的著名的德国《化学文摘》。目前收录报道 150 多个国家和地区的 56 种语言出版的 17 000 多种科技期刊、学位论文、科技报告、会议、新书以及 29 个国家和地区及 2 个国际专利组织发表的专利。内容覆盖化学、化工、生物化学、生物工程、生物遗传、农业和食品化工、医用化学、地球化学和材料科学等领域。它收录报道的化学化工文献占全世界化学化工文献总量的 98%，其中 70%的文献来自美国以外的国家和地区，每年报道的文献约 50 万条。因此《化学文摘》是科技工作者查找化学化工及其相关学科文献的重要信息源。

1. CA 的几种出版形式

(1) 印刷版　CA 印刷版为周刊，每年出版 2 卷，每卷 26 期，全年共出 52 期。

(2) 联机数据库　CA联机数据库通过DIALOG、ORBIT和STN等著名国际联机检索系统提供联机检索服务。在DIALOG中的数据库是CASEARCH,包括308、309、310、311、312、399号文档。数据起始于1967年,内容与印刷版《化学文摘》相对应。

(3) 光盘数据库　CA光盘数据库目前有由CompactCambridge科学文献服务社制作的《化学文摘累积索引及文摘》光盘和美国化学学会制作的《CAONCD》光盘两种。

(4) 网络数据库　CA网络数据库称为SciFinder,是美国化学文摘服务社(CAS)提供的化学文献网上数据库。它可以通过互联网直接检索《化学文摘》自1907年以来的所有期刊文献和专利摘要,以及2000多万条化学物质记录和CAS注册号。利用SciFinder可检索多个数据库,其中包括:书目参考资料数据库、化学反应数据库、化学物质数据库、商业化学物质数据库、化合物目录数据库和医学数据库等。

2. CA的分类及类目

CA分类以化学主题内容为依据。创刊分为30大类,几经更改调整,1967年66卷起分为5部80大类,后又经调整。目前CA采用5部80大类类目。

二、印刷版《化学文摘》介绍

CA每期内容由文摘和索引两大部分组成。

1. 文摘的编排及著录

CA每期文摘正文按80大类顺序编排,每一类文摘,在其类目下有简单注释,用以说明该类文摘所属学科范围。每一大类的文摘按论文(来源于期刊、科技报告、会议文献、专题综述、档案资料等)、新书介绍、专利、参见目录4大部分依次编排,每一部分用"——"分开。编排时,内容相近的编排在一起,而涉及两个或两个以上类目时,将文摘置于主要内容所属类目之下,涉及的其他类目用"see also"指引。下面以期刊论文为例说明CA文摘正文的著录格式:

104:727u① Poly[1-(trimethylsily1)-propyne]:a new high polymer synthesized with transition-metal catalysts and characterized by extremely high gas permeability.② Masuda, Toshio; Isobe, Eiji; Higashimura, Toshinobu; Takada, Koichi③ (Dep. Polym. Chen., Kytoto Univ, Kyoto, Japna 606).④

Jam. Chen. Soc.⑤ 1983⑥,105(25)⑦,7473-4⑧(Eng).⑨

说明:① 文摘号(黑体字),冒号前为卷号。② 论文题目(黑体字),一律采用英文,非英文种均译为英文。③ 著者姓名,姓在前名在后,合著者之间用冒号分开。④ 著者工作单位或论文发送单位、地址及国别。⑤ 刊名缩写(斜体字印刷)。⑥ 期刊出版年份(黑体字)。⑦ 卷期号,括号内为期号。⑧ 论文起讫页码。⑨ 论文文种,采用缩写形式。会议录、专利、科技报告等其余 6 种类型的著录格式跟期刊论文类似，主要在来源项上有所区别。

2. CA 的索引及编排

CA 有期索引、卷索引和累积索引 3 种形式。此外，CA 还按年出版一些辅助性索引，如索引指南(Index Guide)、登记号索引(Registry Number Index)、资料来源索引(Chemical Abstracts Service Source Index，简称 CASSI)。期索引附于每期文摘之后，是检索该期文摘的索引。卷索引是将每卷中每一期期索引累积之后单独出版，是检索每卷各期全部文摘的索引。累积索引基本上每隔 10 年单独出版一次，累积索引包括的索引种类与卷索引相同，是卷索引的累积本。下面分别介绍期索引和卷索引。

(1) 期索引

包括关键词索引、著者索引、专利号索引、专利对照索引。

① 关键词索引(Keyword Index) 从 1963 年 V. 58 卷开始编辑，该索引是从当期收录文献的篇名、文摘或正文中选择出能代表文献内容的词，不加以规范化，直接作为关键词，然后按字顺排列，仅将数个关键词简单组合在一起，一条文摘有时是一个关键词，有时是几个，每个关键词可作为主关键词进行轮排。从 V. 89卷开始，关键词索引按主关键词的字顺排列。其他关键词作为说明语缩两格往后排列。

② 著者索引(Author Index) 该索引是将各文献中的个人著者、公司和单位、专利发明人和专利权人统一按英文字顺编排，其后给出文摘号。若一篇文献有若干个著者，无论从哪个著者姓名都可以查到。

③ 专利号索引(Numerical Patent Index) 该索引从 1958 年起，将 CA 所收集的各国专利按国家名称字顺编排，同一国家的专利再按专利号大小顺序排列。

④ 专利对照索引(Patent Concordance Index) CA 只报道首次发表的专利文献的文摘，并将重复报道的专利编入专利对照索引。专利对照索引分左、中、右三栏，左栏是专利国名和专利号，中栏是对照专利的国别和专利号(国别均为简写)，右栏是 CA 首次报道的专利文摘号。

⑤ 专利索引(Patent Index) 该索引自 1981 年第 94 期起，由专利号索引和专利对照索引合并而成。专利索引内容包括文摘专利、等同专利和相关专利。

(2) 卷索引

包括主题索引、普通主题索引、化学物质索引、著者索引、专利号索引、专利对照索引、专利索引、分子式索引、环系索引、杂原子索引。

① 主题索引(Subject Index) 该索引始于 1907 年 V. 1，1971 年 V. 75 停刊，主题索引是将全卷报道过的文献进行主题分析，根据文献内容的主题概念给予经过规范化的主题词，并依照主题词之间的关系组成索引标题，按标题英文字顺排列。后

CA将主题索引分为普通主题索引和化学物质索引分别出版。

② 化学物质索引(Chemical Substance Index) CA将组成元素的原子数目已知,价健和立体化学结构明确,有化学文摘社编的登记号的各种化学物质都编入此索引。

③ 普通主题索引(General Subject Index) CA将成分未定,没有CAS登记号的物质和不涉及具体化学物质的主题都编入普通主题索引。

④ 著者索引(Author Index) 卷著者索引的编排与期著者索引的编排基本相同,不同之处卷著者索引在第一著者名称之下著录有文献篇名。

⑤ 专利号索引

⑥ 专利对照索引

⑦ 专利索引 3种索引编排与著录格式和期索引相同,此处不作详述。

⑧ 分子式索引(Formula Index) 1920年开始编辑,该索引将全卷所报道的各种化学物质的分子式按分子符号的英文字顺编排,在分子式下列出化学物质名称、登记号和文摘号。对于一些常见的化合物,用“see”引导检索查阅化学物质索引。对于一些分子式确定,但结构尚不清楚或未正式命名的化学物质,使用该索引可获得化学物质的准确名称。

⑨ 环系索引(Index of Ring System) 始于1916年V. 10,该索引将CA报道过的环状化合物以环状骨架为主,氢原子和取代基不计,根据环的数目大小进行编排。在相同的环系之下,按环状骨架的原子数目从小到大排列,原于数目相同,再按组成环的元素符号的字母顺序排列。

⑩ 杂原子索引(HAICIndex) 该索引是将全卷已报道的,除含碳、氢原子的化合物和聚合物以外的,含有杂原子的化合物集中编排的索引。

3. CA的检索途径

以周刊为例,CA的检索途径如图8-10所示。

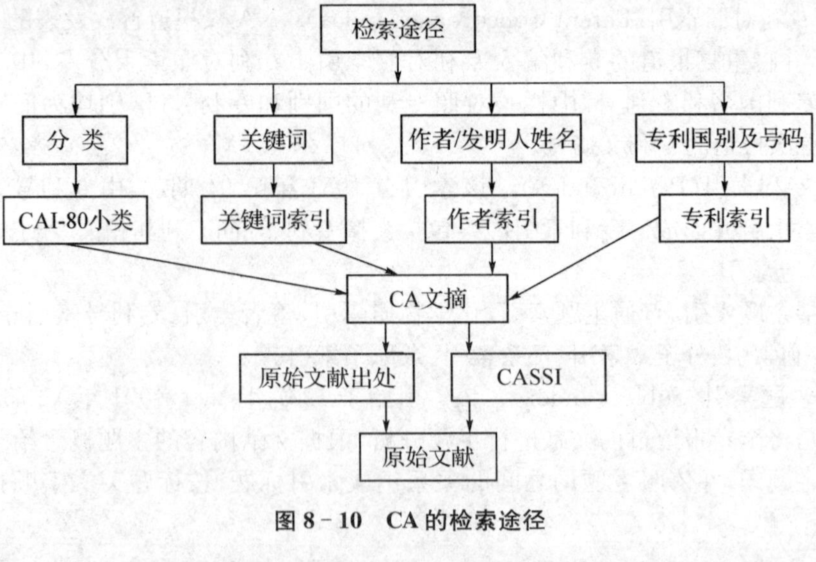

图8-10 CA的检索途径

三、《化学文摘》光盘数据库检索

CA 光盘数据库（CA on CD）由美国化学学会制作，文摘内容对应于书本式 CA。该数据库收录世界范围内有关生物化学、物理化学、无机化学、有机化学等众多化学及化工方面的科技文献，年文献量达 77.3 万条，其中约 12.3 万条专利。文献来源种类包括科技期刊、专利、技术报告、学位论文、会议录以及图书。数据库文献内容及索引信息按月更新。

1. CA on CD 的检索方法

CA on CD 提供四种基本检索途径：索引浏览式检索、词条检索、化学物质等级名称检索、分子式检索。

（1）索引浏览式检索（Index Browse）

在检索菜单窗口，点击 Browse 命令或在 Search 命令菜单中选择 Browse 命令，即可进入索引浏览格式检索。如图 8－11 所示。

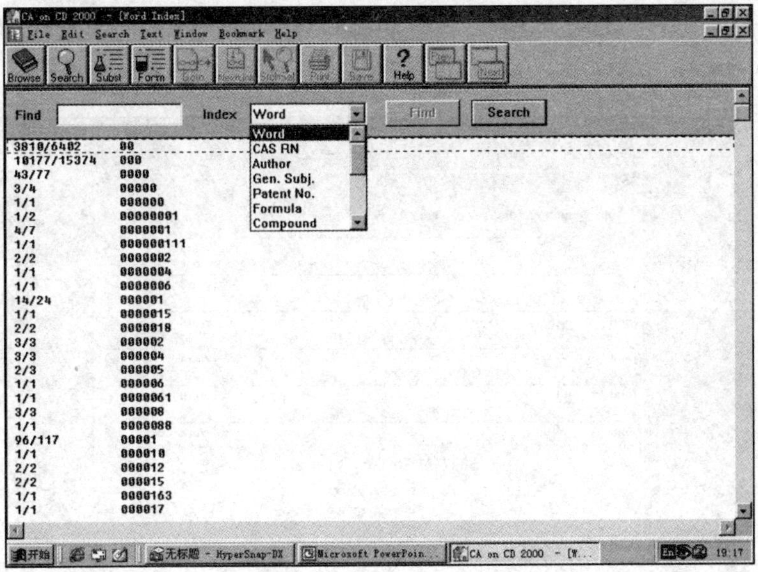

图 8－11　CA 索引浏览格式检索

窗口中 Index 字段的缺省值为 Word。用户可点击索引框中的箭头拉开索引菜单，选择所需索引字段。索引字段有 Word（自由词，包括出现在文献题目、文摘、关键词表、普通主题中所有可检索词汇）、CAS RN（CAS 登记号）、Author（作者及发明者姓名）、General Subject（普通主题）、Patent Number（专利号）、Formula（分子式）、Compound（化合物名称）、CAN（CA 文摘号）、Organization（组织机构、团体作者、专利局）、Journal（刊物名称）、Language（原始文献的语种）、Year（文摘出版年份）、Document Type（文献类型）、CA Section（CA 分类）、Update（文献更新时间或书本式

《CA》的卷、期号)。

输入检索词的前几个字符或用鼠标键滚动屏幕,将光标定位于所选检索词处。点击 Search 键或回车,开始检索。在索引浏览窗口,可用 Edit/Copy 和 Edit/Paste 联合,将选定的索引条目转移到词条检索窗口来进行检索。

(2) 词条检索(Word Search)

用逻辑组配方式将检索词、词组、数据、专利号等结合起来进行检索。如图 8-12 所示。具体步骤:点击 Search 键或在 Search 命令菜单中选择 Word Search 命令。在屏幕中部的检索词输入方框中输入检索词(词间可用逻辑组配)。边字段设定方框中选定相应检索词的字段。缺省值为"Word",左边选项方框中选择词间的关系组配符。此处缺省值"AND"设定各检索词在文献记录中的位置关系(同一文献,同一字段或间隔单词数等)。点击 Search 键,开始检索。检索完毕后,屏幕出现检索结果,显示检中的文献题目。对检索词的输入,系统允许使用代字符"?"及截词符"*"。每一个"?"代表一个字符,如:Base? 代表检索词可为 Bases 或 Based,"*"符号表示单词前方一致。另外,还可以输入"OR"组配符连接而成的简单检索式,如:Strength or toughness。

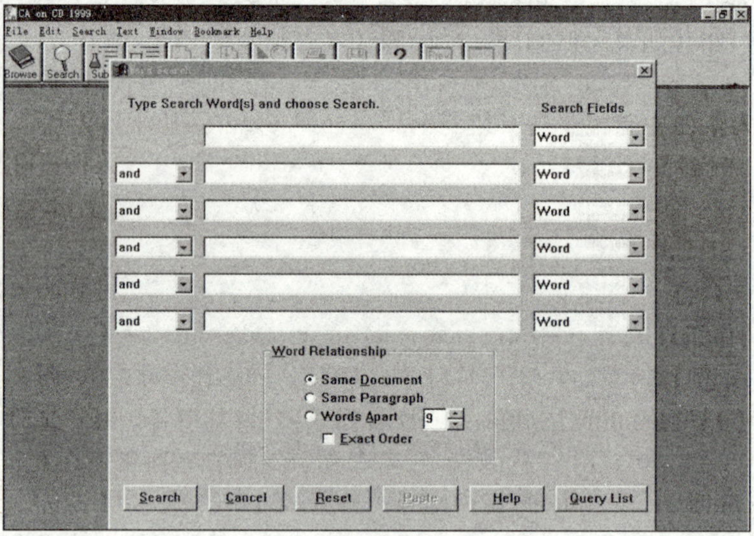

图 8-12 词条检索界面

(3) 化合物等级名称检索(Substance Hierarchy)

"CA on CD"的化学物质等级名称索引与书本式的化学物质索引基本相同,是按化学物质的母体名称进行检索的,有各种副标题及取代基。

在检索窗口中,点击 Subs 按键或从 Search 命令菜单中选择 Substance Hierachy 命令,系统即进入化学物质等级名称检索窗口,屏幕显示物质第一层次名即母体化合物名称索引正文。无下层等级名的化合物条目中直接给出相关文献记录数;有下层名称的物质前则出现“+”符号。用户双击选中索引,将等级索引表一层层打开,再用鼠标双点击该物质条目即可进行检索。检索完毕后,屏幕给出其相关文献检索结果。

(4) 分子式检索(Formula)

分子式索引由 A~Z 顺序排列,检索过程与化合物等级名称检索相似(如图 8-13 所示)。

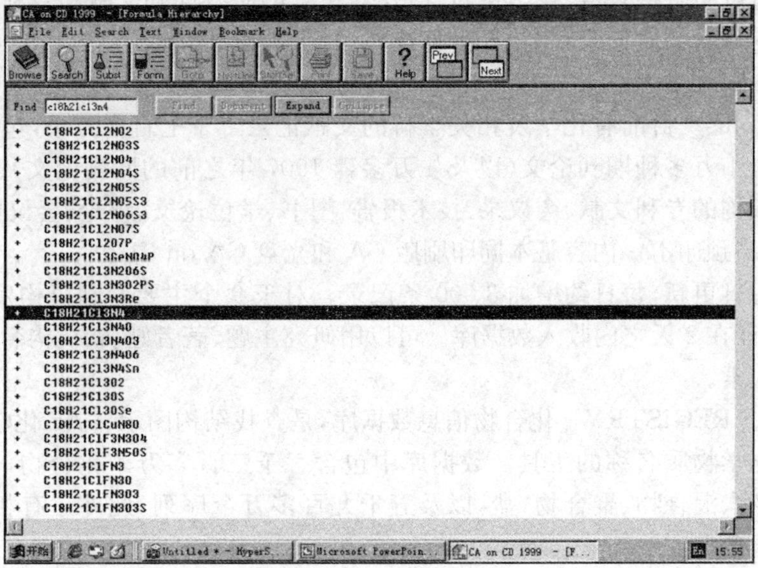

图 8-13 分子式检索

(5) 其他检索途径

在显示结果后,定位在所有字段中需要的任何词上,然后双击,系统会对所选词在所属的字段中重新检索。或选定后,从 Search 菜单中选择 Search for election 命令,系统即对所选词条进行检索,检索完毕后,显示命中结果。

2. 检索结果

双击选中的文献题目,可得到全记录内容。可对感兴趣的文献用 Mark 键进行标注,或用 Unmark 键取消标注。击 SaveMk 键存储所标注的检索结果,击 Save 键存储当前屏幕显示内容。点击 PrintMk 可选打印格式来输出检索结果,点击 Print 键打印当前屏幕显示内容。

四、《化学文摘》网络数据库简介

CA 网络版(SciFinder Scholar)是美国化学学会(ACS)旗下的化学文摘服务社 CAS(Chemical Abstract Service)所出版的数据,回溯至 1907 年。它是全世界最大、最全面的化学和科学信息数据库。

“化学文摘”是化学和生命科学研究领域中不可或缺的参考和研究工具，也是资料量最大，最具权威的出版物。网络版化学文摘 SciFinder Scholar，更整合了Medline医学数据库、欧洲和美国等近50家专利机构的全文专利资料以及化学文摘1907年至今的所有内容。它涵盖的学科包括应用化学、化学工程、普通化学、物理、生物学、生命科学、医学、聚合体学、材料学、地质学、食品科学和农学等诸多领域。它可以透过网络直接查看“化学文摘”1907年以来的所有期刊文献和专利摘要；以及四千多万的化学物质记录和CAS注册号。

SciFinder 数据库主要有以下几种：

① CAplus　目前有化学及相关学科的文献记录二千七百多万条，包括1907年以来的源自1万多种期刊论文(以及4万多篇1907年之前的回溯论文)、50个现行专利授权机构的专利文献、会议录、技术报告、图书、学位论文、评论、会议摘要、e-only期刊、网络预印本。内容基本同印刷版CA和光盘CA on CD。

数据每日更新，每日约增加3 000条记录。对于9个主要专利机构发行的专利说明书，保证在2天之内收入数据库。可以用研究主题、著者姓名、机构名称、文献标识号进行检索。

② CAS REGISTRY　化合物信息数据库，是查找结构图示、CAS化学物质登记号和特定化学物质名称的工具。数据库中包含三千三百多万个化合物，包括合金、络合物、矿物、混合物、聚合物、盐，以及五千九百多万个序列，此外还有相关的计算性质和实验数据。

数据每日更新，每日约新增1.2万个新物质记录。可以用化学名称、CAS化学物质登记号或结构式检索。

③ CHEMLIST　关于管控化学品信息的数据库，是查询全球重要市场被管控化学品信息(化学名称、别名、库存状态等)的工具。数据库 目前收录近25万种备案/被管控物质，每周新增约50条记录。

可以用结构式、CAS化学物质登记号、化学名称(包括商品名、俗名等同义词)和分子式进行检索。

④ CCASREACT　化学反应数据库。目前收录了1840年以来的一千三百多万个单步或多步反应。记录内容包括反应物和产物的结构图，反应物、产物、试剂、溶剂、催化剂的化学物质登记号，反应产率，反应说明。每周新增600至1 300个新反应。

可以用结构式、CAS化学物质登记号、化学名称(包括商品名、俗名等同义词)和分子式进行检索。

⑤ CHEMCATS　化学品商业信息数据库，目前有一千九百多万个化学品商业信息，用于查询化学品提供商的联系信息、价格情况、运送方式，或了解物质的安全

和操作注意事项等信息，记录内容还包括目录名称、定购号、化学名称和商品名、化学物质登记号、结构式、质量等级等。

用户可以用结构式、CAS化学物质登记号、化学名称（包括商品名、俗名等同义词）和分子式进行检索。

⑥ MEDLINE　MEDLINE是美国国家医学图书馆（NLM）建立的书目型数据库，主要收录1950年以来与生物医学相关的3 900种期刊文献，目前共有记录1 600万条。

CA有多种先进的检索方式，比如化学结构式（其中的亚结构模组对研发工作极具帮助）和化学反应式检索等，这些功能是CA光盘中所没有的。它还可以通过Chemport链接到全文资料库以及进行引文链接（从1997年开始）。其强大的检索和服务功能，可以让你了解最新的科研动态，帮助你确认最佳的资源投入和研究方向。根据统计，全球95%以上的科学家们对SciFinder给予了高度评价，认为它加快了他们的研究进程，并在使用过程中得到了很多启示和创意。

第四节　其他检索工具简介

一、《剑桥科学文摘》简介

美国《剑桥科学文摘》（Cambrige Scientific Abstract，简称CSA），它创建于1965年前后，由美国一家著名的私人信息公司编辑出版。CAS通过Internet网可提供70多个数据库的检索服务。覆盖的学科范围包括农业科学、生命科学、生物学与医学、环境与水科学、计算机科学、材料科学与工程、航空航天以及人文社会科学等，主要提供当前重要科学领域的最新科学技术方面的信息。CAS数据库包括理工专业常用的三个数据库：金属文摘数据库（Material Science with METADEX）、航空航天与高技术数据库（Asrosapce & High Tech Databases）、美国政府报告数据库（NTIS）。

二、《机械工程文摘》简介

美国《机械工程文摘》（ISMEC Bulletin），创刊于1973年，由英国机械工程师学会和英国电气工程师学会联合编辑出版，1981年美国坎布里奇科学文摘社购买了该刊的版权，所以它目前由CSA编辑出版。该刊收集全世界机械类主要期刊，主要报道英文机械工程文献，期刊论文为报道重点（其中核心期刊全部报道）。

三、《金属文摘》简介

《金属文摘》（Metals Abstracts，简称MA），创刊于1968年，由英国金属学会（IOM）和美国金属学会（ASM）联合编辑出版。它收录世界上著名的科技期刊1 300

余种，还收录研究报告、会议文献、图书等各种重要文献，以报道金属冶炼、金属物理、热处理、铸造、锻压、轧制、焊接、金属保护等方面的文献为主，时差为4～6个月，是世界金属界的重要刊物。

四、《生物学文摘》简介

美国《生物学文摘》(Biological Abstracts，简称BA)，创刊于1926年，由美国生物科学情报服务社(Bioscience Information Service，简称BIOSIS)编辑出版，是世界上生命科学方面最大的检索工具。该刊收录了世界上110多个国家和地区出版的有关生物学、医学和农业科学等方面的期刊9 000多种以及其他类型出版物。1965年起还出版了BA的补充本《生物学文献/报告、评论、会议》(Biological Abstracts/Reports、Reviews、Meetings，简称BA/RRM)。BA文摘包括文摘正文和索引两大部分。文摘部分包括主要概念标题等级表和文摘正文，共有84个主要要领标题，正文即按这84个类目的英文字顺排列。BA和BA/RRM分别有期刊索引和半年累积索引。1985—1997共有著者索引、生物分类索引、属种索引和主题索引四种，1998年起仅有著者索引、主题索引和生物索引三种。其中生物体索引(1998年前为“生物分类索引”)是BA专有的索引，它是按生物学等级由低等到高等的顺序排，用于检索生物分类和生物名称。BA现为月刊，1998年起由原来的一年两卷改为一年一卷。

五、《电子学与通讯文摘》简介

英国《电子学与通讯文摘》(Electronics and Communications Abstracts)，月刊，1961年创刊，由多学科出版公司(Multi-Science Publishing Co.)编辑出版，每年9月出版第1期，次年8月出版第12期作为一卷。主要收录世界各国有关电子学与通讯领域方面的文献，文献来源为期刊论文、会议录、科技报告及书评等，年报道量近1 000条。该文摘内容按分类编排，分两级类目。正文前有分类表，主要类目有辐射、电磁波技术、材料器件及现象、电路与网络、通讯、控制、计算机、测量等。该文摘正文的著录项目包括文摘号、篇名、文种、著者姓名及所在工作单位、文献出版及文献摘要。

思考题

1. 美国《工程索引》网络数据库(EI Village 2)提供哪些检索模式？检索结果输出有几种方式？

2. INSPEC的十一个检索字段具体指什么？该数据库主要采用哪些检索技术？

3. 《SCI》的主要作用是什么？简述“ISI Web of Science”的检索方法。

4. CA手工检索途径有哪些？CA on CD光盘数据库有哪些检索模式？

第九章　网络信息资源检索与利用

第一节　网络信息资源介绍

一、网络信息资源的概念

信息资源、物质资源与能量资源是构成现代社会经济发展的三大支柱。有效地获取信息资源已成为推动社会经济发展的重要力量。因特网(Internet，国际互联网)的出现与发展是人类文明史上的一个重大事件，对科技进步、经济繁荣和人类发展起着重要的推动作用。

Internet 起源于美国，始于 1969 年，最初称之为 ARPANET，是美国为推行空间计划而建立的，当时只有 4 个主节点，其发展归功于美国国家科学基金会(NSF)的介入，为鼓励大学和研究机构共享他们昂贵的四台计算机主机，采用 TCP/IP 协议，建立了名为 NSFNET 的广域网，由于美国国家科学基金会的资助，很多大学和研究机构纷纷把自己的局域网并入到 NSFNET 中，并逐渐发展到全世界 193 个国家和地区。而后随着计算机网络的不断发展、并入，逐渐形成了世界各种网络的大集合，也就是我们今天所说的 Internet。

因特网是当今世界上最大的、最为开放的、连接计算机的电脑网络通讯系统，是多个网络的集合，它通过超文本方式将以图、文、声、像以及视频等多媒体形式存在的超媒体信息组织起来而形成的一种交互式的网络。

网络信息资源是指以电子资源数据的形式将文字、图像、声音、动画等多种形式的信息存放于光、磁等非印刷介质中，并通过网络通信、计算机或终端等方式再现出来的信息资源的总和。

随着因特网的发展，一方面，相对于传统的信息获取方式，我们可以方便而快捷地找到我们所需要的信息，另一方面，因特网的发展大大扩展了我们拥有的信息资源世界，面对纷繁复杂的信息海洋，找到需要的有价值的信息并非易事，那么对网络信息资源、网络信息资源分布与规律、网络信息的检索与利用等加以研究则显得尤为重要。

二、网络信息资源的种类

由于网络信息资源是多媒体的形式与多技术手段融合的结果,我们可多方位、多角度地去认识它。按照不同的划分标准,网络信息资源有不同的表现形式。

1. 按网络信息来源划分

网络信息资源按信息来源划分可分政府信息资源、公众信息资源和商用信息资源。

(1) 政府信息资源　各国政府纷纷在网上发布有关该国家与政府的各种公开信息,进行国家与政府的形象展示。政府信息包括各种新闻、统计信息、政策法规文件、政府档案、政府部门介绍、政府取得的成就等。

(2) 公众信息资源　公众信息源,就是为社会公共服务的机构所拥有的信息资源,包括:公共图书资源、科技信息资源、新闻出版资源、广播电视信息资源等。

(3) 商用信息资源　商用信息资源,是商情咨询机构或商业性公司为生产经营者或消费者提供的有偿或无偿的商用信息,包括产品、商情、咨询等类型的信息。

2. 按信息资源加工形式划分

按信息资源的加工形式分,网络信息源主要有网络资源指南和搜索引擎、联机馆藏目录库、网络数据库,电子出版物(电子图书、电子期刊、电子报纸),电子参考工具,软件资源及动态信息等。

(1) 网络资源指南和搜索引擎　二者都提供对网络资源的利用指导与帮助,不同的是资源指南只提供资源的向导,不提供对资源的检索功能,而搜索引擎是互联网上的检索工具,具有多种检索功能。

(2) 联机馆藏目录　包括图书馆及信息服务机构提供的公共联机检索(OPAC)馆藏目录、地区或行业的联合目录。

(3) 网络数据库　由原来的联机数据库系统发展而来,如DIALOG、OCLC都开设了与INTERNET的接口,另一类由专业信息服务商开发,如UMI的PQDD,万方公司的数据库资源系统等等。

(4) 电子出版物　国内外的许多出版商或信息服务中间商已发展成为网络出版商和服务商,网上的电子出版物包括电子图书、电子期刊和电子报纸等。

(5) 电子参考工具　各种参考工具书已成立专门的网站或制成参考工具网络数据库的形式在网上供使用。

(6) 软件资源　指各种共享和不共享的软件,以及关于软件的信息与资源。

(7) 动态信息　指在网上动态发布的新闻、广告,通知以及基于交流组的实时交流信息等。

3. 按网络传输协议划分

按不同的网络传输协议,网络信息资源可分为WWW信息资源、FTP信息资源、Telnet 信息资源、用户通信或服务组信息资源、Gopher 信息资源。

(1) WWW 信息资源　WWW(World Wide Web,中文名称为万维网,也称环球信息网)是 20 世纪 90 年代初期由位于瑞士的欧洲研究中心发明的,由于它能方便迅速地浏览和传递分布于网络各处的文字、图像、声音、和多媒体超文本信息,并适用于因特网信息服务,因此在上世纪 90 年代中期得到迅速发展,因特网的 WWW 服务器以每年翻几番的速度增长,成为因特网信息资源的主流。

(2) FTP 信息资源　FTP(File Transfer Protocol)称为文件传送协议,是因特网上历史最为悠久的网络工具。它允许人们通过协议连接到因特网的一个远程主机上读取所需文件并下载。它相当于在网络上的两个主机间拷贝文档。因特网刚开始流行时,网上文件大部分都是 FTP 站点上的,因而 FTP 在因特网的发展史中发挥着重要作用,至今 FTP 仍是发布、传递软件和长文件的主要方法,而且许多文件在 FTP 服务器上,并没有做 HTTP 的链接,值得人们重视。

(3) Telnet 信息资源　Telnet 是因特网的远程登录协议,允许用户将自己的计算机作为某一个因特网主机的远程终端与该主机相连,从而使用该主机的硬件、软件和信息资源。

(4) 用户通信或服务组信息资源　用户通信或服务组是因特网上颇受欢迎的信息交流形式。其中包括新闻组(Usenet Newsgroup)、电子邮件群(Listserv)、邮件列表(Mailing List),专题讨论组(Discussion Group)等。它们都是由一组对某一特定主题有共同兴趣的网络用户组成的电子论坛,是因特网上进行交流和讨论的主要工具。它们的工作原理与使用方法也非常相似,均用于网络用户间的信息交流但又各具特色和用途,锁定各自特定的用户。USENET 是因特网上的一种应用软件,用于提供新闻组服务,在这个服务体系中,有许多新闻服务器,用户可以在自己的主机上运行新闻组阅读器软件,申请加入某个新闻组,并从服务器中读取新闻组消息或将自己的意见发送到新闻组中,用户可查阅别人的意见并予以回复,由此反复,进行讨论。

(5) Gopher 信息资源　Gopher 是一种基于菜单的网络服务,类似万维网的分布式客户机/服务器形式的信息资源体系。它是因特网上一种分布式信息查询工具,各个 Gopher 服务器之间彼此连接,全部操作都在一级级菜单的指引下,用户只需在菜单中选择和浏览相关内容,就完成了对因特网上远程联机信息系统的访问。此外,Gopher 还可提供与前文所提及的其他多种信息系统的连接,如 WWW、FTP、Telnet 等。

三、网络信息资源的特点

网络信息资源的出现,使人类信息资源的开发利用进入了新的时代。作为新的信息资源形式,它在其丰富性和复杂性的前提下,体现出以下五大特点。

1. 信息量大,来源广

Internet 已经成为继电视、广播和报纸之外的第四媒体,是信息资源存储和传播的主要媒介之一,是集各个部门、各个领域的各种信息资源为一体,供网上用户共享的信息资源网。任何人都可以十分容易地在网上发布信息、传播观点。因此信息资源数量十分巨大,有"海量"信息之称。并且信息来源十分广泛,信息发布者既有政府部门、大专院校、研究机构、学术团体、行业协会,更有大量的公司企业和个人。

2. 信息内容丰富,结构复杂

因特网已成为全球最大的信息资源基地,在因特网上几乎可以获得任何领域的信息。它的信息资源主要以数据库为主体,还包括采用多媒体技术形成的集声音、图像、文字等为一体的包罗万象的综合性信息系统。其存储形式为文本、超文本、多媒体、超媒体,使信息组织方式也发生了巨大的变化,不仅以知识和信息为存储单元,而且同时展示这些单元之间的逻辑关系,为网络环境下不同形式的信息资源的管理和开发提供技术支持;由传统的顺序、线性排列,通过利用数字化存储技术,发展到超文本、超媒体技术,促使信息资源按照自身的逻辑关系组成相互联系的、非线性的网状结构。

3. 信息传播速度快,变化频繁

在非网络信息中,信息传播速度快且变化最大的莫过于报纸,但是报纸一经出版,其信息便无法更改。而在 Internet 上,信息的更新非常及时,不少新闻站点、商业站点的信息每日更新;信息传播速度非常快,信息交流能瞬间完成。并且在因特网上,信息地址、信息链接、信息内容经常处于变动之中,信息资源的更换、消亡更是无法预测,为用户选择、利用网络信息资源带来了不便,同时也为信息的组织带来不便。

4. 信息层次多,品种多样

Internet 上的信息资源层次多,有文本信息、图像信息、图形信息、表格信息、超文本信息等。同时还包括各种电子书刊、联机数据库、软件资源等,是多媒体、多语种、多类型信息的混合体。

5. 信息分布缺乏组织,分散无序

Internet 信息资源的分散表现在没有一个中心点,也没有全面性的权限,甚至连本身的意义也显得模糊和多样。通过一种文献可以连接到更多相关或相类似的文献;同样,这份文献也可能从另一份文献链接而来,这种前所未有的自由度使 Internet 信息资源的共建和共享变的潜力无穷,然而也使 Internet 信息资源处于无序状态,而且"海量"的信息和快捷的传播加剧了网络信息的无序状态。许多信息资源缺乏加工和组织,其往往只是时间序列的信息堆积,缺乏系统性和组织性,而且其更新和消失往往无法预测,这无疑增大了对 Internet 信息资源的选择、搜集、管理和维护的难度。

可见,随着数字化、网络化技术的飞速发展,网络信息资源呈现出动态性、分布性、多元性和无序性等特点，使信息的查找和检索变得越来越困难。对于21世纪的信息用户和信息管理者来说，困扰他们的不是信息太少，而是信息过多。因此，如何对网络信息资源进行合理的描述、组织、序化和提高信息的利用率是当前研究的重要课题。

四、网络信息资源的组织

根据Internet的技术特点、网络信息资源的特点与构成，以及对网络信息资源开发与利用的需求，网络信息资源的组织主要有以下的几种方式。

1. 文件方式

以文件系统来管理和组织网络信息资源简单方便，是存储图形、图像、图表、音频、视频等非结构化信息的天然单位。组织网络信息资源可以利用计算机技术里的一整套文件处理的理论和技术，而且Internet也提供了一些协议来帮助用户利用那些以文件形式保存和组织的信息资源。但是文件方式对于结构化信息则难以实现有效控制和管理，并且随着网络信息资源的飞速增长，以这种方式传输信息会使网络负载越来越大。而且当信息结构较为复杂时，文件系统难以实现有效的控制和管理。因此，文件方式只能是组织网络信息资源的辅助方式。

2. 超文本链接方式

这种方式是将网络上的相关文本的信息有机地组织在一起，以接点为基本单位，接点间以链路相连，将信息组织为网状结构。它的特点是非线性编排，符合人们思维联想和跳跃的习惯。节点中的内容可多可少，结构可以任意伸缩，具有良好的包容性和可扩充性。这种方式可组织各类媒体的信息，方便地描述和建立各媒体信息之间的语义联系。

3. 搜索引擎方式

搜索引擎是互联网上一种常用而重要的信息组织方式。其工作原理是利用Robot(机器人)、Spider(蜘蛛)或Worm(蠕虫)等自动代理软件，定期或不定期在因特网上漫游，由于每个搜索引擎都配备有自动检索程序，随时都会顺着超文本之间的链接跟踪网上新加入的主页、节点。当发现新的网址、网页信息后，即对其进行自动抽取、标引、归并、排序，创建可按关键词查询的Web网页索引数据库，使用户能轻易地查找到所需要的信息。当用户输入检索词后，搜索引擎会自动将其与存储在网上的一次信息特征进行比较匹配，将符合用户要求的一次信息以超文本方式显示出来，检索结果可按相关性的大小顺序排列。这种方式的主要特点是非人工构建，自动化程度高，并可提供位置检索、概念检索、截词检索、嵌套检索等。搜索引擎方式的优点是所收录的信息量巨大，耗费人力资源较小，信息更新速度快，适合特性检索；缺点是检索结果较为庞大，检准率较低。

4. 目录指南方式

目录指南也是互联网上常用的信息组织方式。它是利用人工或机器搜寻,但用人工分类并制作索引数据库。目录指南方式组织信息资源是将信息资源按某种事先确定的主题分门别类地加以组织,用户通过层层浏览,直到找到所需的信息线索,再链接到相应的页面。目录指南方式的优点是:专题性强,信息质量高。且能很好地满足族性检索的要求。用户按规定的分类体系,逐级查看,目的性强,查准率高。目录指南方式屏蔽了网络信息资源系统相对于用户的复杂性,提供了一个基于浏览的简单易用的网络信息检索与利用界面,并且具有严格的系统性和良好的可扩充性。目录指南方式也存在一些不足。一方面,由于网络信息资源的海量,使得很难确定一个全面的范畴体系作为目录指南结构的基础,来涵盖所有的网络信息资源。另一方面,用户为了迅速地找到所需信息,还须对相应的体系有较为全面的了解,这就增加了用户的智力负担。再则,要保证目录结构的清晰性,每一类目下的条目也不宜过多,这就大大限制了所能容纳信息资源的数量。因此,目录指南结构不适合建立大型的网络信息资源系统。但在建立专业性或示范性的网络信息资源体系时,就显示出其结构清晰,使用方便的优点。

5. 数据库方式

数据库是对大量的规范化数据进行管理的技术。利用数据库对网络信息资源管理可大大提高信息管理的效率。由于数据的最小存取单位是信息项(字段),可根据用户需求灵活地改变查询结果集的大小,从而大大降低了网络数据传输的负载。

6. 主页方式

所谓主页(homepage),从表面上理解,就是某个单位、学校、企业,甚至政府、城市、国家在 Internet 上为自己建立起来的门面。人们从 Internet 访问这些地方的网站,首先都会接触到这个门面,并根据它的引导进一步查询网站上的有关内容,用户首先在键盘上输入一个 IP 地址,接着系统响应其访问请求,并通过网络将对方的主页信息传递到用户的计算机上,这时屏幕上出现的通常是经过精心设计的图形界面,就是通常所说的主页,按照微软公司的比喻,如果把 WWW 当作是 Internet 上的大型图书馆,则每个站点就是一本书,每个 Web 页面就书的一页,主页则是书的封面和目录,用户可以从主页开始,通过 Web 链接访问各类信息资源,在 WWW 世界中漫游。

第二节 网络信息检索工具

一、网络信息检索方法

要想在 Internet 上获得自己所需要的信息,就必须知道这些信息存储在哪里,也就是说要知道提供这些信息的服务器在 Internet 上的地址。然后通过该地址去访问服务器提供的信息。在 Internet 上,网络信息资源的一般查询方法有基于超文本的信息查询、基于目录的信息查询和基于搜索引擎的信息查询。

1. 基于超文本的信息查询

通过超文本链接逐步遍历庞大的 Internet,从一个 WWW 服务器到另一个 WWW 服务器,从一个目录到另一个目录,从一篇文章到另一篇文章,浏览查找所需信息的方法称为浏览,也称基于超文本的信息查询方法。

基于超文本的浏览模式是一种有别于传统信息检索技术的新型检索方式。它已成为 Internet 上最基本的查询模式,利用浏览模式进行检索时,用户只需以一个节点作为入口。根据节点中文本的内容了解嵌入其中的热链指向的主题,然后选择自己感兴趣的节点进一步搜索。在搜索过程中,用户会发现许多相关的节点内容根本没被自己所想到。而是在浏览过程中不断蹦出来,提醒用户注意它。

随着 WWW 服务器的急剧增加,通过一步步浏览来查找所需信息已非常困难,为帮助用户快速方便地搜寻所需信息,各种 WWW 信息查询工具便应运而生,其中最有代表性的是基于目录和基于搜索引擎的信息查询工具,而利用这些工具来查找信息的方法就被称为基于目录和基于搜索引擎的信息查询方法。

2. 基于目录的信息查询

为了帮助 Internet 上用户方便地查询到所需要的信息,人们按照图书馆管理书目的方法设置了目录,网上目录一般以主题方式来组织,大主题下又包括若干小主题,这样一层一层地查下去,直到比较具体的信息标题,目录存放在 WWW 服务器里,各个主题通过超文本的方式组织在一起,用户通过目录最终可得到所需信息的网址,即可到相应的地方查找信息,这种通过目录帮助的方法获得所需信息的网址继而查找信息的方法称为基于目录的信息查询方法。

有许多机构专门收集 Internet 上的信息地址,并编制成目录提供给网上用户。如搜狐搜索(http://dir. sogou. com/)就是一个非常著名的基于目录帮助的网址,其目录按照一般主题组织,分为娱乐休闲、电脑网络、卫生健康、工商经济、教育培训、生活报务、公司企业、艺术、社会文化、文学、新闻媒体、政法军事、科学技术、社会科学、国家地区等十六大类目录。每一大类又分成若干子类,层层细分。

3. 基于搜索引擎的信息查询

搜索引擎又称 WWW 检索工具,是 WWW 上的一种信息检索软件,WWW 检索工具的工作原理与传统的信息检索系统类似,都是对信息集合和用户信息需求集合的匹配和选择。基于 WWW 搜索工具的检索方法接近于通常所熟悉的检索方式,即输入检索词以及各检索词之间的逻辑关系,然后检索软件根据输入信息在索引库中搜索,获得检索结果并输出给用户。

搜索引擎实际上是 Internet 上的服务站点,有免费为公众提供服务的,也有进行收费服务的。不同的检索服务可能会有不同界面,不同的侧重内容,但有一点是共同的,就是都有一个庞大的索引数据库。这个索引库是向用户提供检索结果的依据,其中收集了 Internet 上数百万甚至数千万主页信息。包括该主页的主题,地址,包含于其中的被链接文档主题,以及每个文档中出现的单词的频率、位置等。搜索引擎已成为互联网信息检索最常用的工具。

二、搜索引擎简介

1. 搜索引擎定义与任务

搜索引擎是利用网络自动搜索技术对互联网上各种资源进行标引,并为检索者提供检索服务的系统。具体来说,搜索引擎是互联网上专门提供查询服务的网站。这些网站通过复杂的网络搜索系统,将互联网上大量的网站的页面收集到一块,经过分析处理并保存起来,能够对用户作出的各种查询做出反应,提供用户所需的各种信息。

搜索引擎主要用于解决网络用户对有序信息的需求与网上大量信息的无序方式存在的矛盾。它完成的主要任务是:主动搜索 WEB 服务器信息并将其自动索引,其索引内容存储于可供查询的大型数据库中,利用各种检索方式将网络用户导向相关的信息资源。

2. 搜索引擎的系统结构

这个系统通常包括信息搜集,信息处理和信息查询三部分。

(1) 信息搜集子系统

信息搜集子系统负责收集网络索引信息,填入数据库,这可以通过以下两种方式实现。

人工登记。所谓人工登记,即由信息处理人员对因特网的信息进行筛选、组织和评价,编制主题目录,建立主题目录导航。用此方法建立的数据库内容非常准确,但数据库扩充比较缓慢。

自动数据收集。所谓自动数据收集,即由系统派出“网页搜索软件”,如“蜘蛛”(Spider)或“机器人”(Robot)在各网页中爬行,访问网络中公开区域的每一个站点并记录其网址,将它们带回搜索引擎。

(2) 信息处理子系统

信息处理子系统的功能是将“网页搜索软件”带回的信息进行整理、分析,建立搜索引擎数据库,并定时更新数据库的内容。它以主动的方式搜集信息,这无疑加快了数据库建设的速度。在进行信息分类整理阶段,不同的搜索引擎会在搜索结果的质量和数量上产生明显的差别。有些搜索引擎记录网页全文,将收集到的网站上所有的文章(网页)全部获取下来,并收入到数据库中从而形成全文搜索引擎。而有些搜索引擎只记录网页的地址、篇名、题名、特定的段落和重要的词。所以有的搜索引擎数据库很大，而有的却很小。数据库规模的大小决定查询到的信息是否全面和查全率的高低。

(3) 信息查询子系统

信息查询子系统向用户提供目录服务及关键词查询服务两种查询服务。

目录服务。目录服务是以资源结构为线索，将网上的信息资源按内容进行层次分类，使用户能依树状结构“顺藤摸瓜”检索信息。

关键词查询服务。关键词查询服务是利用建立的网络资源索引数据库向网上用户提供查询“引擎”。当用户利用搜索引擎，查找某个关键词时，搜索引擎并不是真的在网络上进行搜索，而是在数据库中查询你指定的关键词，并按照关键词的匹配程度及关键词出现的次数由高到低排列出来提交给你。所以，你所给出的关键词越具体，找到你所需要的信息的可能性就越大。每个搜索引擎都提供一个良好的界面，并具有帮助功能。用户只要把想要查找的关键词或短语输入查询栏中，并按“Search”按钮，搜索引擎就会根据用户输入的提问，在索引数据库中查找相应的词语，并进行必要的逻辑运算，最后给出查询的命中结果(均为超文本链接形式)。用户只需通过搜索引擎提供的链接，马上就可以访问到相关信息。由于搜索引擎的网络导航作用，它自然而然的成为通向因特网的必经之路。

3. 搜索引擎的分类

随着搜索引擎的数量增加，搜索引擎的种类也越来越多。我们可以根据信息组织方式、语种、搜索范围的不同将搜索引擎进行分类。

(1) 按信息组织方式划分

搜索引擎按信息组织方式划分可分为目录式搜索引擎和全文搜索引擎。

目录式搜索引擎。目录式搜索引擎提供了一份按类别编排的因特网网站目录，各类别之下，排列着属于这一类别的网站的站名和网址链接，这种排列方式与电话号码簿一样，不同的是有些搜索引擎还提供了各个网站的内容提要。目录式搜索引擎搜索到一个网站时，它并不像全文搜索引擎那样，将网站上的所有文章和信息都收录进去，而是首先将该网站划分到某个分类上，再记录一些摘要信息，对该网站进行概述性的简要介绍。目录式搜索引擎的优点是将信息系统地分门归类，用户可以清晰方便地查找某一大类信息，这符合传统的信息查找方式，尤其适合那些希望了解某一方面的信息，并不严格限于查询关键词的用户。分类目录查询对那些知道自己想查什么却又不能用词语确切表达出这种需求，并且检索经验相对较少的用户来说，显得更加方便友好。用户可从大处入手，层层深入，缩小范围，筛选、发现所需信息，在筛选过程中，进行分析、判断、掌握所感兴趣信息在网上的分布情况，从而组织自己所需信息的信息源。目录式搜索引擎的缺点是其搜索范围较全文搜索引擎要小许多，而且查询麻烦，需要层层递进。

全文搜索引擎。当全文搜索引擎搜索到一个网站时，会将该网站上所有的文章

(网页)全部获取下来,并收入到引擎的数据库中。只要用户输入查询的关键词在引擎数据库中的某个主页中出现过,则这个主页就会作为匹配结果返回给用户,从这点上看,全文搜索引擎真正提供了用户对因特网上所有信息资源进行检索的手段,给用户以最全面最广泛的搜索结果。全文搜索引擎的优点是查询全面而充分,查询方法简单,只要输入关键词就可得到相关的网页。对那些检索经验相对较丰富、对检索所花费的时间以及结果的准确要求相对较高的用户,全文搜索引擎是很好的选择。全文搜索引擎的缺点是提供的信息虽然多而全,但由于没有目录式搜索引擎那样清晰的层次结构,有时给人一种繁多而杂乱的感觉。全文搜索引擎具有的代表性当推"Goole"(http://www. goole. com)、"AltaVista"(http://www. altavista. com)、百度(http://www. baidu. com)、雅虎(http://www. yahoo. com)等。

(2) 按语种分类

搜索引擎按语种可分为单语种搜索引擎和多语种搜索引擎。

单语种搜索引擎,是指搜索时只能用一种语言查询的搜索引擎,如英文"HotBot",中文"搜狗搜索"。

多语种搜索引擎,是指那些可以用多种语言查询的搜索引擎,如"Goole""AltaVista",可用多种语言进行查询。

(3) 按搜索范围分类

按搜索范围,搜索引擎可分为独立搜索引擎和多元搜索引擎。

独立搜索引擎。独立搜索引擎的URL只代表一个搜索引擎,检索只在本引擎的数据库内进行,由这个数据库反馈出相应的查询信息,或者是相链接的站点指向。各个独立的搜索引擎都会有自己的查询特色,例如:目录查询、全文查询、简单查询、高级查询等。每个独立搜索引擎数据库所覆盖的领域、资源类型、规模等均不同,检索方式也各具特色,对同一个检索提问,不同的搜索引擎会产生不同的检索结果。为了获得最全面的检索结果,用户不得不将同一个检索课题在多个搜索引擎上一次又一次地进行检索,因此要面对不同的检索界面,一次次地重复输入提问式,还要对反馈的检索结果进行筛选。正是为克服用户面对品牌繁多、五花八门的搜索引擎而产生的无所适从和疲于奔命,多元搜索引擎应运而生。

多元搜索引擎。多元搜索引擎又称为集合式搜索引擎。它是将多个搜索引擎集成在一起,提供一个统一的检索界面,且将一个检索提问同时发送给多个搜索引擎,同时检索多个数据库,再经过聚合、去重后输出检索结果。这样,所的得信息源的范围扩大了。检索的综合性,全面性也有所提高。较为著名的多元搜索引擎有:MetaCrawler、Mamaa、万纬中文搜索引擎等。

4. 搜索引擎的一般检索技术

计算机常用检索技术在第二章第三节已介绍,但在搜索引擎中的使用不尽相同,现简单介绍如下(使用时可参考不同搜索引擎的在线帮助)。

(1) 邻接符

有些搜索引擎提供了邻接符操作(near)。它用于寻找在一定区域范围内同时出现的检索词的信息,但这些单词可能并不相邻,间隔越小的排列位置越靠前,其彼此间距控制是:"near/n","n"为数值,意为检索单词距最大不超过几个单词。如:检索式"computer near/10 game",则查找"computer"和"game"的间隔不大于 10 个单词的文档。

(2) 通配符

通配符一般用星号(*)表示,用于代替任意的字母组合。当"*"置于一个词的右边,表示代替的字母组合,以实现部分匹配。如:检索式"comput *",则表示可以代表 computer、computing 等词。"*"不能用在单词的开始或中间。

(3) 逗号、括号、引号

逗号。逗号(,)的作用类似于"or",也是寻找那些至少包含一个指定关键词的信息,不同的是"越多越好"是它的原则,因此查询是找到的关键词越多的文档,其排列的位置越靠前。如:检索式"计算机,多媒体,Windows xp",则查询时同时包含"计算机"、"多媒体"和"Windows xp"的文档将出现在前面。

括号。括号()的作用和数学中的括号相似,可以用来使括在其中的操作符先起作用。如:检索式"(网址 or 网站)and(搜索 or 查询)",则实际查询时,关键词就是"网址搜索"、"网址查询",或者是"网站搜索"、"网站查询"。

引号。当使用引号("")组合关键词时,搜索引擎即将关键词或关键词组合作为一个字符串在其数据库中进行搜索。

(4) 字段限定

所谓字段限定,即限定词语在文献中出现的部位,如主题,站点,网址,链接等。大部分搜索引擎可以进行字段限定,但是字段限定的数目和表示方法略有不同。

主题搜索。使用"title"命令,可以实现主题搜索,也就是查找网页的主题包含你所指定的字符的网页。如:检索式"title:The Street Journal",则检索与"The Street Journal"匹配的网页。

站点搜索。使用"host"命令,可以查找你所指定的网站。如:检索式"host:digital.com",则检索 WWW 服务器中主机名为"digital. com"的网页。一些搜索引擎使用"domain"和"site"来代替"host"。

URL 搜索。一些搜索引擎提供查询"URL"的功能,这和站点搜索功能非常相似。如:检索式"url:home. html",可以检索在网页地址中含有"home. html"的 URL。

链接搜索。链接搜索,使用"link"命令,即查询与特定页面或主机有链接的所有页面。如:检索式"link:thoms. gov"可以检索与"thoms. gov"至少有一次链接的网页。

(5) 范围限定

有的搜索引擎将信息源进行分类,限定检索类别范围;对检索时间范围进行限定;还可以限定在前次检索结果的范围内予以优化检索。常见的范围限定有信息源限定、时间限定、二次检索等。

(6) 空格和大小写字母

搜索引擎对空格和字母大小写都有明确规定,在操作时应予以注意。

空格。"空格"是一种特殊操作符,其作用与逻辑"与"(AND)相同。因而,在输入汉字作关键词时,决不要在汉字后追加不必要的空格,否则,就会发生检索错误。

大小写字母。很多搜索引擎对字母大小写不加区分,但也有些搜索引擎是区分的,因此,在使用搜索引擎前,首先要了解清楚,特别在查找人名、公司名称,产品名称或其他专用名词时,最好用大写字母进行查询。

5. 常用中文搜索引擎介绍

(1) 百度(http://www.baidu.com)

百度公司是1999年底,两位北大校友、超链分析专利发明人、前Infoseek资深工程师李彦宏及徐勇于美国硅谷创立,2000年回中国发展。2001年8月发布Baidu.com搜索引擎Beta版(此前Baidu只为其他门户网站如搜狐、新浪等提供搜索引擎),2001年10月22日正式发布Baidu搜索引擎,专注于中文搜索(如图9-1)。

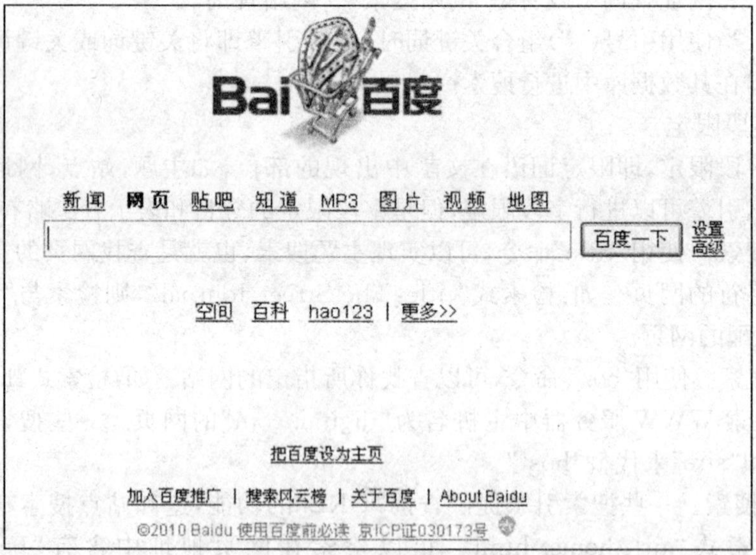

图9-1 百度搜索引擎主页

百度是目前全球最优秀的中文信息检索与传递技术供应商之一,具有如下先进的技术特点:

① 采用全球独有的超链分析技术。这种技术将传统情报学中的引文索引技术同 Web 中最基本的东西——链接技术相结合，通过分析链接网站的多少来评价被链接的网站质量，这保证了用户在百度搜索时，越受用户欢迎的内容排名越靠前。

② 百度在中文互联网拥有天然优势。百度是由中国人自主开发的一款搜索引擎，其服务器分布在中国各地。保证用户通过百度搜索引擎可以以最快的速度搜到世界上最新最全的中文信息。

③ 为中文用户度身定做。作为自己的搜索引擎，百度深刻理解中文用户的搜索习惯，开发出关键词自动提示功能：用户输入拼音，就能获得中文关键词正确提示；还开发出中文搜索自动纠错功能：如果用户误输入错别字，可以自动给出正确关键词提示。

④ 百度也提供了“相关检索”、“网页快照”和“类似网页”等功能。从检索内容看，百度可检索网页、新闻、图片等，百度还整合了 MP3 和 Flash 两个专项搜索。

百度提供关键词检索和高级检索。关键词检索只要在百度主页搜索框中输入相关主题词，点击“百度搜索”即可，百度会自动找出所有符合全部查询条件的网站或资料，并将最相关网站或资料排在前面。

百度有中文搜索自动纠错功能，当用户误输入错别字时，它将自动给出正确关键词提示；支持布尔逻辑检索技术，用“＋”“－”“|”分别表示；支持限制技术，可在一个网址前加“site:”表示搜索某个具体网站、网站频道或网页，在一个或几个关键词前加“”，表示只检索网页标题中含有这些关键词的网页；不区分英文字母大小写，所有的字母均作小写处理。

高级检索除支持以上检索技术，还可以对检索结果、时间、地区、语言、搜索结果显示条数、文档格式、关键词位置进行限制。搜索结果可以进行包含以下全部的关键词、包含以下的完整关键词、包含以下任意一个关键词、不包括以下关键词的限制。时间可进行一天、一周、一月、一年限制。关键词位置可在网页的任何地方、仅在网页的标题中和在网页的 URL 中进行限制。文档格式有 pdf、doc、ppt 等等。(如图 9－2)。

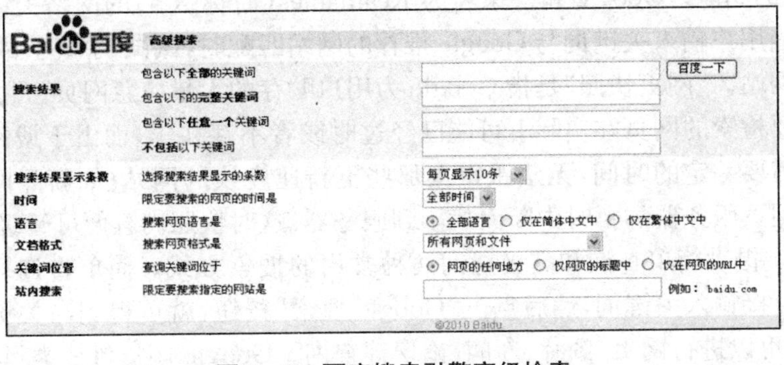

图 9－2 百度搜索引擎高级检索

(2) 中文 Google(http://www.google.com.cn)

搜索引擎 Google 为 1999 年成立的 google Inc. 所有,美国 Stanford 大学的两位博士于 1998 年 9 月发明。面世至今,获得多项业界大奖。成功和不同之处在于它不以花哨取胜,数据库容量可达 20 亿张网页,查询速度极快,能找到其他引擎找不到的网页。Google 以检索功能强大、搜索信息的准确性而备受赞誉,平均 1 月更新一遍,对部分网页每日更新。提供 Google 工具条、网页快照、图像搜索、新闻组及网页目录搜索。现在其索引量已达 60 多亿条,成为因特网上最大的搜索引擎(如图 9-3)。

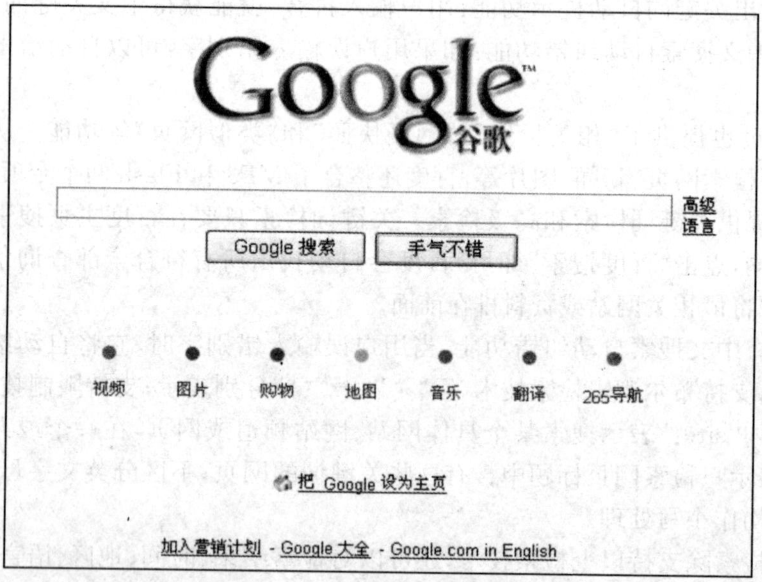

图 9-3 中文 Google 引擎主页

Google 采用了先进的网页级别(PageRank)技术。这种技术是指依据网络自身结构,根据互联网本身的链接结构对相关网站用自动方法进行分类,清理混沌信息,整合组织资源,使网络井然有序。Google 提供了"手气不错"、"网页快照"和"类似网页"等全新的功能。Google 和一家名为 Realnames(简称 RN)的网络关键词管理公司合作。当用户输入关键词与 Google 推荐的网站匹配时,试试"手气不错"就可以登录到最佳网站。"网页快照"是指 Google 为用户贮存的大量应急网页。它的作用是:当用户所要检索的网页在实际上可能已经过时或者不存在了,而由于搜索引擎数据库的更新需要一定的时间,无法跟得上那些更新速度快的网站(如新闻网站),或是有时碰到网页服务器的暂时中断而找不到服务器,这时快照内容便可暂缓燃眉之急。

Google 提供简单查询和高级查询两种常用的搜索方式。简单查询只要在检索文本框中直接输入关键词,然后点击"Google 搜索"按钮,就可得到与关键词匹配的检索结果,可以进行网页、图片、新闻、论坛等查询。Google 还提供分类目录,以供按类查询。高级查询提供搜索结果、语言、文件格式、日期、字词位置、网域等字段限制。

2010 年 3 月 Google 公司将中文搜索业务转移至香港。

(3) 搜狗搜索(http://www.sogou.com/)

“搜狐”大型中文门户网站,于 1998 年正式问世。“搜狐”一经推出,即受到网上用户的广泛欢迎,“出门靠地图,上网找搜狐”成为 1998 年中国网络界的一句口头禅。搜狗搜索是搜狐 2004 年开发的优秀的中文信息查询工具(如图 9-4)。

图 9-4 搜狗搜索引擎主页

搜狗提供关键词检索和高级检索。关键词检索只要在搜索框中输入相关主题词,点击“搜狗搜索”即可,搜狗会自动找出所有符合全部查询条件的网站或资料,并将最相关网站或资料排在前面。

高级检索可以对搜索结果排序方式、在指定站内搜索、文档格式、关键词位置等进行限制。搜索结果还可以进行不包括关键词的限制。(如图 9-5)。

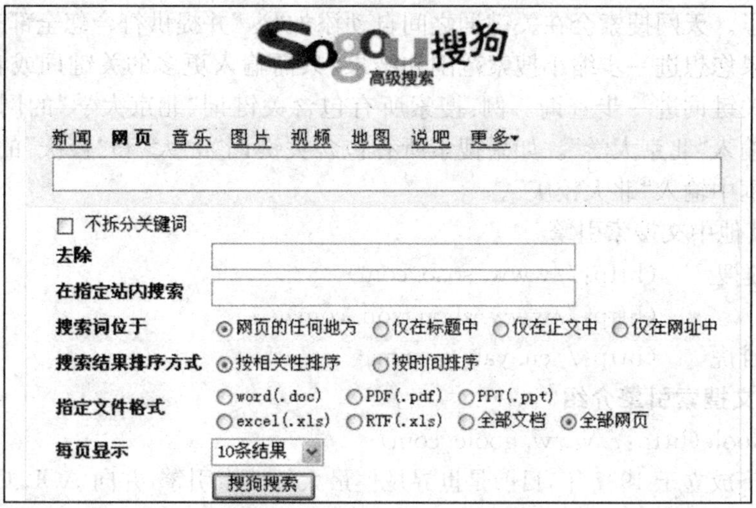

图 9-5 搜狗搜索引擎高级检索

(4) 天网搜索(http://www.tianwang.com)

天网搜索的前身是北大天网(http://e.pku.edu.cn)。北大天网由北京大学网络实验室研究开发,是国家重点科技攻关项目“中文编码和分布式中英文信息发现”的研究成果。北大天网于1997年10月29日正式在CERNET上向广大互联网用户提供Web信息搜索及导航服务,是国内第一个基于网页索引搜索的搜索引擎。北大天网见证了中国互联网和中文搜索引擎发展的历史并参与其中,她是国内中文搜索领域的一面旗帜(如图9-6)。

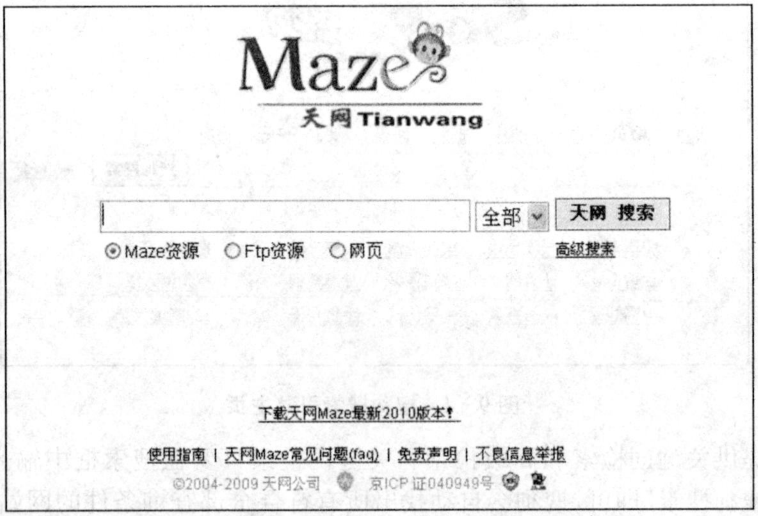

图9-6 天网搜索引擎主页

在“天网”主页上,用户在文本框中输入想要查询的关键词,并回车(Enter),(或者点击“天网搜索”按钮)即可。您在天网查询时无需使用“&”与操作,只需要输入空格就可以了。天网搜索会在关键词之间自动添加“&”并提供符合您全部查询条件的网页。如果您想进一步缩小搜索范围和结果,只需输入更多的关键词或者在查询结果中输入关键词进一步查询。例:搜索所有包含关键词“北京大学”的网页,只需在搜索框中输入“北京大学”。如果搜索所有包含关键词“北大”和“校庆”的网页,只需在的搜索框中输入“北大校庆”。

(5) 其他中文搜索引擎

QQ搜搜 (http://www.soso.com)

中搜 (http://www.zhongsou.com)

中文雅虎 (http://cn.yahoo.com)

6. 英文搜索引擎介绍

(1) Goole(http://www.goole.com)

Google成立于1997年,目前是世界规模最大的搜索引擎,并向AOL、Compuserve、

Netscape 等其他门户和搜索引擎提供后台网页查询服务。Google 每天处理的搜索请求已达 3 亿多次！而且这一数字还在不断增长。

Google 提供常规及高级搜索功能。在高级搜索中，用户可限制某一搜索必须包含或排除特定的关键词或短语。该引擎允许用户定制搜索结果页面所含信息条目数量，可从 10 到 100 条任选。提供网站内部查询和横向相关查询(如图 9－7、图 9－8)。

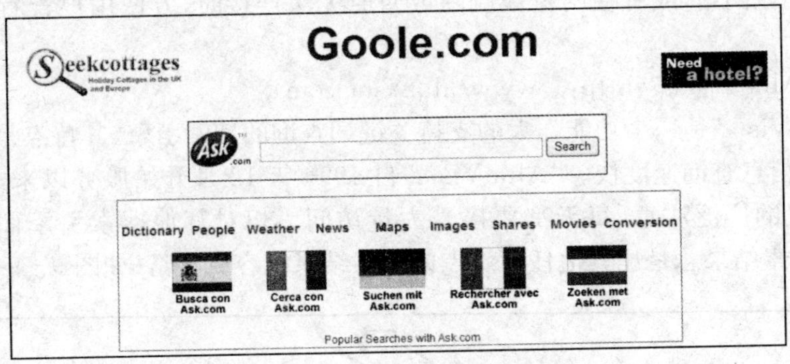

图 9－7　Google 搜索引擎主页

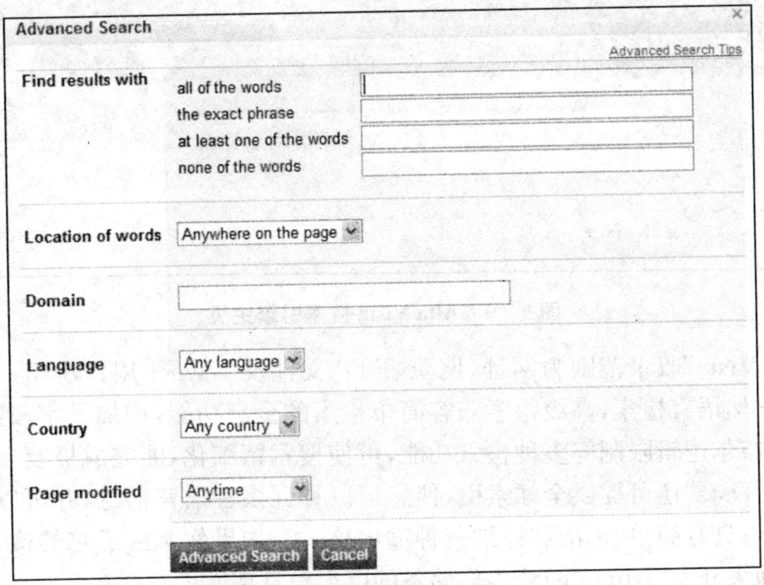

图 9－8　Google 搜索引擎高级检索

Google 允许以多种语言进行搜索，在操作界面中提供多达 30 余种语言选择，包括英语、主要欧洲国家语言、日语、中文简繁体、韩语等。同时还可以在多达 40 多个国别专属引擎中进行选择。

以关键词搜索时，返回结果中包含全部及部分关键词；短语搜索时默认以精确匹配方式进行;不支持单词多形态(Word Stemming)和断词(Word Truncation)查询;字母无大小写之分,默认全部为小写。

搜索结果显示网页标题,链接(URL)及网页字节数,匹配的关键词以粗体显示。其他特色功能包括"网页快照"(Snap Shot),即直接从数据库缓存(Cache)中调出该页面的存档文件,而不实际连接到网页所在的网站,方便用户在预览网页内容后决定是否访问该网站,或者在网页被删除或暂时无法连接时,方便用户查看原网页的内容。

(2) "Alta Vista"(http://www.altavista.com)

"Alta Vista"是一个功能强大的支持关键词查询的搜索引擎,其特点是使用新的搜索技术,信息查询速度快。"Alta Vista"自 1996 年 12 月开始服务以来,引起了世界各地网民的广泛注意,每天都要接受大量访问。相对其他搜索引擎而言,"Alta Vista"的搜索结果总是比其他任何站点的搜索结果内容更丰富(如图 9-9)。

科技文献检索与利用(第5版)

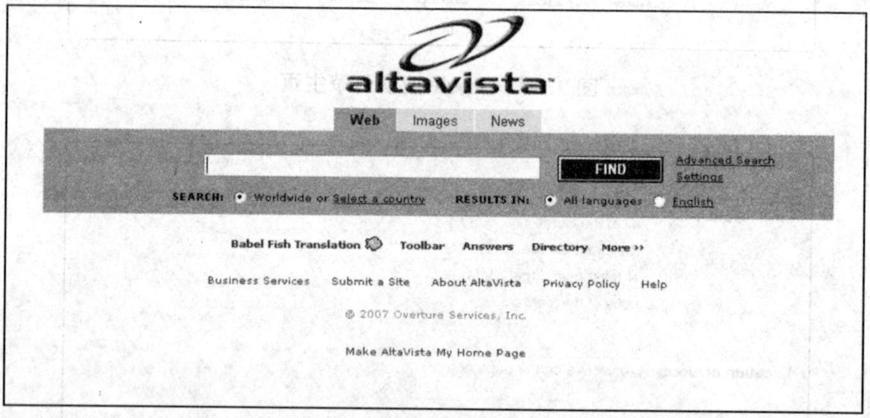

图 9-9 Alta Vista 搜索引擎主页

"Alta Vista"收录范围为网址、网页、FTP 文件及 Usenet 用户小组。它的简单检索支持自然语言检索,高级检索兼容简单检索的全部功能,增加了字段限制、位置逻辑限制、布尔逻辑限制等多种检索功能,可使搜索精细化,能完成极复杂的搜索任务。"Alta Vista"还可提供全球索引,使您可以查到多种语言信息,并可以用多种语言进行检索;具有简单、标准和详细三种输出格式。如果你掌握了它的检索方法,就会很容易地去开发"Alta Vista"为你储备的巨大信息宝库。

"Alta Vista"提供简单查询和高级查询两种常用的搜索方式。进入"Alta Vista"之后,在该页面上会出现一个 search 框,简单检索便从这里开始。要进行有效的搜索,最好输入描述你所感兴趣主题的精确词组。提供的词组表达越精确,查准率越高。简单检索支持字符串检索、组配检索、截词检索。字符串检索,用""来指定字符串或短语检索。组配检索,检索词前带有"+",表示检出文献必须包含该词;"一"则表示检出文献中不包含该词。截词检索，进行简单检索时，可以在单词的末尾加一个通配符来代替任意的字母。

高级检索中，“Alta Vista”提供了丰富的逻辑检索支持，支持常用的布尔运算符、嵌套、近似搜索等，接受四个联接词：AND、OR、NOT、NEAR。提供日期限定、字段限定等扩展功能，用户可在定制的搜索条件输入框中输入文字，以此为条件进行检索，可用自然语言查询。“Alta Vista”提供 Refine 工具，它列出和你搜索相关(有时也不相关)的关键词，使下一步搜索更有针对性，提高检索效率。“Alta Vista”提供按语言检索信息功能，共有中、俄、英、法、德等 26 种语言可供选择。

(3) Excite(http://www.excite.com)

1993 年斯坦福大学的 6 个学生创建了一个名叫 Architext Software Corporation 的公司，力图开发一种能在大型数据库中进行快速概念检索的搜索引擎。这种努力的结果 Excite WebSearch 在 1995 年开始公开服务，公司名称改为 Excite。其网页索引是一个全文数据库，“Excite”既提供全文搜索引擎，又提供以类目形式组织起来的分类目录。查询界面由 Excite Search、Excitecity-net、Excitelive、Excitereference 组成。Excite Search 上进行主题词查询；Excitecity-net 帮助查看城市相关信息；Excitelive 提供各种消息，包括新闻、股市行情、天气情况等；Excitereference 提供电子邮件、地图、共享软件和字典服务等，从 1998 年 Excite 开始提供中文查询(如图 9-10)。

图 9-10 Excite 搜索引擎主页

Excite 检索特色有：运用独特的“智能概念提取”技术进行检索，即查找提问式的概念和含义相关的文献，而不是简单的关键词匹配。与大多数检索引擎一样，它会将所有包含提问式中检索词的文献视为命中文献，但它还会利用检索词的相关要领进行更深一步的检索，以扩大检索范围。例如当提问式中的检索词为“elderpeople”时，Excite 不但使用该词而且还会用其他相关概念“seniorcitizens”进行查询。

普通检索，当访问其主页时，将直接进入普通检索方式，在检索窗口中键入所要查询的信息。词与词之间不能空格，同时由于它的智能检索，应采用一个以上的比较专指的提问词进行检索，可检索到更多的相关文献。

Excite 提供对 WEB 站点、目录、新闻与图片搜索。新闻与图片搜索查询只需在输入框中输入相关主题词即可。其高级检索支持布尔逻辑查询。允许对搜索内容的时间、语言、结果数量、结果的排列顺序进行限定。类目查询时,专业中总类和大类在最左侧,越往右越专深细小。如果不知道所输入的关键词属于哪一类,Excite自动提供一批相关的类目供你选择。

高性能检索(PowerSearch),Excite在主页的最下方提供了高性能检索入口。它的"高性能检索平台"将各项功能以选项的方式提供给用户,使其在不必构造检索式的情况下,快捷准确地搜索到相关的文献,方便用户使用。用户可以自己指定检索数据库,包括全球广域信息网,近期新闻,德国网页数据库,法国网页数据库,英国网页数据库,瑞典网页数据库和Usenet的新闻组;还能控制检索结果的数量和显示方式。但是目前高性能检索尚不能支持智能概念提取。

(4) HotBot(http://www.hotbot.com)

Hotbot曾是比较活跃的搜索引擎,数据更新速度比其他引擎都快。网页库容量为1.1亿。以独特的搜索界面著称。Hotbot提供有详细类目分类索引,网站收录丰富,搜索速度较快,并提供音乐、黄页、E-MAIL地址、新闻标题、FTP检索等专类检索服务。该引擎已被Lycos收购,成为Terra Lycos Network的一部分(如图9-11)。

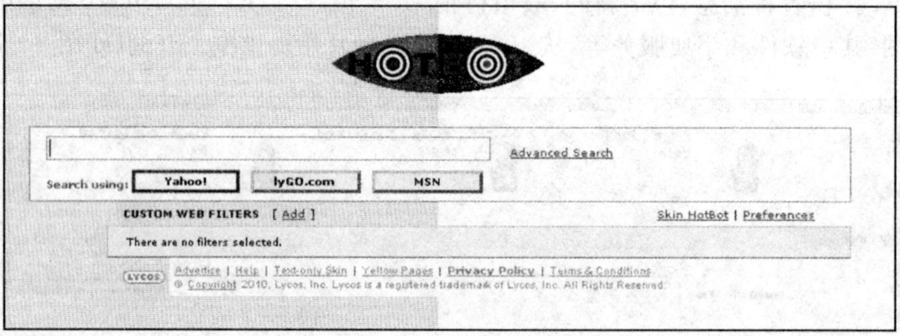

图9-11 Hotbot搜索引擎主页

Hotbot拥有强大的检索功能的多种检索技术支持。Hotbot提供多种语言的搜索功能,对包括中文、英语、法语、日语等36种语言进行选择限定。

进行常规搜索时,用户可以通过选择下拉列表各项来定制搜索条件。在高级搜索中,HotBot则提供更复杂的限制搜索条件。用户可指定以特定的域名后缀(如".com"、".org"等),地理位置,时间范围,文件长度等项目进行搜索。还可专门查找个人主页,并支持自动单词变形搜索(需点选对应的选择框)。此外,在高级搜索中还可查询包含Java、Javascript、Acrobat、ActiveX、MP3、audio、video或image等内容的网页。

Hotbot支持通配符"?"和"*",但"?"号只能通配一个字母,而"*"号只能用在词根右侧。允许在列表中选择精确匹配或使用"?"号进行精确匹配查询。布尔逻辑搜索可通过在菜单中选择或在搜索中附加 AND、OR 或 NOT 命令实现。不管搜索结果中匹配的关键词是大写还是小写，只要与搜索条件相符就被列出。如以"games"搜索，则返回任何包含"games"、"Games"和"GAMES"的网页。

(5) 其他英文搜索引擎

Yahoo　(http://www.yahoo.com)

Lycos　(http://www.lycos.com)

Alltheweb　(http://www.alltheweb.com)

7. 搜索引擎的发展趋势

随着互联网技术的不断发展，搜索引擎以其强大的搜索功能对上亿网页进行信息的检索，而且搜索时间通常不过几秒，深受人们的喜欢。人们对搜索引擎功能的要求也越来越高，不同人群有不同的搜索需求，搜索引擎技术正成为计算机工业界和学术界争相研究、开发的对象。未来的搜索引擎呈现四大发展趋势：即多元化、智能化、专业化和多媒体化。

(1) 搜索引擎的多元化

搜索引擎的发展趋势之一是多元化，即元搜索引擎。元搜索引擎：这类搜索引擎没有自己的数据，而是将用户的查询请求同时向多个搜索引擎递交，将返回的结果进行重复排除、重新排序等处理后，作为自己的结果返回给用户。现有不少单搜索引擎只能在本身所建立的数据库中查询所需要的信息资料，不能利用其他的搜索引擎查询信息资料。为此有些发达国家已开发出了10多种元搜索引擎，服务方式为面向网页的全文检索。这类搜索引擎的优点是返回结果的信息量更大、更全，缺点是不能充分使用所利用的搜索引擎的功能，用户需要做更多的筛选。这类搜索引擎的代表是 WebCrawler、InfoMarket、Digisearch、Metacrawler、Savvyearch、Cyber411、Profusion、IQ99 等。这些元搜索引擎的功能优于单搜索引擎。它能有选择地调用多个单搜索引擎搜集信息，并能集中处理检索结果，按其相似性进行匹配排序，返回用户，能将查到的信息按单搜索引擎归类，以说明所搜索的信息是哪个单搜索引擎查到的。

(2) 搜索引擎的专业化

搜索引擎发展趋势之二是专业化，即专业搜索引擎。搜索引擎的专业化是为了专门收录某一行业、某一主题和某一地区的信息而建立，非常实用，如有商务查询、企业查询、人名查询、电子邮件地址查询和招聘信息查询等等。这种专业化的搜索引擎是将来的方向。目前多数搜索引擎是综合性的，如"Alta Vista"Yahoo、搜狐、天网等。这类搜索引擎虽然在搜集信息的全面性上有些优点，但难以收全某专业的信息资料，对专业性信息资料缺乏深加工，查准率差，服务器的维护也困难。这就为专业化的搜索引擎的建立与发展开辟了广阔空间，于是国外有关农业、化工、医学、教育、园艺、摩托车、宠物、家庭、服装、投资等专业化的搜索引擎便应运而生。专业化的搜索引擎在搜索某专业领域信息的全面性与挖掘深度上都优于综合性搜索引擎。如搜索有关化工 Chemindustry,搜索有关农业的 Agrisurf,有关医学 Medline 等,国内有关专业搜索引擎甚少,代表为天网搜索、悠游、OpenFind 等。

(3) 搜索引擎的智能化

搜索引擎的发展趋向之三是智能化,即机器人搜索引擎。搜索引擎的智能化体现在两方面:一是对搜索请求的理解,二是对网页内容的分析。其中通过对用户的查询计划、意图、兴趣方向进行推理、预测并为用户提供有效的答案是这种系统的支柱技术。自然语言搜索能力也是智能化的一个体现,是目前相对易于开发的技术。智能化的搜索引擎的智能功能反映在两方面:首先是能进行自动词汇拆分。能对用户输入的中文或英文词组进行自动规范化处理,能进行自动词汇拆分,使用户对中、英文信息都能查找;其次是能进行自动搜索与标引。利用自动代理软件 Robot、Spider、Worm 等,在网上 24 小时不停地漫游、遍历,通过访问网络中每一个公开区域的站点,自动地搜集网上的信息资源,记录下新的网址。如通过 AltaVista 的 Spider 可以访问一亿个网站。而后利用索引软件对所搜索的信息进行自动标引,以建立按关键词查询的 WEB 页索引数据库,供用户查询。该类搜索引擎的优点是信息量大、更新及时、不需人工干预,缺点是返回信息过多,有很多无关信息,用户必须从结果中进行筛选。这类搜索引擎的代表是:AltaVista、Northern、Light、Excite、Infoseek、Inktomi、Lycos、Google 等;国内代表为:"天网"、悠游、OpenFind等。

(4) 多媒体化

多媒体搜索引擎是随着宽带技术而发展,未来的互联网是多媒体数据的时代。开发出可查寻图像、声音、图片和电影的搜索引擎是未来一个新的方向。多媒体是综合性的信息资源,是文本、图形、声音、动画、视频等媒体元素的统称。多媒体搜索引擎是具有图像、音频、视频、动画等搜索功能的搜索引擎。这类搜索引擎的代表如:AllTheWeb、AltaVista、Ditto、Imagesgoole、Musi-finder 等。

第三节 网络信息检索策略

一、影响网络信息检索的因素

影响 Internet 信息检索的因素很多,如网络信息资源质量,检索软件,用户水平等。

1. 网络信息资源质量对网络信息检索的影响

丰富的网络信息资源为 Internet 信息检索系统提供了庞大的信息来源,但由于其收集、加工、存储的非标准化,给信息检索带来一定困难。网络信息资源收集不完整,不系统,不科学,导致信息检索必须多次进行,造成人力,物力和时间上的浪费。

网络信息资源加工处理不规范，不标准，使信息检索的查全率、查准率下降。网络信息资源分散、无序、更换、消亡无法预测，因此用户无法判断网上有多少信息同自己的需求有关，检索评价标准难以确定。网络信息资源由于版本和知识产权问题，也给信息检索带来麻烦。由于 Internet 是一个非控制网络，所有网上公用信息均可以自由使用，共同分享，网上电子形式的文件极易被复制使用，这样就容易引起知识产权，版权信息真伪等问题。目前 Internet 上 80%以上的信息是以英语形式发布，英语水平低和不懂英语的人很难利用 Internet 上庞大的信息资源，对中国用户来说，虽然网上中文信息剧增，但还是需要查询西方国家先进科技信息。由于缺乏汉化软件，自动翻译体统尚未成熟，因此，语言障碍也影响了广大用户对网上信息资源的开发与利用。

2. 检索软件对网络信息检索的影响

Internet 将世界上大大小小，成千上万的计算机网络连在一起，成为一个没有统一管理的、分散的但可以相互交流的巨大信息系统，这意味着人们必须掌握各种网络信息检索工具，才能检索到自己所需要的网络信息资源，但是由于 Internet 信息组织的特殊性和目前检索工具自身存在的一些问题，给信息检索带来一些问题。Internet上的信息存放地址会频繁转换和更名，根据检索工具检索的结果并不一定就能获得相应的内容。基于一个较广概念的检索项，往往会获得数以千万计的检索结果，而使用户难于选择真正所需要的信息。每种检索工具虽然仅收集各自范围内的信息资源，但也难免使各种检索工具的信息资源出现交叉重复现象。

3. 用户水平对网络信息检索的影响

在 Internet 这个开放式的信息检索系统中，用户不仅要自己检索信息资源，同时还要进行信息资源的收集、整理、存储工作，因此，Internet 用户的信息获取与检索能力对信息检索有着直接的影响。用户对信息检索需求的理解和检索策略的制定关系到信息检索质量。用户的计算机操作能力及网络相关知识的掌握程度影响着信息检索的效率。用户对网络信息检索工具应用熟练程度影响着信息检索的效果。用户的外语水平影响着信息检索的广度与深度。

二、网络信息检索常用方法与技巧

1. 利用搜索引擎检索

因特网上有许多检索工具，不同检索工具的索引规模、搜索范围及索引组织是不相同的。选择合适的检索工具是取得检索成功的关键一步。选择合适的网络检索工具主要从网络检索工具的类型、收录范围、检索问题的类型、检索具体要求等方面综合考虑。一般来说，如果希望浏览某方面的信息、专题或者某个具体的网站，分类目录会更合适。如果需要查找非常具体或者特殊的问题，用关键词搜索比较合适；当需要查找的是某些确定的信息，如 MP3、图片等，就最好使用专门的 MP3、图片等专业搜索引擎等等。用不同的搜索引擎进行查询得到的结果常常有很大的差异，这是因为它们的设计目的和发展走向存在着许多不同，使用时要根据自己的需要选择合适的搜索引擎。

2. 利用网上信息指南检索

通过学科资源导航系统来利用网上资源。这些系统是针对某一学科或与该学科有关的某一主题来对 Internet 上的相关学术资源进行搜集、评价、分类、组织和有序化整理，并对其进行简要的内容揭示，建立分类目录式资源组织体系、动态链接、学科资源数据库和检索平台，发布于网上，为用户提供网络学科信息资源导引和检索线索的导航。它将某一学科的网络学术资源由分散变为集中，由无序变为有序，其建立将方便各学科读者查询本学科网络信息资源。此类指南专业性强，是检索科技信息十分有效的方法。如中国高等教育文献保障体系(CALIS 系统)中的一个子项目"重点学科导航库"就是组织进入"211 工程"的重点高校图书馆针对本校重点学科，对网络信息资源进行分工协作、组织整理的一个的共建项目。目的是通过该导航群提供便捷的网络学术资源查询服务。国家图书馆、上海图书馆等大型图书馆一般都建有文献资源导航系统。进入这些站点，直接从主页找到自己关注的资源类目，进行选择。

3. 检索网络文献数据库

就世界范围来说数据库发展的特点为：发展速度快、数据库日趋专业化；数据库已由科技文献型产品扩展到多品种体系；数据库服务范围从科技到经济、管理、市场、娱乐等等。网络文献数据库包括综合性和专业性数据库、期刊数据库、专利数据库等信息资源。许多著名的国际联机数据检索系统，如 Dialog、OCLC 等都开设了与 Internet 的连接，用户可通过远程登录或 www 方式进行检索。另外，有许多信息服务机构开发了网络数据库，如 ISI 公司推出的 wofScience，其中有 SCI，SSCI，A8LHCI 三个引文数据库；美国工程信息公司开发的 Eivillage；英国的 INSPEC 数据库；EBSCO 公司的 BSP(BusinessSourcePremier 商业资数据库)、ASP(Academic-SearchPremier)学术资源数据库，UMI 公司的 PQDD(硕士、博士论文数据库)等。国内著名的数据库如《中国期刊全文数据库》、《中国优秀博硕士论文全文数据库》，《中国重要报纸全文数据库》、《中国重要会议论文全文数据库》、《万方数据资源系统》、《维普中文科技期刊数据库》、《中国专利数据库》等。这些数据库由专门的信息机构或公司专业制作和维护，信息质量高，是专业领域内常用数据库。网络文献数据库是网上信息资源的基础，对检索专业性文献信息的用户来说应首先选择。

4. 查询网上图书馆

大多数图书馆都提供馆藏资源的网上检索。如中国国家图书馆、中国科学院文献信息中心、上海图书馆等国内图书馆都提供文献信息的查询。也可访问网上图书馆、网上书目查询或网上书店，如 CALIS 联机公共书目查询系统、超星数字图等。

5. 选择合适的搜索工具

在动手检索之前，要根据检索内容和目的选择合适的搜索工具。要对检索的课题进行分析，确定其主题、类型形成若干具有检索意义的概念，并考虑概念的专指度，分清主次，力求准确反映主题。同时确定检索目的，是泛泛浏览还是索取具体的文献；文献的类型是图书，期刊论文，还是影像资料；语种、年代等等。确定好的检索工具可以节省大量时间。

6. 正确使用检索工具的检索功能

无论你使用哪一种检索工具，只能使用你选择的工具所提供的检索功能对网络信息资源进行检索。因为每一种检索工具所提供的检索技术功能不同，同一种检索技术在不同的检索工具中的使用方法也不尽相同，这一点是不可忽视的。不过，多数的检索工具所提供的检索技术是相通的，我们要善于比较与利用。要灵活运用各种检索技术，除了著者、刊名、机构等条件比较简单的检索外，尽量使用各检索工具提供的高级检索功能。

7. 正确运用检索策略

合适的检索策略可以提高信息检索的查全率和查准率。传统检索理论非常重视检索策略的研究，强调检索策略的建立和修正，为提高网络检索效果有必要学习一些检索策略，掌握常用文献检索的途径、方法、技术和步骤。

思考题

1. 网络信息资源种类有哪些？
2. 网络信息资源有哪些特点？
3. 网络信息资源的组织方式是什么？
4. 简述搜索引擎的定义与任务。
5. 搜索引擎的一般检索技术有哪些？
6. 简述百度、天网搜索的搜索功能。
7. 简述 Excite 的技术特点和特殊功能。

第十章 相关学科专业适用数据库应用参考

随着信息技术的发展，各个高校图书馆拥有的数据库资源越来越多，各种数据库收集的专业范围也在不断扩大。而往往我们在使用过程中，需要的文献信息资源是以某一种学科专业为主线，下面以学科专业为获取主线将相关数据库进行汇总，以供参考。

第一节 各专业适用数据库

一、全文数据库

中国学术期刊全文数据库(CNKI)、维普中文科技期刊全文数据库、CDMD中国优秀博硕士学位论文数据库、超星电子图书、方正 Apabi 电子图书、书生之家、万方数据资源(中国学术会议论文数据库、中国学位论文数据库)、OCLC 中部分数据库、SDOL(Elsevier ScienceDirect Online)、SpringLink e-Publication、Blackwell e-Journals、WorldSciNet 全文电子期刊数据库、Wiley InterScience、Kluwer Online 全文电子期刊数据库、Encylopedia Britannica Online(不列颠百科全书)等。

二、文摘数据库

ISTP(Index to Scientific Technical Proceedings)、Web of Science、CSA(Cambridge Science Abstract)、PQDD 等。

第二节 数理科学适用数据库

一、全文数据库

Elsevier Science、John Wiley 出版社电子期刊、Kluwer Online、PQDD(B 辑)、

SpringLink e-Publication、American Mathematical Society、Society for Industrial and Applied Mathematics、Institute of PhysicsUK、APS(美国物理学会)、AIP(美国物理研究所)、数学学报、应用数学学报、物理学报、中国物理快报等。

二、文摘数据库

Cambridge Science Abstract、ISTP、AIP Sciation and SPIN、MathSciNet、Zentralblatt、MATH、中国数学文摘、中国物理文摘等。

三、免费资源

MIT OpenCourseWare: Mathematics & Physics、PhysNet、EEVL: Mathematics 等。

第三节　化学、化工与材料科学适用数据库

一、全文数据库

Elsevier Science、John Wiley 出版社电子期刊、Kluwer Online、PQDD(B 辑)、SpringerLink e-Publication、美国化学学会数据库(ACS Journals)、英国皇家化学学会期刊(RSC Online Journals)。

二、文摘数据库

CA(化学文摘)、Cambridge Science Abstract、ISTP、NTIS(美国政府报告)、Scifinder/Scholar、Analytical WebBase、Catalysts & Catalysted Reactions Online、Methods in OrganicSynthesis Online、中国化学化工文摘数据库。

三、免费资源

The Chemical WebBook、ChemFinder、Chemical References、工程化学数据库、化学专业数据库、中国现有化学物质名录。

四、学科门户

American Chemical Society、Royal Society of Chemistry、ChemWeb. com、中国国家科学数字图书馆化学学科信息门户、中国化工信息网。

第四节　地学与环境科学适用数据库

一、全文数据库

Elsevier Science、John Wiley 出版社电子期刊、Kluwer Online、PQDD(B 辑)、SpringerLink e-Publication、Mineralogical Society of Great Britain and Ireland Journsls(英国矿物学协会电子期刊)、National Service Center for Environmental Publication、White House Press Journals、美国生态学会(ESA)全文电子期刊。

二、文摘数据库

Cambridge Science Abstract、ISTP、NTIS(美国政府报告)、GeoRef、GEOBASE、GeoArchive、Petroleum Abstracts、Meteorological & Geoastrophysical Abstracts、Earthquake Engineering Abstracts、Environmental Scences & Pollution Management、Water Resources Abstracts、Oceanic Abstracts.

第五节　生物、生命工程、农业与食品适用数据库

一、全文数据库

EBSCO、Elsevier Science、John Wiley 出版社电子期刊、Kluwer Online、PQDD(B 辑)、SpringerLink e-Publication、Cell Press Journals、American CSHL Online Journals、美国生态学会(ESA)全文电子期刊。

二、文摘数据库

BOSIS Abstreacts、MEDLINE、ISTP 、NTIS(美国政府报告)、CAB Abstracts、AGRI Cultrual Online Access、Life Science Abstracts、Food Science and Technology Abstracts、AGRIS International、Entomology Abstracts、Genetics Abstracts.

三、免费资源

Electronic Journal of Biochemistry.

第六节 医药与卫生适用数据库

一、全文数据库

Evidence-Based Medicine Reviews、MICROMEDEX、中国医院知识仓库、万文数据医药信息系统。

二、文摘数据库

MEDLINE、International Pharmaceutical Abstracts、BOSIS Abstracts、EMBASE. com、AIDS and Cancer Research、Healthy & Safety Science Abstracts、WDI、中国生物医学文献数据库、中国医科健康库、中国生物医学期刊/会议文献数据库。

三、免费资源

PubMed、Free Medical Journals、中国药用动物数据库。

第七节 机械、能源动力、航空航天、工程与技术适用数据库

一、全文数据库

IEEE/IEE Electronic Library、ACM Digital Library、ASCE Journals、ASME technical Journal、ESDU、Jannes——简式航空与系统图书馆、AIAA 会议论文数据库、NASA 航天科技快报、APS(美国物理学会)、AIP(美国物理研究所)。

二、文摘数据库

Ei Engineering Village2、Aerospace and High Technology、Electronics and Communcations Abstracts、Computer and Information Systems Abstracts。

三、免费资源

The Collection of Computer Science Bibliographies、Energy Information Administration、Energy Efficiency and Renewable Energy、Journal of Artificial Intelligence Research.

第八节 电子、电气、计算机、通信、信息技术适用数据库

一、全文数据库

IEEE/IEE Electronic Library、ACM Digital Library、Elsevier Science、John Wiley 出版社电子期刊、Kluwer Online、PQDD(B 辑)、SpringerLink e-Publication。

二、文摘数据库

Cambridge Science Abstract、Ei Engineering Village2、INSPEC、ISTP、NTIS(美国政府报告)。

三、免费资源

CNET 科技资讯网、中国软件网、中电网。

思考题

1. 查找本专业文献有哪些相关数据库?
2. 你了解"中国知网"吗？根据本专业的需要试着检索两篇文献。

第十一章 专题信息检索与利用

第一节 四六级考试信息检索与利用

一、四六级考试概况

大学英语考试从1987年开始，是由教育部高教司主持实施的一种大规模全国性的教学考试，分为四级和六级，四级为基础要求，六级为较高要求。其目的是对大学生的实际英语能力进行客观、准确的测量，为大学英语教学提供测评服务。

四级考试(CET-4)和六级考试(CET-6)，每年各举行两次。多年来，四六级考试也进行了多次改革。从2005年1月起，成绩满分为710分，凡考试成绩在425分以上的考生，由国家教育部高教司委托“全国大学英语四六级考试委员会”发给成绩单。

四六级证书早已成为各用人单位招聘人才的最基本要求，很多高校在选择报送研究生、评优、选干部时也将四六级证书当成其必备条件。随着社会的发展，各用人单位对招聘人才的外语水平要求越来越高。因此，英语四六级考试的普及面最广，几乎所有在校大学生都要参加这项考试。

各高校图书馆馆藏的四六级考试学习用书，各种数据库中的四六级考试学习材料，是我们获得四六级考试学习知识的重要途径；同时各网站上发布的英语四六级考试信息有历年试题、模拟题练习、语法、词汇、听力、作文、阅读复习指导，经验交流，政策改革等，这些信息都是参加四六级考试的大学生必备信息源。

二、四六级考试信息获取途径

1. 四六级考试官方网站

(1) 全国四六级考试委员会(http://www.cet.edu.cn)，由国家教育部任命成立，是发布四六级考试相关信息的官方网站，负责发布四六级考试概览，发布当年的四六级考试大纲和笔试、口试信息，同时负责四六级口试网上报名，并提供最权威的四六级考试信息、考试政策、成绩查询、考试样题详解和分数解释等。

(2) 中华人民共和国教育部(http://www.moe.gov.cn)是发布四六级考试相

关信息的权威机构,我们可进入该网站的服务大厅,点击招生考试栏目,再点击英语四六级考试(CET),就可以获得相关四六级考试政策信息等。

2. 四六级考试专门网站

(1) 中国四六级考试网:http://www.china-cet.com,包括网上授课、千人大背词、题库、下载中心、在线考场、英语世界、历年真题、机考专题、模拟试题、查分、学习经验、英语四级考试吧(www.cet44.cn)、英语六级考试吧(www.cet66.cn)等栏目。

(2) 考试吧四六级考试频道:http://www.exam8.com/english/CET46,包括网络课程、考试动态、考试指南、学习资料、历年真题、模拟试题、在线模考、名师指导、心得技巧、每日一练、考试用书、论坛、成绩查询等栏目。

(3) 爱思英语学习网英语四六级考试:http://www.24en.com/cet,汇集了丰富的考试资讯、考试动态、考试指南、考试简介、报考条件、考试样题、学习方法、考试技巧、真题下载、题库在线测试等资源,更按照听力、写作、阅读理解、词汇、完型填空等题型给予英语学习者指导。还有成绩查询等栏目。

3. 门户网站中四六级考试栏目

(1) 中国教育在线大学英语四六级考试(CET)频道:http://www.eol.cn/CET_4255,提供四六级考试介绍、报名时间、考试时间、备考辅导、口试大纲、口试样题、题型分值、真题、模拟题答案、专家点评、考试经验、写作历年真题与范文。

(2) 人民网教育频道四六级考试专栏:http://edu.people.com.cn/GB/cet,提供四六级考试各种信息、学习辅导、试题解释和模拟、历年真题下载等。

(3) 新浪四六级频道:http://edu.sina.com.cn/cet/index.shtml,包括试题集锦、复习指南、资讯报考、互动社区、合作专区、四六级论坛、报考流程和考试日程表等栏目,提供大学英语四六级考试复习、考试大纲、历年真题、历年分数线、答题汇总、免费大学英语四六级考试学习资料下载、大学英语四六级考试英语范文、考试动态信息查询等各项服务。

(4) 搜狐教育四六级频道:http://learning.sohu.com/cet.shtml,报道大学英语四六级考试动态、备考策略、复习方法、写作技巧、作文真题和范文、听力备考规则、听力训练方法解读、名师传授考试过关技巧、成绩查询网址、考友心得分享等。

(5) 腾讯大学英语四六级考试辅导站:http://edu.qq.com/kszx/cet.shtml,提供四六级作文、听力、阅读、完形、翻译、语法、改错、口语等复习辅导和历年真题解析;还提供四六级作文题型分析及话题预测、写作高分突破技巧等。

4. 四六级考试论坛

(1) 英语四六级论坛:http://bbs.cet4.com,包括考试信息区、综合讨论区、经验分享区、互助问答区、资料分享区、真题发布区、小组讨论区、习题交流区、机考交流区等板块。

(2) 大家论坛的大学英语四六级子论坛:http://club.topsage.com/forum-58-

1. html，包括英语四级论坛、四级问题讨论区、英语六级论坛、六级问题讨论区、四六级综合区等子板块，提供四六级考试资讯，报名、考试时间，成绩查询、查分，经验心得，信息交流，四六级听力 MP3 下载，四六级词汇，四六级试题，历年真题等内容。

第二节　考研信息检索与利用

近几年，随着我国市场经济的发展，社会对各类高级专门人才的需求更加迫切，自 1999 年全国研究生扩招以来，各招生单位都逐年加大了研究生招生规模。研究生教育深受社会关注，为广大青年所热切向往，考研已成为目前高校乃至整个社会的一个热点。随着报考研究生人数的攀升，高校大学生为了能够顺利通过研究生考试，加强考研信息检索与利用尤为重要。

一、考研文献信息需求的特点

考研信息是指研究生入学考试、复习、报名、笔试、面试、录取以及考试政策等方面的信息。考研信息的收集工作贯穿于考研备考各个阶段。

考研信息有其基本规律和需求特点。一是在选择报考方向上的信息需求，要有实效性和准确性，如招研学校、机构名称、招生人数、学习年限、考试科目、专业研究方向、导师姓名及联系方式、课程辅导材料、考研新动向等，也就是考研简介、各校招生简章、招生专业目录等信息。二是在专业上的信息需求，强调全面性、新颖性，考生在选定自己报考专业及研究方向后，该专业的信息资料是急于得到的材料，尤其是必考科目，如、政治、数学、英语及相关的辅导材料。考生需要全面了解自己所报专业的各种信息资料，掌握的复习资料信息越全面，内容越新颖，在考研复习阶段就能少走弯路，为考研取胜提供坚实的基础。另外，考研也有时间性，国家一年一度的研究生考试，形成了考研信息及其需求在时间上的特别要求，超过了时间段即失去意义。如国家相关政策、招生单位及招生人数、报名时间等。以上这些都表现出考研信息具有较强的准确性、新颖性、及时性、全面性等特点。

二、考研各个阶段需要获取的主要信息

1. 选择报考单位及专业阶段获取的信息

选择报考单位及专业是考研一个重要阶段，报考阶段需要收集招生专业目录、导师情况、拟报考招生院校与录取情况等等。招生专业目录是报考及全部复习计划的依据。考生可参考拟报考院校的历年招生专业目录，以最终确定自己的报考方向。最新一年的招生专业目录一般在每年 7～9 月份左右由各招生院校公布，届时考生登录考研教育网（www. cnedu. cn）或招生院校研究生院网站和招生院校二级院系主页上即可查阅。

拟报考招生院校历年报考与录取情况的收集也非常重要,具体包括历年报考人数、录取比例、历年国家复试分数线及院校复试基本分数线等;另外,导师的情况,如拟报考专业有哪些导师,每个导师的研究方向是什么等也是必须要了解的。这些信息,考生可首先通过百度等搜索引擎检索到拟报考院校的网址,再进入该校的院系网或研究生院网查看。

要了解某单位某导师研究方向和指导过的学生,我们还可以通过CNKI中国优秀硕士学位论文全文数据库或者万方的学位论文数据库中,将检索控制条件的检索入口限定为"导师",输入导师姓名,在"作者单位"检索框中输入其所在学校或研究机构的名称后执行检索,即可查询到这位导师指导过的学生所做的硕士论文。或通过导师单位和姓名在这类数据库中获取导师研究方向。

2. 复习备考阶段获取的信息

考研复习资料根据内容、用途和针对性的不同,可以分为以下几大类:全真试题、考试大纲、专业教材以及各种考研辅导书和内部资料。

全真试题包括历年考研政治、英语、数学等公共课试题和所报专业的专业试题。公共课全真试题可以到专门的考研书店购买,也可以从网上获取。专业课试题一般可先向报考学校咨询,部分学校在网上会公布历年专业课试题,也有学校还可以提供邮购服务。中国教育在线的考研频道(http://kaoyan.eol.cn)就提供公共课和法律硕士、教育学、计算机、历史学、心理学、西医综合、中医综合等专业课试题的历年考研真题,并附有试题答案。历年考研真题集锦(http://zhenti.kaoyan.eol.cn)也可以获取真题资料。

考试大纲是规定研究生入学考试公共科目考查知识点及考试题型等重要信息的纲领性文件,由国家教育部考试中心(www.neea.edu.cn/index.jsp)每年4、5月份组织专家会议进行修订后由高等教育出版社公开出版发行。

除全国统考专业课外,其他专业课都是由各个招生院校自主命题、阅卷。因此,专业教材一般需要向招生院校获得。考生可参考拟报考院校的研究生院网站或院系网站公布的参考书目,然后按照书目去购买即可。在购买之前可以先检索一下学校图书馆是否收藏有这些书,或者图书馆的电子资源里是否有这些书的电子图书。

考研辅导书是指一些考研政治、英语、数学、日语、俄语、中医、西医等全国统考科目复习指导书,品种多,数量大,每年市面上大概有上百种之多,这些辅导书给了广大考生更多的选择。

三、考研信息获取途径

1. 通过各高校图书馆获取考研文献信息

我国高校图书馆一般都收集各高校发布的考研信息,包括招生专业目录、往年招生情况、录取比例、考试题目、统招生所占比例等。这些材料一般都陈列在各图书馆阅览室，供广大学生查阅，这对于考生准确报考院校、专业方向十分重要。

另外我国部分高校图书馆在网页中建立了考研信息导航栏目，我们可以通过这一栏目的链接，直接进入国内知名考研信息网站去查询考研信息。

2. 考研相关网站

(1) 考研官方网站

①中国研究生招生信息网：http://yz.chsi.com.cn，是隶属于教育部的以考研为主题的官方网站，是教育部唯一指定的研究生入学考试网上报名及调剂网站，主要提供研究生招生简章、网上报名及调剂、专业目录查询、院校信息、在线咨询、准考证下载、复习备考资料等。

②中华人民共和国教育部网：http://www.moe.edu.cn/index.htm，进入服务大厅，点击招生考试进入研究生招生考试子栏目，主要报道研究生招生政策，各种通知、规定。

③教育考试网：http://www.neea.edu.cn，进入研究生考试栏目，主要提供报考指南、考研动态、考研大纲、考研论坛等。

④中国教育科研网：http://www.edu.cn，有专门的考研频道，主要提供考研报名、考研新闻、综合查询、研招政策、考研攻略、热门专业、备考知识、复试调剂、经验心得等。

(2) 考研信息门户网站

①搜狐考研：http://learning.sohu.com/kaoyan.shtml，提供考研新闻、备考辅导、考研微博、考研政治、考研英语、考研数学、考研专业课、经验交流等。

②腾讯教育考研：http://edu.qq.com/y，提供考研新闻动态、招考政策、考研名词解释、招生院校等，还有考研政治、英语、数学、专业课辅导，也提供真题中心和考纲解析等。

③新浪教育考研：http://edu.sina.com.cn/kaoyan，提供考研要闻、考研时评、报考资讯、备考辅导、考研大纲、报名指南、初试真题、招生院校及联系方法以及复试和调剂等。

(3) 考研论坛

①考研加油站：www.kaoyan.com，国内最早考研论坛之一，包括考研论坛精华区、大学考研网、考研资料下载等栏目，考研交流氛围浓厚。

②免费考研论坛：www.freekaoyan.com，也是一个起步较早的考研论坛，考研资源集聚地，大家有空可以去淘淘资料。

③无忧考研社区：www.5ukaoyan.com，这个社区成立的时间虽然不长，但是他们的最新资料很多，社区 FTP 里面还有近几百吉字节的音频、视频资料，里面有很多都是最新考研辅导班的现场录音和讲义，对于眼下经济略为困难的考生来说比较有帮助。

④考研家园:http://home.kaoyan.com,分为我要考研(包括走近考研、初试飞越、挑战复试、调剂专区和保送读研),考研路(包括考研心经、学习方法、复读研帮、在职、辞职考研和考研影音酷5个子版),公共课,专业课板块。

(4) 考研辅导机构

①万学海文考研:www.vipkaoyan.com

②启航考研:www.aim99.com

③文都考研:http://kaoyan.wendu.com

(5) 其他考研信息网站

①中国考研网:www.chinakaoyan.com,考研门户网站,包括院校信息、考研论坛、考研信息、报考指南、招生简章、复习资料、专业试卷、考研题库、考研政治、考研英语、考研数学、考研分数查询等栏目。

②考研宝典:www.exambook.net,考研门户,提供考研图书、考研笔记、考研试题和考研培训班等一站式服务的考研信息交流平台。

③中国招生考试在线考研:www.yuloo.com/ky,包括考试动态、报考指南、考研论坛等栏目。

第三节 公务员考试信息检索与利用

自从1994年国家公务员考试制度正式实施以来,全国报考公务员的人数逐年剧增。特别是近几年高校扩招带来了大学生就业高峰,使得大学生"公务员报考热"也愈演愈烈。据有关机构调查,每年国家和一些地方公务员的报名人群中,高校应届毕业生应考比例超过7成,成为报考公务员的主力大军。在这种情况下,高校学生对公务员考试信息的需求也迅速增长,出现了前所未有的公务员考试信息需求热。

一、公务员考试信息的特性

近年来,我国每年都会举行几十次大大小小的公务员考试,公务员考试信息主要是招考单位、职位、专业、人数、资格条件、报名方式、考试科目、内容、报名及考试时间和地点等,都是考生们所密切关注的。

公务员考试不同于一般的教育考试,公务员考试侧重于考察考生的政治敏感度、政策水平与实际工作能力。就其考试的主要科目来说,《行政职业能力测验》考生复习要涉猎到马克思主义哲学、邓小平理论、"三个代表"重要思想、科学发展观和当年国内国际重大时事、社会主义市场经济理论、法学基础理论、宪法、行政法、经济法和民法一般常识、行政管理的基本理论和实践运用、人文与科技的一般常识等方面;《申论》考试是对应试人员的分析能力、概括能力、提炼能力、加工能力、阅读理解能力、综合分析能力、提出问题的能力、文字表达能力等多方面进行综合检测,考核其运用马克思主义哲学、邓小平理论、“三个代表”重要思想、科学发展观、法律、行政管理等理论知识解决实际问题的能力。由此可见公务员考试具有涉及面较广的特性。

二、公务员考试各个阶段的信息获取

公务员考试信息主要包括公务员报考指南、各地招考信息、经验交流、政策资讯、试题集锦等信息，要想在公务员考试中获得满意的成绩，及时获取相关信息非常重要。

1. 公务员考试报考和录取阶段信息获取

报考阶段考生必须要对公务员报考条件、报考过程、考试流程等常识，以及中央和地方公务员考试的时间、考试科目、招考单位、职位、人数及有关考试最新政策等考试最新动态进行了解，做到心中有数，及早安排。

中华人民共和国人力资源和社会保障部网站：www. mohrss. gov. cn，是发布中央机关及其直属机构公务员考试信息的官方网站，提供最权威的国家公务员考试招考和录取信息。考试注册登录后既可通过该网站报考相关职位，考试结束后可查询考试成绩和录取信息。另外，该网站还开通与国务院各部门网站和各地人事网站的链接，提供省、区、直辖市的公务员招考信息。

2. 公务员考试复习阶段信息获取

公务员考试复习阶段信息获取的主要任务是了解如何备考，即考试科目有哪些，需要看哪些考试参考书、复习资料，复习时要注意哪些问题等；笔试通过后，对于获得面试资格的考生还要及时准备面试，了解面试的时间、考试范围、复习资料等信息。网络上有丰富的公务员复习资料，考试可以通过公务员考试官方网站了解，也可查看一些专门的公务员考试资料网站。

233在线考试中心：http://ks. 233. com/1/，提供公共基础知识、行政能力、申论的预测试题、模拟试题、历年真题、随机试题的在线测试。

三、公务员考试相关信息获取途径

1. 通过各高校图书馆获取公务员考试信息

我国有些高校图书馆会针对学生报考公务员的需要，编制公务员考试专题推荐参考书目，把考试相关书籍的书名、馆藏地点、索取号、馆藏册数等信息提供给读者，方便读者查阅。有些高校图书馆在网页中设立公务员历年试题库栏目，把图书馆收集到的各年国家及地方公务员考试的试题及答案提供给考生，帮助备考的学生节约查找试题的时间，也可为考生及早制订学习计划提供参考。

另外我国部分高校图书馆在网页中建立了公务员信息导航栏目，我们可以通过这一栏目的链接，直接进入国内知名网站去查询公务员考试信息。

2. 公务员考试相关网站

(1) 公务员考试门户网站

①公务员考试网:www.gwyksw.com,提供往年公务员考试、国家公务员考试、国家公务员考试试题、公务员考试答案、申论试题答案、公务员考试成绩查询、公务员培训课程、公务员考试公文写作指导、面试题库、实时政治与形势政策等。

②公务员考试在线:www.gwyks.com,提供公务员考试新闻、考试报名时间、公务员考试试题、公务员考试联考专题、各考试名师培训专题、省公务员考试知识堂、面试公告和考试成绩查询等。

③腾讯公务员考试网:http://edu.qq.com/official,腾讯公务员频道提供海量的公务员考试信息,涉及国家及各省市公务员资讯,同时联合公务员权威辅导机构、名师打造高效复习备考平台。

④人民网公务员考试站:http://edu.people.com.cn/GB/gongwuyuan,人民网公务员考试权威发布国家公务员考试、地方公务员考试报考、历年公务员考试真题、国家公务员职位查询、公务员面试的全部相关资讯,以及申论、行测试题答案及详解。

⑤新浪教育:http://edu.sina.com.cn,提供国家公务员报考指南,行政职业能力测试、申论、历年真题试题,模拟冲刺在线估分,面试技巧、面试题集,资料共享、经验交流、公务员论坛、公务员考试博客圈等公务员考试辅导和相关参考书的信息查询;还有地方公务员网站的链接,内容非常全面。

⑥考试吧公务员考试网:www.exam8.com/zige/gongwuyuan,提供公务员报考时间和职位表、模拟考试、网络课程、当年国家公务员考试成绩查询,公务员成绩查询时间,国家公务员考试答案,国家公务员考试网,公务员考试面试等。

⑦无忧考网的公务员考试频道:www.51test.net/gwy,提供往年公务员考试、国家公务员考试、国家公务员考试试题、公务员考试答案、申论试题答案、行测试题答案、公务员考试成绩查询、公务员培训课程、公务员分数线、公务员调剂等。

⑧233网校公务员考试网:http://ks.233.com/gwy/,提供往年考试答案、考试试题、成绩查询;包含公务员职业教育、考试介绍、报名培训、综合辅导、申论、行政能力测试、试题专项、章节知识点、论坛等栏目。

⑨公务员365网:http://www.gwy365.com,提供公务员报考信息、备考指导、复习资料、公考试题等。

(2) 公务员考试论坛

①QZZN论坛:http://bbs.qzzn.com,QZZN是知名公务员考试论坛,可以在QZZN获得最新的公务员考试资讯信息、经验、资料、真题,还可以认识大量志趣相投的公务员朋友、交流学习与生活,并提供地方各省市公考论坛的链接。报考者通过这一论坛了解公考情况。

②华图公社论坛:http://bbs.htexam.com,提供公务员考试交流论坛,可以获

得最新的公务员考试备考经验、辅导资料、各地历年真题。可以在线模考，还能得到名师答疑。

③公务员考试论坛：www. gwybbs. org，有大量公考资料，分为考试资讯区、行测考试交流区、申论考试交流区、公共基础交流区、面试经验交流区等，可以与考友们交流经验、心得。该论坛号称公务员考试百事通。

第四节 留学信息检索与利用

一、留学信息需求的基本内容

随着改革开放的深化和发展，我国留学生规模空前，已成为世界上最大的留学生生源国。根据教育部最新的统计数据，截止2012年，我国出国人数达到了230多万，2012年有近40万中国学生出国留学，增长速度超过20%。这已经是连续4年增长比例超过20%。获取准确的信息是出国留学的前提，留学信息的内容是多方面的，它包括留学国家的情况、奖学金信息及种类、名校申请、留学政策、留学费用、留学中介、留学签证、语言考试、院校排名、院校介绍等信息；同时还要了解考试内容、考试动态、考试政策的变化，留学类考试主要有TOEFL托福考试、IELTS雅思考试、GRE考试、GMAT工商管理硕士入学考试等。

二、留学信息获取途径

1. 通过各类型图书馆获取留学信息

我国大部分高校图书馆和部分省级以上公共图书馆都收藏有大量与留学相关的图书文献，可供读者借阅和查询。同时，图书馆拥有的大量数据库，如中国知网、万方、重庆维普中也有许多关于留学的文章，均可作为有用信息。部分图书馆还建立了“留学生信息知识导航”，提供与相关网站链接，可以让读者轻松获得留学相关信息。

例如，上海图书馆新馆开馆之日起即设立了“留学指南”阅览室，收藏有关留学出国的图书文献和情报资料两万余册(件)，其中有纵览世界各国大学的资料，如《学术世界》(The World of Learning)介绍世界一百多个国家和地区的大学以及研究所，并且每年都有更新。还有《世界著名学府丛书》、《世界著名大学概览》、《各国大学手册》、《大学历史国际字典》及《欧洲大学指南》等。2004年在“网上联合知识导航站”上建立了“留学指南”网页(www. library. sh. cn/tsgc/lxzn)，以多种方式为用户提供出国留学方面的信息。该网页内容比较丰富新颖，包括主要大学介绍、大学排名、网站链接、中介机构和使领馆地址等多项超级链接，实现了信息的整合集成，同时方便了当地用户和远程用户。

2. 通过相关网站获取留学信息

(1) 提供留学服务的国家官方机构及网站

①国家留学基金委:国家留学网(www. csc. edu. cn),根据国家法律、法规和有关方针政策,负责中国公民出国留学和外国公民来华留学的组织、资助、管理。提供出国留学申请指南,最新留学信息报道,出国留学管理规定、国家自费留学生奖学金等。还可以链接我国驻美国、法国、德国、英国、加拿大、俄罗斯、日本、韩国等国大使馆教育处。

②教育部留学服务中心:中国留学网(www. cscse. edu. cn),留学网是国内最大的留学门户网站。提供最新、最全、最热的留学资讯,涵盖美国、加拿大、英国、澳大利亚、韩国、日本等各国留学国家的情况,设有留学预警、讲座信息、专家答疑等。还可链接到中国留学服务中心全国各地分中心。

③教育部教育管理信息中心:教育部教育涉外监管信息网(www. jsj. edu. cn),是教育涉外活动监督与管理信息的专门网站。该网站设有政策法规、留学预警、热点问答、名单公布、典型案例等栏目,公布经资格认定的自费出国留学中介机构法定代表人、办公地址等核心资质情况。可链接中国驻外使领馆教育处(组)。

(2) 提供留学服务的中介机构

目前,我国所有的留学中介机构基本都建立了网站,用户可以通过搜索引擎和其他方式得知中介机构名称,并通过登录网站的方式深入了解该中介,再通过与中介机构和网友的在线交流决定中介机构取舍。但是我国留学中介机构名目繁多,良莠不齐。我们可以通过教育部教育涉外监管信息网,了解到270家自费出国留学中介机构法定代表人办公地址等核心资质等情况。

①威久留学:www. wiseway. com. cn,提供留学攻略,留学选校咨询,介绍热门专业,提供雅思、托福、GMAT、GRE考试咨询,友情链接全国各种关于出国的留学网络,还提供国内数十个城市咨询热线电话号码。

②教育时空网:www. edutime. net/Default. aspx,提供世界各国留学咨询、及时报道留学新闻,开设留学讲座等。还可链接各国驻华使馆网站。

③伯乐留学:www. bole. me,提供在线咨询、国外大学排名、留学申请攻略,提供全国主要城市咨询热线电话等。

(3) 提供留学信息的各种网站

①新浪出国频道:http://edu. sina. com. cn/a/index. shtml,设有热点聚焦、专家在线、实用英语、远程教育、论坛、知识库等栏目,详细列出了留学申请的过程,提供国家、地区、学校、专业性质等内容。

②搜狐出国频道:http://goabroad. sohu. com,设有留学看点、政策法规、院校搜索、留学国家、案例等栏目。详细列出了留学申请的过程,在醒目位置链接了伯乐留学网的海外大学最新排名信息。在留学专区,提供留学5步成功步骤,即选校选专

业、递交申请、获得 offer、获得签证和准备入学。

③环球教育网：www. gedu. org，该网站设有海外学府、留学咨询、正常法规等栏目。网站还提供在线评估服务，提供各种考试课程导航、教学教材，以及全国主要城市雅思考试辅导机构推介。

④五洲留学网：www. overseasstudy. cn，该网站的特色是免费指导申请和办理留学的全部过程，提供在线填写出国留学申请表的服务。在“留学生活”栏目中提供了世界天气、外汇牌价、各国时差、护照签证、出行指南等实用信息。还友情链接有关国外留学论坛和奖学金情况介绍。

⑤滴答网：www. tigtag. com，有各个国家专业的留学出国信息，如澳大利亚、加拿大、英国、德国、法国、新加坡、日本、西班牙等。提供各类外语考试介绍、考试资料下载等。

⑥留学专搜：www. zhuansoo. com，是专注于留学的搜索引擎，为留学人群提供留学信息查询，留学问题解疑以及讨论与交友的专业系统的留学搜索平台。

（4）标准化考试网站

①雅思：www. ielts. org/default. aspx，ETS、TSE 主办机构网站，可以下载 ETS 介绍、考题练习、考试报名等。

②托福：www. ets. org，TOEFL 官方网站，提供最新动态、考试时间、报名方式、考题练习、复习资料等相关信息。

③GRE：www. ets. org/gre，GRE 考试的官方网站，提供 GRE 考试相关信息。

④GMAT：www. mba. com/mba，GMAT 考试官方网站。提供有关的服务信息，如最新动态、考试时间、报名程序、考题练习、复习资料订购等。

要想全面地了解网上考试信息资源的分布情况，门户网站不可忽略。许多门户网站都设有考试专栏，如中国教育在线（www. eol. cn）、新浪网教育频道（http://edu. sina. com. cn）、中青在线教育频道（http://edu. cyol. com）、人民网教育频道（http://edu. people. com. cn）、新华网教育频道（www. xinhuanet. com/edu）等。

第五节 大学生就业信息检索与利用

一、获取就业信息的重要作用

近年来，我国大学生就业已成为一个引人关注的话题，大学生就业是一项涉及到千家万户的社会系统工程，构成该系统的基本要素是政府、学校、企业、人才市场、学生及其家庭。为此，我国各级政府、高等院校以及有关组织部门、家庭和个人都积极寻求对策，采取措施，为毕业生成功就业提供各种支持和信息服务。

就业信息是指就业相关的政策法规，能够提供就业岗位或就业机会的所有相关信息。获取有价值的就业信息是大学生顺利就业的基础和前提,大学生只有掌握了大量的信息后,才有可能对其整理、分析和处理;最后做出选择,制定应聘策略。信息资料越多,选择的自由度就越大,也就是说谁先拥有就业信息,谁就掌握了求职的主动权。在激烈的市场竞争中,是否能有效地获取就业信息,决定了大学生能否叩响就业的成功之门。

目前,我国大部分大学生就业主要考虑的是就业单位及岗位,往往忽视了充分利用我国大学生就业相关的政策法规。近几年,国家相关部委包括教育部、国务院办公厅、人力资源和社会保障部、财政部等中央部委政府部门,发布出台了与大学生就业相关的政策法规文件。各省级人民政府、直辖市政府等有关部门,如教育厅、人力资源和社会保障厅、财政厅、科技厅等,以国家相关部委发布的宏观就业政策文件为指导原则,根据所辖区域的实际情况,制定与本区域经济、文化发展水平相适应的就业政策法规文件。

政府为了多渠道开发就业岗位,完善相关政策措施,切实加强就业服务,千方百计促进高校毕业生就业,制定了一系列拓宽毕业生就业渠道的就业政策。如积极支持和鼓励高校毕业生投身现代农业建设,鼓励农业企业吸纳高校毕业生就业。鼓励引导高校毕业生面向城乡基层、中西部地区以及民族地区、贫困地区和艰苦边远地区就业的政策,统筹实施"选聘高校毕业生到村任职"、"三支一扶"(支教、支农、支医和扶贫)、"大学生志愿服务西部计划"、"农村义务教育阶段学校教师特设岗位计划"等基层服务项目,切实做好免费师范毕业生就业工作。积极做好征集高校毕业生入伍服义务兵役工作。鼓励中小企业吸纳高校毕业生就业的政策。鼓励支持高校毕业生自主创业的政策。鼓励科研项目单位吸纳高校毕业生就业的政策等。这些都是我们大学生就业时,必须掌握的信息。

二、获取就业信息的主要渠道

1. 通过社会"门路"获取信息

这里"门路"是指获取信息的途径、渠道,不能等同于传统观念中的"走后门",它从一个侧面也反映出一个人的"人脉"资源和社交能力。据相关资料统计,大约有65%的毕业生是通过社会各种"门路"找到工作的。"就业门路"以"三缘"为基础,即"血缘"、"地缘"和"学缘"。

2. 通过学校就业主管部门获取信息

学校的就业指导中心作为毕业生就业指导、推荐部门,他们既与毕业生就业工作所涉及的各级主管部门之间保持着密切联系,同时也是用人单位选录毕业生所依赖的一个主要窗口。

3. 通过社会实践实习获取信息

在求职择业的过程中,一个很大的障碍是供求双方缺乏了解。而毕业生在校期间所从事的社会实践和就业实习等活动，是毕业生了解用人单位，并让用人单位了解自己的最好途径。

4. 通过人才市场和洽谈会获取信息

各地方、各行业及各高校每年都要举办各种“人才交流会”，毕业生可通过“交流会”在较短时间内获取到大量的就业信息，与用人单位直接洽谈，确定工作单位。

5. 通过新闻媒介获取信息

报刊、广播、电视媒体等以其信誉度较高、普及面广、易于大众接受等特点，成为各类企事业单位介绍单位情况和发布人才需求信息的重要工具。

6. 通过互联网获取信息

对处于信息时代的毕业生而言，借助互联网查阅和交流信息，已经成为毕业生求职择业的重要途径。目前基于互联网的毕业生就业服务和人才招聘市场逐步走向成熟，包括企业和学校在内的各级各类毕业生就业或人才招聘服务机构，都已在网上建立了自己的网站，向社会提供就业指导和就业信息服务，很多企业单位已经实现了网上招聘。

网络获取招聘信息的主要渠道有：(1) 浏览专业招聘网站；(2) 浏览校园就业信息网；(3) 浏览企事业单位网站；(4) 浏览主管部门网站；(5) 浏览大型综合网站或行业网站。

三、获取就业信息的主要网站

1. 国家有关部门主办的就业网站

(1) 新职业(www. ncss. org. cn)，主管部门是国家教育部，是全国大学生就业公共服务立体化平台，是面向高校毕业生主办的网站，全面解读就业新政策，提供就业信息，就业指导和法律咨询等。

(2) 应届生求职网(www. yingjiesheng. com)，是中国第一个专门面向大学毕业生及在校生的求职招聘网站。该网站向大学毕业生及在校生提供最新、最全、最准确的校园全职招聘、实习招聘、兼职招聘、企业宣讲会、招聘会、企业招聘截止日期等招聘信息，并同时提供职业测评、应聘指导等求职就业资讯及辅导。

(3) 中国教育在线(www. eol. cn)，是中国教育网就业通，提供校园招聘、中小学教师招聘信息。

(4) 人力资源市场网(www. chrm. gov. cn)，是由国家人力资源和社会保障部主办，为全国人力资源市场公益性服务平台。面向社会提供人事人才政策咨询和人才服务的公益性网站。提供就业信息报道、人才开发、市场行情统计、自主创业、最新用人职位和各地人才招聘会等信息。

(5) 中国就业网(www. lm. gov. cn)，是人力资源和社会保障部大型就业培训门户网站，向社会各界提供劳动力市场策略咨询和就业服务信息。提供中央和地方就业政策、人才培训,为各类人员就业(包括大学生)提供服务。

(6) 中国人事考试网(www. cpta. com. cn),介绍各类资格考试信息等,为就业前期准备。

2. 各省(市)、自治区主办的就业网络

我国各个省(市)、自治区教育与人才部门也都分别建立了自己的就业网站,以及人事部的考试网。这些网站一是通过进入国家有关部门的就业网络进行链接;另外,可通过百度等搜索引擎进行查找。

3. 专门的人才招聘网

人才招聘网站有全国各地、各行各业、不同要求的人才需求信息,可以帮助求职者开阔视野、调整就业思路,从中找到契合自己专业、兴趣和能力等方面的相关就业信息。

(1) 528 招聘网(www. 528. com. cn),是全国性的大型人才招聘网。该网能即时更新招聘信息和求职信息,有庞大的招聘信息数据库(40 万家企业)和求职信息数据库。

(2) 中华英才网(www. Chinahr. com),在全国各主要城市都设有工作站,提供最新的工作机会、工作和职位搜索、简历投递、求职指导、职业测评、猎头服务以及校园招聘等求职服务。

(3) 百大英才网(www. baidajob. con),是专注于分行业人才招聘的门户网站,拥有丰富的职位信息和人才库。

(4) 搜狐招聘(job. sohu. com),是商业门户招聘网站,拥有大量的全国各地最新职位。

(5) 无忧前程(www. 51job. com),是国内第一个集多种媒介资源优势的专业人力资源服务机构。

(6) 智联招聘(www. zhaopin. com),为求职者提供职位搜索、简历管理、职位定制、人才评测以及培训信息等。

4. 大学生求职简历范文网站

互联网上有许多的求职指南网提供免费的求职简历范文供求职者参考。

(1) 应届生求职网(www. yingjiesheng. com)的应届生论坛(http://bbs. yingjie-sheng. com)是中国大学生求职第一论坛。该论坛分为职业规划及测评、笔试、面试、签约、薪资、户口等十多个板块,提供简历要素及写简历技巧、英文简历制作详解、分行业/专业简历模板、简历点评/修改、简历投递与网申技巧等方面的就业知识。应届生求职网还提供了到各省的应届生求职网的链接。

(2) 中国人才指南网(www. cnrencai. com)的免费简历板块提供简历制作、简历封面、英文求职信、中文求职信、简历模板和简历常识等简历制作知识。

思考题

1. 了解四六级考试信息有哪些官方网站？
2. 选择报考研究生单位及专业可通过哪些渠道获取信息？
3. 获取就业信息的主要渠道有哪些？

第十二章 图书馆服务实用指南

第一节 文献借阅服务

文献借阅是图书馆传统的、最基本的服务方式，主要包括文献外借、馆内阅览等。除需要保护的文献，如古籍、珍稀文献、孤本等只提供馆内阅读外，其他文献通常均可以外借。读者需要了解图书馆馆藏资源的组织和图书借阅流程。

一、图书馆馆藏组织

1. 图书排架

图书是按索书号排架的。索书号是索取图书的号码，它反映每种图书在一个图书馆的具体排架次序和位置。索书号主要由分类号和书次号组成：分类号反映图书的学科内容，是文献分类标引的结果；书次号进一步区别同类图书的不同种次，按照同一个分类号下的不同品种图书到馆先后顺序排序。例如，某种藏书的索书号为 G252.7/12，其中 G252.7 是分类号，反映该书的学科内容；12 则是书次号。图书的排架是先按分类号的字母及数字顺序排，分类号相同者，再按书次号的顺序排列。

2. 期刊排架

期刊分为现刊与过刊，在阅览室尚未装订的期刊称“现刊”，装订成册的合订本称“过刊”。不同图书馆的现刊和过刊排架方式不太一样，有的按分类排架，有的则按刊名排架。

二、图书书目查询

读者利用图书馆联机公共检索目录 OPAC 系统查出所需文献及其索书号，再借阅即可。在系统中检索书目信息时可根据书名、著者、书号、分类和主题等途径。通过书目查询，即可了解某种藏书馆藏情况，如果在馆系统会提醒可借阅。读者可凭借书号入室或入库取书，办理借阅手续。

第二节 参考咨询服务

参考咨询是图书馆馆员对读者在利用文献和寻求知识、情报方面提供帮助的活动。它以协助检索、解答咨询和专题文献报道等方式向读者提供事实、数据和文献线索。许多图书馆设有专门的参考咨询部门,配备具有一定专业知识、工作经验丰富的参考馆员开展此项工作。随着信息环境的变化,咨询服务的方式与手段也发生很大变化。

当读者在利用图书馆资源与服务的过程中遇到问题时,可以采取以下几种方式寻求帮助。

一、现场咨询:到图书馆咨询台向值班工作人员咨询。

二、网上咨询:通过图书馆的参考咨询服务平台进行网上实时咨询。

三、电话咨询:直接拨打咨询台的电话进行咨询。

四、其他咨询:对图书馆的建议和意见可通过图书馆主页的留言板进行反馈与咨询。

第三节 用户教育与培训服务

图书馆开展多层次、全方位的知识讲座与培训,帮助读者更好地利用馆藏文献资源,各类数据库使用方法和网络学术资源。

一般图书馆都会定期、不定期地举行用户培训讲座,为广大读者开展系列讲座,目前开展的用户培训活动主要包括以下主要内容:网络资源特征及利用知识,各种专业数据库特征及检索利用,有关检索工具介绍及投稿常识,常用软件的使用及相关知识,有关文献检索与利用的相关知识。高校图书馆还会开展新生入学培训、针对不同院系资源检索的专场培训以及中外文数据库使用培训等。培训通知一般都会在图书馆网页发布培训信息。为了培养大学生的信息素养,高校图书馆还针对本科生和研究生开设文献检索课程,学生可在本校教务网络管理系统中查看课程详情,并选修该课程。

第四节 文献传递与馆际互借服务

文献传递与馆际互借是文献信息服务机构为弥补馆藏文献之不足,根据合作馆之间的互借协议,通过复印、扫描、邮寄、E-mail 等方式传递本馆未收藏的读者所需文献,是一种共享文献资源的服务。这种服务分为返还式(即馆际互借 Interlibrary Loan)和非返还式(即文献传递 Document Delivery)两种,它可以跨系统、地区、国界传递文献。目前,国内主要的文献传递系统有 CALIS 馆际互借/文献传递服务网、国家科技图书文献中心(NSTL)、中国科学院国家科学数字图书馆(CSDL)、中国高校人文社会科学文献中心(CASHL)等。使用文献传递服务,需要向所在单位图书馆的文献传递部门提出申请,由相关的馆员进行处理后将需求信息发送给收藏馆,后者根据收到的请求将文献传递给需求馆。

第五节 科技查新服务

科技查新是在我国科技体制改革进程中萌生并发展起来的一项情报咨询工作。20 世纪 80 年代后期,各级科研管理部门为了提高科研立项、成果鉴定与奖励的严肃性、公正性、准确性和权威性,采取了不少措施,制定了一系列管理办法和规定。其中,为避免科研课题重复立项和客观正确地判别科技成果的新颖性而设立了科技查新工作。科技查新在科技立项和验收、科技成果的鉴定和评价、科技奖励评定、技术引进等科技活动中扮演着"把关人"的角色。近年来我国科技查新机构不断增加,主要分布在图书馆和情报机构,我国许多大学图书馆都设有教育部科技查新工作站。

一、科技查新的概念

科技查新,简称查新,是指具有查新业务资质的查新机构根据查新委托人提供的需要查证其新颖性的科学技术内容,首先通过计算机检索和手工检索等手段查出国内外公开发表的与该课题相关的文献;再对查出的文献与被查课题进行对比分析;最后根据分析结果对被查课题的"新颖性"进行判定,并得出结果即为被查课题出具一份"查新报告"。科技查新包括立项查新、成果查新等。其中新颖性的判定是科技查新工作的核心任务。新颖性是指在接受查新委托日期以前,查新项目的科学技术内容部分或者全部没有在国内外出版物上公开发表过。

二、科技查新的服务对象

科技查新的服务对象主要包括以下七类:

1. 申报国家级或省(部)级科学技术奖励的人或机构;
2. 申报各级各类科技计划、各种基金项目、新产品开发计划的人或机构;
3. 各级成果的鉴定、验收、评估、转化;
4. 科研项目开题立项;
5. 技术引进;
6. 国家及地方有关规定要求查新的项目;
7. 其他(如博士论文开题、评审等)。

三、查新委托人需要提供的资料

查新委托人除了应该熟悉所委托的查新项目外，还需要据实、完整、准确地向查新机构提供查新所必需的资料，具体包括：

1. 查新项目的科学技术资料及其技术性能指标数据。具体包括：科技立项文件（如立项申请书、立项研究报告、项目申请表、可行性研究报告等），成果鉴定文件（如项目研制报告、技术报告、总结报告、实验报告、测试报告、产品样本、用户报告等），申报奖励文件（如奖励申报书及其他有关报奖材料等）。

2. 课题组成员发表的论文/申请的专利。

3. 中英文对照的查新关键词。

4. 与查新项目密切相关的国内外参考文献。

四、科技查新的基本程序

1. 查新委托人提出查新申请，填写查新检索委托单，提交相关技术资料。

2. 查新机构受理，并签订查新合同。

3. 查新机构根据查新委托人的课题进行检索。

4. 撰写查新报告，查新人员如实地根据检索结果和对比分析结果起草查新报告，并由查新专家审核查新报告。

5. 向查新委托人出具正式查新报告。

思考题

如何通过文献传递和馆际互借获取本馆以外的文献？

第十三章 学术论文写作基础

第一节 概 述

一、学术论文定义

学术论文是某一学术课题在实验性、理论性或观测性上具有新的科学研究成果或创新见解和知识的科学记录；或是某种已知原理应用于实际中取得新进展的科学总结，用以提供学术会议上宣读、交流或讨论；或在学术刊物上发表；或作其他用途的书面文献。学术论文应提供新的科技信息，其内容应有所发现、有所发明、有所创造、有所前进，而不是重复、模仿、抄袭前人的工作。

二、学术论文的类型

1. 按研究内容表述形式划分

按照研究内容的表述形式划分，学术论文一般分为理论性、应用性、调查性和综述性4种类型。这几种形式的学术论文互为条件、互相渗透，在具体写作时往往“你中有我，我中有你”。

(1) 理论性论文

理论性论文是基础理论性研究成果的表达形式，即从学术性角度对基础理论研究信息进行收集、筛选、评价、分析、研究而形成的论文。其表现特征是具有抽象性，即以概念、判断、推理等逻辑思维方式而达到的高度抽象的理性认识形式；其基本研究方法主要是理论证明，数学推导和综合考察，有的也涉及实验和观测。

(2) 应用性论文

应用性论文是应用性研究成果的表达形式，即运用基础理论知识，研究社会实践中的具体问题而形成的研究成果。其特点是具有明确的目的性和针对性，提出能够指导实践的具有可操作性的方案、措施；其成果能够直接应用于社会生活和生活实践中，具有社会和经济效益。包括对策性研究报告、实验型论文、设计型论文等。

（3）调查性论文

调查性论文是对通过社会现象、客观事物以及文献资料的调查所获得的资料进行理论研究而形成的成果。其研究方法是对有关资料进行分析、综合、概括、抽象，通过归纳、演绎、类比，以得出某种新的理论和新的见解。其主要特征是所记载的材料其数据的真实性、全面性以及对事实材料所作的理论概括有相当的深度，包括调查报告和专题调查报告。

（4）综述性论文

综述性论文是对分散的、不易集中的某学科领域的发展状况、研究现状、发展趋势等资料进行收集、整理、浓缩、介绍，并记录成文的成果形式。

2. 按写作目的划分

（1）期刊论文

期刊论文是作者根据某期刊载文的特点和取向（表现为学科特征及专业特色），将自己撰写的学术论文有针对性地投稿，并被所投刊物采用发表的论文。

（2）会议论文

会议论文是作者根据即将召开的各种学术会议的研讨主题及相关的规定，撰写专题论文并投寄给会议主办单位，经有关专家审查通过后被录用的学术论文。这些论文将在会议期间进行大会交流或分组交流，会议论文可由主办单位集合出版会议论文集，未参加会议论文集出版的论文可向期刊投稿。

（3）学位论文

学位论文是作者为了取得高等学校及科研院所的相应学位，通过专门的学习、从事科学研究取得创造性成果或创造性的认识、观点，并以此为内容撰写而成学位论文，作为提出申请授予相应学位时评审用的论文。有学士学位论文、硕士学位论文及博士学位论文三种层次之分。

三、学术论文的特点

1. 学术性

学术性是学术论文的根本特征，也是它与一般议论文的根本区别。学术论文是学术成果的载体，以学术问题为论题，把学术成果作为描述对象，以学术见解为内容为核心，具有系统性和鲜明的专业色彩。学术论文是议论文的一种，它同一般议论文一样都是由论点、论据、论证构成。学术论文要有一定的理论高度，要分析带有学术价值的问题，要研究某种专门的、有系统的学问，要引述各种事实和道理去论证自己的新见解，所以它不同于一般的议论文。

2. 科学性

学术论文的科学性特点由它的文体性质决定，与科学研究的特点相联系。学术论文的任务与科学研究的任务是一致的，要正确地反映自然和社会现象及其客观规律，帮助人们认识改造世界，不具备科学性，论文就不能承担这一任务。学术论文的科学性主要是指作者有实事求是的工作态度。能以科学的思想方法进行论述,得出科学的结论。在文章中表现为立论客观、合理,建立在对科研命题系统、深入、细致研究的基础上,切忌主观臆断或轻率盲从;论据真实、可靠,力戒不加核实、信手拈来或有意夸饰渲染;论证严谨、周密、逻辑性强、令人信服,不能含混矛盾、任意发挥,要论说有据,言之成理。

3. 理论性

科学研究离不开理论思维。理论思维成果反映到论文里,构成论文的理论性。理论高度是人类认识发展的标志。论文所能达到的理论高度是衡量其水平和价值的重要标志之一。学术论文的理论性要求我们在论文写作中不能停留在就事论事的水平上,而是要分析具体事物的具体矛盾,从中找出事物的规律和本质,从而把自己的认识和发现上升到理论高度。

4. 创造性

虽然任何科学研究都是在学习和借鉴他人成果的基础上发展起来的,但是,科学研究的意义在于不断地发现新领域、探索新现象、提出新见解、解决新问题、取得新进展。因此,论文写作不能单纯重复前人的结论和经验,而应在别人研究成果的基础上,提出作者自己的、有创造性的见解。当然,这种创造性可以表现为提出新的发现、新的理论、新的见解;也可以从新的角度,进一步说明和阐述他人研究过的课题等。

第二节　学术论文写作准备工作

一、选题

1. 选题的作用

撰写学术论文,首先要确定论题,即选题。选题实际上就是明确论文的主攻方向,明确主要研究和解决的问题。能否写好一篇学术论文,原因是多方面的,但首先要看作者是否选到了一个合适的论题。也就是说,在动笔之前,必须明确写什么,怎么写。这两个问题都解决了,论文就比较好写了。一篇论文的好坏,关键是论题选择是否合适。所谓"合适"就是作者从自己的实际出发,量力而行,恰如其分地选择论题。如果不考虑主客观条件,贪大求全,把选题定得很大,结果力不胜任,是难以完成的;而缺乏勇气,贪图省事,把题目定得太小太浅,舍不得下工夫,那样写出的论文,质量不高,也就没有实用价值了。如果所选的论题是对科学发展益处不大的烦琐考证,脱离现实需要而没有实际价值的课题,不了解学术动态而重复别人搞过的题目等等,是没有意义的。由此可见,选题是学术论文成败的关键。要写好学术论文,首先要选好论题。

2. 选题的基本原则

选题是确定研究方向的重要突破口，它标志着具体的科研的开始。为了避免走弯路，选题必须充分考虑各方面的综合因素。进行科学研究就是找问题，探索现有的理论没有表述、无法解释的现象。有的题目前人没有涉及过，有较大的难度，这属于开辟新领域的探索性研究；有的前人已经做过，某些结论欠妥，或者有进一步探讨的余地，这属于发展性研究；有的题目许多人探讨过，但是众说纷纭，如有突破性的新解，这属于争鸣性研究。无论是哪种研究，都必须遵循需要性、创新性、科学性和可行性原则。

(1) 需要性原则

选题的需要性原则，就是选题要根据科研和生产实践需要，将科学理论和先进技术的研究反映到生产实践中来，为人类创造财富。在论文写作选题过程中不可盲目行事，要从市场需要出发，按照市场规律选题。在选题时，许多作者缺乏“需要”这个原则，不从市场需要出发，常常依据自己手头的资料进行选题；或是站在自己的小天地里看问题，缺少信息来源，这都是违背市场规律的选题，其结果是花费了时间和精力却劳而无功。

选题首先要从专业发展和技术实践存在的问题去选题。在选题前，要考虑选题的价值、意义，应进行可行性分析论证，还要考虑此选题是否填补本专业研究中的空白及是否在生产实践中具有指导意义等。二是根据学术期刊的需要原则进行选题。在学术论文进行选题前应掌握各期刊的性质、办刊宗旨、读者对象及其风格和出版计划。了解期刊在近期需要哪方面的选题，以此进行选题。

(2) 创新性原则

创新是科研的灵魂。创新性是指选题的新颖性、先进性，它所反映的学术水平能推动该学科的发展，它要求所选课题应是国内外还没有人研究或没有充分研究的问题，如果是别人也在研究的问题，则起点要高，要在原有的基础上有所发现而不是单纯重复别人的研究。要选好具有创新性的课题，最好寻找各学科之间交叉和渗透所产生的空白区，要寻找课题与课题之间，容易被忽视的空白区或薄弱环节。

(3) 科学性原则

科学性原则是指选题必须符合基本的科学原理和客观实际，也就是说要有理论和事实根据。选题必须建立在总结过去有关领域的实验结果和理论的基础上，不能“空想”，否则会误入歧途。

(4) 可行性原则

可行性原则主要是选题时要充分考虑研究的主客观条件，考虑有无实现的可能。只有把主客观两方面的条件结合起来，才能选出最适合自己的课题来。为此，在学术论文写作前要充分论证选题的可行性。要做到凡与自己专业差距较大的课题不选；与自己的实际专业水平、知识结构距离较远的课题不选；资料来源有困难，或资料不足的课题不选。也就是在选题时尽量符合自己的主观条件,又符合客观条件,选择自己熟悉、资料较多、与自己的实际业务水平相适应的课题。

3. 选题的方法与途径

(1) 选择自己熟悉的课题

一般说来,自己最熟悉的东西,对它才能有独特的见解或深刻的理解,对它才能有较全面的看法,才能提出新的观点或新的做法,反之便达不到这种目的。选题时要注意扬长避短,所以选题要切合自身实际,力求选择那些与自己所学专业对口,或者自己原有知识基础较好,又有一定研究条件的选题。

(2) 选择新课题

也可以叫选择前人没有研究过的问题,学术论文最大价值是其创造性,所以我们在选题时应写那些前人没有研究过的问题。正像控制论的创始人维纳说的“在科学发展史上可以得到最大收获的领域是各种已经建立起来的部门之间被忽视的无人区。”当然,这是具有开拓意义的研究,既然是开辟新领域,就要提出新观点,所以难度较大,但一经成功,则有较大影响。

(3) 选择热门课题

许多专业不同时期总有不同的中心议题。由于它是议论的热点,智者见智,仁者见仁,相互讨论、相互补充,容易深入思考,产生独到见解。又因为热点话题往往是与广大人民群众密切相关,是社会亟待解决的问题,运用理论知识对其进行研究,提出自己的见解,探讨解决问题的方法很有现实意义。

(4) 选择冷门课题

与热门选题相反,有些议题因其难度大,或其重要意义还不为人们所认识而成为冷门。如果作者能耐得寂寞,不畏艰难,坚持研究下去,也能收获成功的喜悦。

(5) 选择有争论的课题

这类课题虽然有不少人研究过,但各有所见,以至几种观点并存。我们可以在分析诸种观点的基础上,或者是吸取争论诸方的合理成分,却另辟蹊径,创立新说,或者是择其善者而从之,补充新的论据,改变论证的方法,使论证更为充分,更加严密。

(6) 选择向传统观点提出质疑的课题

人认识的真理性是相对的,认识不可能一次完成,绝对正确。即使是真理,也还需要发展。更何况,由于历史局限,前人的观点还有许多错误的东西。可以选择对传统观念提出质疑的课题,以新的角度、新的研究方法、新的材料做进一步研究,大胆假设,小心求证,纠正原来片面、偏颇甚至错误的观点,积极大胆、实事求是地探索真理,也是很有创造性的选题。

(7) 选题要注意题目大小适中

初学者以题目小一点为好,因为题目太大了,驾驭不了,难以完成。即使勉强完成，内容也会贫乏、空泛。题目小一点，容易把握得住，经过努力能够完成。

二、资料收集

资料的收集是科学研究的依据和基础。可以说，科学研究过程就是文献信息的获取、积累、整理、加工的过程，这是写好学术论文的基础。学术论文资料的来源可分为两大类，一是直接资料，即通过实验、观察和调查直接获得的资料，它是科研工作的真实记录；二是间接资料，即通过查阅文献收集资料。

1. 资料收集的途径

(1) 文献收集

文献收集即是通过检索工具或检索系统查找所需要的文献资料。要迅速获取文献资料，需要熟悉各类信息源的分布，熟悉各种信息检索系统的功能与使用，掌握信息检索的途径和方法。

(2) 科学实验和调查

科学实验和调查可获取第一手真实可靠资料。但这一过程必须围绕课题进行深入细致的调查，调查方法有问卷调查、抽样调查、随机采访和跟踪考察。科学实验是为了明确研究的目的，用科学的方法认识客观事物，不同学科领域和不同实验目的所采用的实验是不同的，常用的实验有定性、定量、析因、对照、模拟等实验方法。

2. 阅读和整理材料

在收集材料的过程中，要结合课题研究和论文写作的需要，阅读、整理文献资料和调查、观察、实验中所收集的材料。

阅读要明确读什么、读多少、怎样读。首先要把握好阅读范围，选读与课题紧密相关的、真实新颖的、多方面和多角度的材料。阅读时要采用恰当的阅读方式，通过浏览、速读筛选材料，研读最重要、最有价值的部分；随读随记，把认定有用的材料和收获，感受记录下来，帮助记忆，引发新见。记录的内容包括有启发性的论点、看法和新颖、有力的论据材料，阅读中引发的心得感受及篇章提要、佳句妙语等。记录的类型有摘录、摘要、提纲、索引、心得等。记录可以是卡片式、活页式、笔记本式，也可以剪贴、复印。

整理材料就是按照选题的要求和材料的性质，通过归纳分类、调整取舍，将收集来的复杂零乱的材料系统化、条理化。做笔记本身就是一种整理工作。保留下来的资料要按一定的类目存放，便于随时取用。

3. 资料收集应注意的问题

(1) 对资料的收集必须把握研究的主题

阅读中应注意不可被非研究资料吸引，到处“流连忘返”，忘记了研究主题需要的是什么。也就是说，对资料必须进得去、出得来，始终围绕主题这个中心。

(2) 对资料要作科学处理

对资料的处理要尽量消化、理解、融会贯通,化为自己真正可以吸收的东西,切忌望文生义,一知半解便盲目地搬用,生吞活剥;或者是有意地断章取义,甚至歪曲原意,对资料采用自利态度。

(3) 资料的使用应避免"观点+例子"的形式

在学术论文写作的资料使用中应避免"观点十例子"的形式,必须有逻辑上的必然联系和文字上的融为一体,使资料真正变成论文的一个有机部分。

三、论文提纲的拟定

在撰写初稿之前,应拟出一个尽可能详细的提纲。写作提纲是论文写作的设计蓝图,是对论文进行构思和设计的过程,可描绘出通篇的轮廓,先写什么、后写什么,前后表述如何一致,首尾如何贯通呼应,全文的重点在哪里等,在提纲中都可一目了然。拟写提纲是构思文章实用而有效的办法,也是锻炼思路、提高构思能力的手段。

1. 拟定提纲的意义

论文提纲是一个反映论文基本观点、佐证材料、论证角度和步骤,以及依照逻辑关系层层展开的纲目体系,它是一篇论文的骨架和纲领,也是一篇论文的雏形和缩影,没有好的提纲,就很难写出质量较高的论文,拟写提纲有利于理清思路,突出重点,探求最佳的论证角度,层层展开讨论;有利于建立框架,勾出论文雏形,组织剪裁材料;有利于根据纲目结构,科学安排时间,分段写作论文。

2. 拟定提纲的原则

(1) 提纲要紧贴主题和论点

拟定提纲时,要结合选题和论点,确定从何角度,以何种方式立论,以及中心论点之下有哪些次要论点,文章的内容和结构要服从论文的立论,各级纲目都要围绕主要论点和从主要论点区分出来的次要论点展开,主次分明,从容序列,为全文的写作打好基础。

(2) 提纲结构要有逻辑性

由于科研工作研究的对象都具有自身的规律性,要揭示反映这种规律性及其多个现象之间的联系,论文的纲目结构必须要具有严密的逻辑性。论文的逻辑性主要表现在论文结构、论证、论述过程等各个方面,既在横向纲目之间,又在上下层次的纲目之间,以及它们和它们所包含的内容之间。

(3) 提纲结构要完整齐备

由于论文内容反映的是一个完整的研究过程,要表达完整过程就要有一个完整的结构。完整的论文结构要求有合理的布局,将文章各部分有机的组织在一起,使整篇文章层次清楚、前后呼应、材料充实,文字疏密得当。这些都必须建立在纲目的完整性基础上。

3. 拟定提纲的方法

论文提纲可简、可详，一般有标题式和句子式两种，标题式写法是以简要的语言，以标题的形式把该部分内容概括出来，这种写法简明扼要，一目了然。句子式写法是以能够表达完整意思的句子形式把该部分内容概括出来，这种写法具体明确，但费时费力。

第三节 学术论文的写作要求

一、撰写初稿

撰写初稿是按照拟订的论文结构和写作提纲，运用语言文字，将作者的研究成果、思想观点表达出来。撰写初稿之前，许多思想是模糊的、混乱的、未成形的，撰写初稿时使它们明朗化，条理化、定型化。在行文的过程中，将原来的选题、创意、布局不断调整、补充、修正，这是文章从内容到形式的基本成形的过程。

1. 撰写初稿要求

(1) 围绕中心，紧扣主题

中心论点是学术论文的灵魂和核心，学术论文的各个环节都是围绕中心论点而展开。材料的取舍、结构的安排甚至句式的选择、词语的使用都要紧紧把握中心论点，这样写出的文章不至于杂乱无章、支离破碎。

(2) 思路清晰，完整统一

学术论文除要做到观点鲜明，中心明确外，各部分之间要具有内在的逻辑联系。比如各段落之间要完整统一，每段大意要单一而不杂乱，还要注意段与段之间的衔接，这样，使得全文每一段落、每一章节、每一部分都能前后照应、浑然天成。

2. 撰写初稿的方法

(1) 全文一气呵成法

一气呵成法指按照事先拟订的写作提纲，一直写下去，不使思路中断，直到初稿完成后，再对文稿仔细推敲、修改和润饰。这种方法要求作者对论文各部分内容了如指掌，各种材料准备很完备。即使在写作过程中遇到观点不深刻、材料不充实、结构不严谨、文字不通顺时，一概不做停顿，待到初稿完成后再做修改。

(2) 按章节各个击破

对于篇幅较长的论文，可把论文划分成若干个相对独立的部分，然后一个部分一个部分地写，最后排列组合成一篇完整的论文。这种方法使作者不受写作提纲中部分与部分之间排列顺序的限制，考虑成熟一部分，撰写一部分。这种写法要注意根据实际情况，制订出分段写作的计划，既要保持各部分内容的独立性，又要保证论文的完整统一性。

二、论文格式

学术论文的内容和表达方式虽各不相同,但贯穿其中的思想方法和科学逻辑思维却基本相同。因此,学术论文的写作格式越来越趋于程式化和国际化,国内外对论文格式的要求基本上是一致的,一般由前置部分、主体部分、后置部分组成。

1. 前置部分

(1) 题名

题名又叫篇名,是学术论文的中心和总纲。它要求用最简洁、恰当的词组反映文章的特定内容,把论文的主题明白无误地告诉读者,并且使之具有画龙点睛,启迪读者兴趣的功能。题名应尽量避免使用化学结构式、数学公式、不太为同行所熟悉的符号、简称、缩写以及商品名称等。题名应简短,不应很长,国际上不少著名期刊都对题名的字数有所限制。对于我国的学术期刊,论文题名用字不宜超过20个汉字,外文题名不超过10个实词。使用简短题名而语意未尽时,可借助于副标题名以补充论文的内容。

(2) 作者及工作单位

作者署名是文责自负和拥有著作权的标志,便于读者与作者的联系及文献检索,应是参加论文撰写的主要人员,按贡献大小先后排列,需用真实姓名,一般不用笔名、化名、不带头衔或职称,署在文章标题下一行,多作者姓名之间用","分开。作者单位及其通讯地址应用全称,不得用简称,写在姓名下一行,并要注明地区及邮政编码,同时,在篇首页页脚标注主要作者简介,内容包括姓名、性别、出生年月、学历、学位、职称、研究方向、E-mail、联系电话等。(作者简介也可放在文章最后,视投稿期刊要求进行标注。)

(3) 文摘

文摘是以提供文章内容梗概为目的,不加评论和补充解释,简明、确切地记述文章重要内容的短文。其基本要素包括研究的目的、方法、结果和结论。文摘应具有独立性和自明性,并拥有与文献同等量的主要信息,即不阅读全文,就能获得必要的信息。

文摘有报道性文摘、指示性文摘,以及介乎其间的报道/指示性文摘。一般的学术论文都应尽量写成报道性文摘,而对综述性、资料性或评论性的文章可写成指示性或报道/指示性文摘。通常中文文摘要求200字左右。

报道性文摘是文章的主题范围及内容梗概的简明摘要,相当于简介。它反映了论文的目的、方法及主要结果与结论,在有限的字数内向读者提供尽可能多的定性或定量的信息,充分反映该研究的创新之处。指示性文摘是文章的论题及取得的成果的性质和水平的摘要,其目的是使读者对该研究的主要内容(即作者做了什么工作)有一个轮廓性的了解。

文摘的内容不得简单地重复文章中已经表述过的信息，要求结构严谨，语义确切，表述简明，一气呵成，一般不分段落；忌发空洞的评语，不作模棱两可的结论。要用第三人称的写法，应采用“对……进行了研究”“报道了……现状”“进行了……调查”等记述方法，不必使用“本人”“作者”“我们”等作为文摘陈述的主语。

(4) 关键词

关键词是从其题名、层次标题和正文中选出来的，能反映论文主题概念的词或词组，是表达文献主题概念自然语言词汇，是学术论文的文献检索标识。一般每篇文章标注 3～8 个，英文关键词与中文关键词相一致。

(5) 中图分类号

中文学术论文应按照《中国图书馆分类法》对论文标引分类号，一篇论文一般提供一个分类号，涉及多学科的可给出几个分类号，主分类号排在第一位。

(6) 文献标识码

文献标识码是我国目前较有影响的大型全文学术期刊数据库《中国期刊网》对其收录的期刊上刊登的论文的类型所规定的标识码。

A——理论与应用研究学术论文(包括综述报告)。

B——实用性技术成果报告(科技)、理论学习与社会实践总结(社科)。

C——业务指导与技术管理性文章(包括领导讲话、特约评论等)。

D——一般动态性信息(通讯、报道、会议活动、专访等)。

E——文件、资料(包括历史资料、统计资料、机构、人物、书刊、知识介绍等)。

另外，不属于上述各类型的文章以及文摘、零讯、补白、广告、启事等不加文献标识码。

(7) 基金项目

论文如系国家基金项目或部、省级以上攻关课题，应在论文文题页脚注中注明。基金项目名称及编号应按国家有关部门规定的正式名称填写；多项基金项目应依次列出，其间以分号隔开。示例如下：基金项目：国家自然科学基金资助项目(59637050)；“八五”国家科技攻关项目(85—20—74)。

2. 论文的主体部分

(1) 引言(或前言)

学术论文一般都有引言或前言，以概述本论题研究目的、意义、背景、范围、主要方法、前人工作程度、目前的研究现状和存在的问题，以及该项研究工作在本学科中的地位、作用等。必要时还可写出该项研究工作的区域范围、合作单位和个人。引言应能起到引导全文和为正文主体部分奠定基础的作用。引言的写作要注意开门见山，言简意赅，不要与文摘雷同，或成为文摘的注释。“引言”或“前言”二字通常可以省略。

(2) 正文部分

正文是学术论文的核心组成部分,正文应充分阐明论文的观点、原理、方法及具体达到预期目标的整个过程。由于研究工作涉及的学科、选题、研究方法、工作进程、结果表达方式等存在很大差异,对正文的内容不能规定得千篇一律。但实事求是、客观真实、合乎逻辑、层次分明、简练可读是任何一篇学术论文的起码要求。

根据需要,论文可以分层深入,逐层剖析,按层设分层标题。分层标题是指文章题名以下的各级分标题。分层标题应简短明确,准确反映该层次的内容。同一层次的标题应尽可能"排比",即语词类型意义相同或相近,语气一致。分层标题一般以15个字以内为宜,最多不超过当行字数。标题编号一般方式是用阿拉伯数字连续编号,不同层次的数字之间用小圆点"."相隔,末位数字后面不加点号,如"1","1.1","1.1.1"等。

(3) 结论

结论又称结束语、结语。它是在理论分析和实验验证的基础上,通过严密的逻辑推理而得出的富有创造性、指导性、经验性的结果描述。它又以自身的条理性、明确性、客观性反映了论文或研究成果的价值。结论与引言相呼应,同摘要一样,其作用是便于读者阅读和为二次文献作者提供依据。

3. 后置部分

(1) 致谢

现代科学技术研究往往不是一个人能单独完成的,而需要他人的合作与帮助,因此,当研究成果以论文形式发表时,作者应当对他人的劳动给以充分肯定,并对他们表示感谢。致谢的对象是对本研究直接提供过资金、设备、人力,以及文献资料等支持和帮助的团体和个人。致谢一般单独成段,放在文章的最后面,但它不是论文的必要组成部分。

(2) 参考文献

参考文献是指那些著者亲自阅读过和论文中引用过,而且是正式发表的出版物,故一般又称之为引文。

① 参考文献的表现形式

学术论文中参考文献的表现形式(加注的方法)主要有以下三种:

• 夹注——即段中注,在正文中对被引用文句在相应位置标注顺序编导并置于方括号内。在文后参考文献著录部分其编号与正文部分对参考文献的完整记录内容顺序一致。

• 脚注——在某页中被引用文句出现的位置加注顺序编号并置于括号内。同时,在当前页正文下方编排相应编号参考文献的完整记录。

• 尾注——将所有需要记录的参考文献顺序编号,统一集中记录在全文的末尾。

② 参考文献的著录项目

A. 主要责任者

是指对文献的知识内容负主要责任的个人或团体，包括专著作者、论文集主编，学位申请人、专利申请人、报告撰写人、期刊文章作者、析出文章作者等。多个责任者之间以“,”分隔，责任者超过3人时，只著录前3个责任者，其后加“等”字。主要责任者只列姓名，其后不加“著”、“编”、“合编”等责任说明文字。

B. 文献名及版本(初版省略)

文献名包括书名、论文题名、专利题名、析出题名等。文献名不加书名号“《》”。

C. 参考文献类型标识

在参考文著录中，用英文大写方式标识以下各种参考文献类型。

• 文献类型标识：专著[M]；期刊[J]；论文集[C]；学位论文[D]；标准[S]；报告[R]；专利[P]；报纸[N]。

• 电子文献类型标识：数据库[DB]；计算机程序[CP]；电子公告[EB]。

• 电子文献的载体类型及其标识：联机网上数据库[DB/OL]；磁带数据库[DB/MT]；光盘图书[M/CD]；磁盘软件[CR/DK]；网上期刊[J/OL]；网上电子公告[ED/OL]。

D. 参考文献起止页码

参考文献的起止页码，指引文所在的位置编码。应著录引文所在的起始页码或起止页码，如为起止页，则在2个数字之间用“-”号连接。如：10－12。若论文中多次引用同一文献上的多处内容，则应依次著录相应的引文所在起始页码或起止页码，各次之间用“,”相隔。例如：1987：25－30,40,101－120)。

③ 参考文献的著录格式

A. 图书著录格式

• 图书(原著)：

[序号]著者. 书名[M]. 版本(第1版不著录). 出版地：出版者，出版年：引文页码

[1]余敏. 出版集团研究[M]. 北京：中国书籍出版社，2001：179－193

[2]中国社会科学院语言研究所词典编辑室. 现代汉语词典[M]. 修订本. 北京：商务印书馆，1996：258－260

• 图书(译著)：

[序号]著者. 书名[M]. 译者，译. 版本. 出版地：出版者，出版年：引文页码

[3]霍斯尼 R K. 谷物科学与工艺学原理[M]. 李庆龙，译. 2版. 北京：中国食品出版社，1989：15－20

B. 期刊著录格式

• 期刊(有卷)

[序号]著者. 题名[J]. 刊名，出版年份，卷(期)：引文页码

[4]蒋超，张沛，张永军，等. 基于SRLG不相关的共享通路保护算法[J]. 光通信技术，2007，31

• 期刊(无卷):

[序号]著者. 题名[J]. 刊名,出版年份(期):引文页码

[5]周可,冯丹,王芳,等. 网络磁盘阵列流水调度研究[J]. 计算机学报,2005(3):319-325

C. 学位论文著录格式

[序号]著者. 题名[D]. 出版地:出版者,出版年:引文页码

[6]孙玉文. 汉语变调构词研究[D]. 北京:北京大学文学院,2000

D. 论文集著录格式

[序号]著者. 题名[C]//著者. 专题名:其他题名. 出版地:出版者,出版年:引文页码

[7]白书龙. 植物开花研究[C]//李承森. 植物科学进展. 北京:高等教育出版社,1998:146-163

E. 电子文献著录格式

[序号]主要责任者. 题名:其他题名信息[文献类型标志/文献载体标志]. 出版地:出版者,出版年(更新或修改日期)[引用日期]. 获取和访问路径

[8]杜小勇. 下一代搜索引擎[J/OL]. (2006-07-8)[2006-07-23]. http://www.baoye.net/bencandy.php? fid=336&id=12201.

三、论文修改

好文章都是改出来的,对完成的初稿要反复推敲琢磨,经过多次修改、润饰,论文才能更加完善。

1. 论文修改的范围

(1) 论点

论点的修改要综观全局,立足全篇。首先要审视中心论点是否正确、集中、鲜明、深刻,是否有创新。再者根据中心论点审视各分论点是否与中心论点保持一致。

(2) 结构

结构是文章的整体框架,是作者思路的表现,也是表达思想内容的重要手段。结构包括层次、段落、开头和结尾等内容。论文的结构是否完整、严密,层次是否清晰,段落划分是否合适,开头和结尾是否呼应,直接关系到论文的表达效果。调整结构时注意把杂乱无章的层次梳理顺畅,上下文断裂的地方连贯协调,详略不当、轻重倒置的调整适宜。

(3) 材料

对选用的材料要求真实、典型、新颖、合适,恰到好处,不滥不缺。如不符合要求,就要增补、删减、调换。

(4) 语言

语言运用是否准确、精炼,直接影响论文的质量。对语言的修改,是对字、词、句及标点符号的修改。要看用词是否准确,句子是否通畅,使语言精练,文字通顺。

(5) 标题

标题的修改包括总标题和节段标题的修改。总标题在写作前已经拟好,对文章的写作有重要的指导作用。初稿完成后,应根据内容对总标题再进行斟酌和推敲,如文不配题,要再调整、修改使之具有高度概括性。对节段标题要检查层次是否清晰,格式是否一致。对同一层次的标题表达应一致。

2. 论文修改的方法

论文修改的方法主要有热改法、冷改法、求助法和诵读法。

(1) 热改法

热改法指初稿完成后立即进行修改的方法。在作者完成初稿,还处于写作兴奋状态,对需要删改的地方及时修改。这种方法比较适合对论文进行补充修改。

(2) 冷改法

冷改法指初稿完成后,放上一段时间再修改的方法。论文初稿完成后,不急于修改,待写作兴奋期已过,跳出原来的思路和情绪,用一种更加客观、清醒的眼光重新审视原稿,能够摆脱原来固定思路的束缚,发现原稿中的不足和毛病,修改时更趋理性。

(3) 求助法

求助法指初稿完成后虚心听取别人的意见,请求他人帮助修改的方法。由于每个人的生活阅历、文化水平和思维方式不同,别人意见可作为参考意见,不一定要全盘接受。

(4) 诵读法

诵读法指初稿完成后,诵读几遍发现问题及时修改的方法。通过诵读,有时会发现论文存在的问题,能把论文修改得更好。

四、投稿

学术论文大多数是通过学术期刊发表的,也有的是通过学术会议的论文集或专业报纸发表,前者是学术论文发表的主要形式。投稿。一般是指作者向学术期刊投寄学术论文。投稿要讲究方法,如果投稿不当会影响论文的发表率。为了提高论文的发表率,投稿时应注意以下几个问题。

1. 选择期刊

学术期刊一般都有明确的办刊方针。办刊方针规定了学术期刊的性质、任务、报道范围、读者对象、刊期、版面以及发行方式。投稿时尤其要注意它的报道范围和刊期。若投寄的稿件不在其报道范围之内,自然不会予以发表。刊期短者,发文的速度快且用稿量相对较大,刊期长者,发文的速度慢且用稿量相对较小。投寄稿件前要充分考虑自己论文的内容和水平,投寄给相应的期刊。

学术期刊有正式出版者,也有非正式出版者。鉴别标志是其有否正式刊号,即ISSN号或CN号,前者是国际统一刊号,后者是国内统一刊号。学术期刊根据其主办单位的级别也可分为国家级、省级、地市级等。一般来讲,主办单位的级别愈高,其刊物的档次愈高,对论文的水平要求愈高。除此之外,学术期刊还有核心期刊和非核心期刊之分。核心期刊指在本学科中刊载专业学术论文量(率)大,引用量(率)及文摘量(率)、利用量(率)高,被专家公认为代表该学科或该领域发展水平和方向的少数期刊。核心期刊具有学术的权威性,对论文的质量要求更高。

2. 不要一稿多投

一稿多投指同一作者的同一论文同时向多家期刊投稿。这样容易造成多家刊物同时或先后发表同一篇论文,造成重复发表,有损作者和期刊的声誉。但在内部刊物上刊登过的文章可以再投公开发行的刊物(刊出时加以注明)。

第四节 学术规范

一、学术规范的定义

学术规范是人们在长期的学术实践活动中所逐步形成的被学术界公认的一些行为规则。学术规范的主要内涵是指学术活动过程中,尊重知识产权和学术伦理,严禁抄袭剽窃,充分理解、尊重前人及今人已有的相关学术成果,并通过引证、注释等形式加以明确说明,从而在有序的学术对话、学术积累中加以学术创新。

学术规范体现在学术实践活动的全过程,由学术道德规范、学术法律规范、学术技术规范三个基本部分组成。

二、学术规范的组成

1. 学术道德规范

学术道德规范是对学术工作者从思想修养和职业道德方面提出的应该达到的要求,它是学术规范的核心部分。学术道德规范的具体内容包括:

(1) 在学术研究工作中要坚持严肃认真、严谨细致、一丝不苟的科学态度。不虚报科研成果,反对投机取巧、粗制滥造、盲目追求数量不顾质量的浮躁作风和行为。反对急功近利,贪图捷径,甚至不劳而获,在他人成果上轻易署名,换得个人名利的做法。

(2) 学术评价应遵循客观、公正、准确的原则,如实反映成果水平。在充分掌握国内外相关材料基础上作出全面分析、评价和论证。不可滥用“国际领先”、“国内首创”、“填补空白”等词语。

(3) 学术论著的写作，要充分尊重前人劳动成果，在论著中应明确交代本著作(或论文)中哪些是借鉴引用前人成就，在学术论文中列出参考文献。

2. 学术法律规范

学术法律规范是指学术活动中必须遵循的国家法律法规的要求。根据我国《宪法》、《著作权法》及《保密法》等有关法律法规的条款，在学术活动中应严格遵守的法律规范的主要内容包括：

(1) 必须遵守《著作权法》

按照《中华人民共和国著作权法》等有关法律文件的规定，注意做到以下点：

① 合作创作的作品，其版权由合作作者共同享有，合作作者中的每一个人都无权单独行使合作作品的版权。

② 未参加创作，不可在他人作品上署名。

③ 不允许剽窃、抄袭他人作品。应坚决杜绝以稍微改变形式或内容，直接将他人作品的大部分或部分内容，以相同的形式，窃为己有的抄袭行为。

④ 禁止在法定期限内一稿多投。目前，我国学术性期刊一般都把投稿期限规定为1～3个月之间，在此规定的时间内避免一稿多投。

⑤ 合理使用他人作品的有关内容。合理使用他人作品的有关内容必须符合以下条件：一是引用的目的仅限于介绍评论某一作品或说明某一问题；二是所引用的部分不能构成引用人作品的要部分或者实质部分；三是不得损害被引用作品著作权人的利益。符合这三个条件，可不经过著作权人同意，不向其支付报酬，但必须在自己作品中列为参考文献。

(2) 必须保守党和国家秘密

维护国家和社会利益。遵守《中华人民共和国保守国家秘密法》，对学术成果中涉及国家机密等不宜公开的重大事项，均应严格执行送审批准后才可公开出版(发表)的制度。

(3) 遵守其他适用法律法规

按《中华人民共和国民法通则》规定，不得借学术研究以侮辱、诽谤方式损害公民法人的名誉；按《中华人民共和国统计法》规定，必须对属于国家机密的统计资料保密；在学术研究中应遵守《国家标准化法》、《计量法》等法律法规的规定。

3. 学术技术规范

学术技术规范是指在学术论文写作中必须遵守国家和国际有关文献编写与出版的标准、法规文件等有关规定。学术技术规范的主要内容应包括以下几方面。

(1) 选题应新颖独特，或开拓新领域，或提出新观点，或发掘新资料，或运用新方法，具有一定理论深度和较大学术价值。按照国际惯例，应在论文的引言中对本成果所涉领域研究的历史与现状作出准确的概括与评价。

(2) 应观点明确，资料充分，论证严密。观点必须反映客观事物的本质或规律，必须科学、准确且有创新性。资料必须真实、可靠、翔实,最好选用第一手资料。论证必须概念清晰一致,判断准确无误,推理逻辑严密,达到材料与观点、历史与逻辑的有机统一。

(3) 学术论文的内容应与形式完美统一,达到观点鲜明,结构严谨,条理分明,文字通畅,形式要素齐全、完整。其项目应包括题名、作者署名及工作单位、作者简介、文摘、关键词、中图分类号、文献标识码、正文、注释、参考文献以及英文题名、英文摘要和英文关键词。基金资助项目的论文亦应对有关项目加以注明。

三、防治学术不端行为

1. 学术不端行为的界定

为了引导广大科研人员自觉遵守科学道德规范,抵制学术不端行为,净化学术风气,中国科学技术协会在2007年1月发布的《科技工作者科学道德规范(试行)》(以下简称《规范》)中对学术不端行为做了明确的界定。学术不端行为是指在科学研究和学术活动中的各种造假、抄袭、剽窃和其他违背科学共同体惯例的行为,《规范》将之界定为以下七个方面。

(1) 故意做出错误的陈述,捏造数据或结果,破坏原始数据的完整性,篡改实验记录和图片,在项目申请、成果申报、求职和提职申请中做虚假的陈述,提供虚假获奖证书、论文发表证明、文献引用证明等。

(2) 侵犯或损害他人著作权,故意省略参考他人出版物,抄袭他人作品,篡改他人作品的内容;未经授权,利用被自己审阅的手稿或资助申请中的信息,将他人未公开的作品或研究计划发表或透露给他人或为己所用;把成就归功于对研究没有贡献的人,将对研究工作做出实质性贡献的人排除在作者名单之外,僭越或无理要求著者或合著者身份。

(3) 成果发表时一稿多投。

(4) 采用不正当手段干扰和妨碍他人研究活动,包括故意毁坏或扣压他人研究活动中必需的仪器设备、文献资料,以及其他与科研有关的财物;故意拖延对他人项目或成果的审查、评价时间,或提出无法证明的论断;对竞争项目或结果的审查设置障碍。

(5) 参与或与他人合谋隐匿学术劣迹,包括参与他人的学术造假,与他人合谋隐藏其不端行为,监察失职,以及对投诉人打击报复。

(6) 参加与自己专业无关的评审及审稿工作;在各类项目评审、机构评估、出版物或研究报告审阅、奖项评定时,出于直接、间接或潜在的利益冲突而作出违背客观、准确、公正的评价;绕过评审组织机构与评议对象直接接触,收取评审对象的馈赠。

(7) 以学术团体、专家的名义参与商业广告宣传。

2. 学术不端行为的处理

对学术不端行为的处理，要本着实事求是、严谨慎重的态度，在处理过程中要注意以下几点。

(1) 应尊重和维护当事人的尊严和正当权益，对投诉人提供必要的保护。

(2) 调查学求不端行为应遵循合法、客观、公正原则，在调查过程中要准确把握学术不端行为的界定。

(3) 对认定为有学术不端行为的人员，应由所在部门或机构的最高行政决策会议做出处理决定并报备案。

(4) 对认定为非学术不端行为的，应在所有知情人和被投诉人要求的范围内公布事实和结论，被投诉人名誉受到损害的应为其恢复名誉。

思考题

1. 学术论文选题的主要途径有哪些？
2. 什么是学术规范？学术规范有哪几个组成部分？

附录　检索实例

课题名称：高层建筑抗震设计

一、分析研究课题

高层建筑是指楼层为10层和10层以上，或高度超过24米的民用建筑物。高层建筑因其楼层高，结构稳定性较普通建筑物差，因此，其建筑结构的抗震性能在结构设计中必须充分考虑。抗震结构有两种主要形式：一种是平面、立面布置简单对称，质量分布和强度、刚度的变化均匀的抗震规则结构，另一种是建筑物中由结构构件或分部结构以及耗能元件组成，用于抵抗地震作用，吸收和耗散地震能量的抗震结构体系。因此，高层建筑的抗震设计主要是对其结构抗震的设计。本课题主要是查找近几年来国内外有关该课题研究的情况。

二、制定检索策略

1. 选择检索手段

本课题的检索手段以计算机检索为主，同时将手工检索与计算机检索相结合。

2. 选择检索工具

欲查找"高层建筑抗震设计"方面的文献，必须选用恰当的检索工具。根据课题要求以及检索工具收录文献源的情况，本课题选用综合性检索工具和数据库及建筑类专业检索工具和数据库。具体选用下列检索工具和数据库。

(1)《全国报刊索引》

(2) CNKI期刊全文数据库

(3) 万方数据资源系统

(4) 中文科技期刊全文数据库

(5) 中国学术会议论文数据库

(6) 中国学位论文数据库

(7) 中国专利数据库

(8) Engineering village 2 数据库

(9) 荷兰 Elsevier 全文数据库

(10) 欧洲专利数据库

(11) 美国土木工程师学会全文数据库(ASCE)

3. 选择检索方法

本课题主要为了获取近年来国内外的研究情况,检索方法选择顺查法和倒查法相结合。

4. 选择检索途径

本课题的查找,可从分类和主题途径进行检索。

(1) 分类途径

从课题分析可知,本课题的学科分类属于建筑结构。根据《中国图书馆图书分类法》的类目设置,可选择以下分类号作为检索入口:

TU3　　建筑结构

TU97　　高层建筑

(2) 主题途径

根据课题分析,可选用以下主题词作为检索入口:

中文主题词:高层建筑;抗震结构;结构设计;抗震设计

英文主题词:high-rise building; tall building; aseismatic structures design

5. 构造检索式

在计算机检索系统中,各检索词通过逻辑组配关系确定运算方式。本课题的检索可选择以下逻辑运算制定检索策略:

高层建筑 AND 抗震设计

(high-rise building OR tall building) AND aseismatic design

三、试验性检索

以 CNKI 全文数据库做试验性检索。

打开 CNKI 全文数据库,选择高级检索,数据库范围选择全选,数据库时间范围选择 1994 年至 2010 年,排序选择按收录时间顺序倒排。检索字段选择在篇名/关键词/摘要中检索。在检索对话框中分别输入"高层建筑"、"抗震设计"。检索词之间的逻辑运算关系选择"与"。点击"检索"按钮,获得检索结果。经阅读命中文献的详细信息,符合检索课题要求。

四、正式检索

根据所选用的检索方法,在选择的检索工具和数据库中分别进行检索。

本课题的检索可按文献类型分别检索国内外相关文献。

1. 国内期刊论文的检索

欲查找本课题的相关国内期刊论文信息,可选用《全国报刊索引》、CNKI 期刊全文数据库、中文科技期刊全文数据库、万方数据资源系统数字化期刊等检索工具和数据库。

(1) 检索工具以 2004 年《全国报刊索引》(自然科学技术版)为例

从 2004 年《全国报刊索引》(自然科学技术版)第 12 期中,按分类号"TU3:建筑结构"和"TU97:高层建筑"逐条查找,获得 3 篇文献符合课题要求:

041216552 银泰中心主塔楼方案的抗震分析/吴耀辉(东南大学土木工程学院,210096);李爱群;张志强等//建筑结构(北京),2004,34(7):3—6

041216559 隔震技术在高层建筑中的应用/谢飚(广东省建设物资总公司,510045)//山西建筑(太原),2004,30(14):42—43

041216560 RC 巨型框架结构抗震设计中的能力设计措施/段红霞(重庆大学土木工程学院,400030);李正良//重庆大学学报:自然科学版(重庆),2004,27(6):118—123

检索工具的检索结果为题录或文摘,要获取命中文献的全文,需要根据检索结果中提供的文献出处,进而获取文献全文。

(2) 计算机检索以 CNKI 期刊全文数据库为例

进入 CNKI 期刊全文数据库,选择"高级检索",在两个检索对话框中分别输入"高层建筑"、"抗震设计",在检索字段下拉式菜单中选择"篇名/关键词/摘要"。点击检索按钮,得到检索结果。经对检索结果阅读、分析,符合课题要求。检索结果的全文可以打印、下载。现列出其中 1 篇命中文献的文摘著录格式。

【篇　名】 高层建筑抗震概念设计

【作　者】 郭剑飞,杨育人,朱卫新

【刊　名】 建筑技术　2009 年 10 期

【机　构】 浙江工业大学之江学院

【关键词】 高层建筑结构;抗震概念设计;规则性

【摘　要】 对结构抗震设计来说,"概念设计"远比"计算设计"更重要,但为了创新,建筑师不会过多地考虑抗震的"概念设计",因此不规则和特别不规则的建筑物越来越多,这是非常不利于抗震的,但结构师往往要做出让步。《高层建筑混凝土结构技术规程》(JGJ3—2002)使得抗震的概念设计更具体、更明确,通过对条款和若干问题的解析,结构师可以据此处理好建筑设计与结构安全的关系。

2. 国内学术会议、学位论文、科技成果等信息的检索

欲查找本课题的相关国内学术会议、学位论文、科技成果等信息,可选用《中国学术会议文献通报》、《中国学位论文通报》、《中国科技成果大全》等书本式检索工具和万方数据资源系统的中国学术会议论文库、中国学位论文数据库、中国科技成果数据库、中国专利数据库等。现以万方数据资源系统的中国学术会议论文库的检索结果为例列出其中1篇命中文献的著录格式。

【论文题名】 地震区高层建筑高宽比控制设计探讨

【作　　者】 张举涛，莫庸，王尔昌　甘肃省建筑设计研究院，兰州　730030

【会议名称】 第十一届高层建筑抗震技术交流会

【主办单位】 中国建筑学会

【会议时间】 2007年11月08日

【会议地点】 昆明

【母体文献】 第十一届高层建筑抗震技术交流会论文汇编

【关 键 词】 高层建筑结构；高宽比控制；结构设计；抗震设计

【文　　摘】 选择了三种常见结构型式的工程实例，在7度(0.15 g)、8度(0.20 g)、8度(0.30 g)抗震设防烈度及设计基本地震加速度下，设定不同的高宽比，对结构进行了小震弹性和大震弹塑性分析后认为：对高层建筑的高宽比既不能完全放开而不加控制，也不能限制过严，应在现行《高规》规定的基础上适当放宽。

3. 国外相关信息的检索

欲查找本课题的相关外文信息，可选用像Engineering Village 2数据库、荷兰Elsevier全文数据库、美国土木工程师学会全文数据库、欧洲专利数据库等进行检索。

根据前面所论述的检索策略与检索方法，分别在所选择的数据库中进行检索，即可得到所需要的相关信息。

现列出Engineering Village 2数据库和美国土木工程师学会(ASCE)全文数据库中各1篇命中文献的著录格式。

(1) Engineering Village 2数据库命中文献著录格式

Accession number：20083111422456

Title：**The seismic shear capacity of I-shaped and T-shaped reinforced concrete structural walls**

Authors：Fu，Jian-Ping；Wang，Jin-Lin；Bai，Shao-Liang

Corresponding author：Fu，J.-P.(tmxydw@cqu.edu.cn)

Author affiliation：College of Civil Engineering，Chongqing University，Chongqing 400045，China

Serial title：Chongqing Jianzhu Daxue Xuebao/Journal of Chongqing Jianzhu University

Abbreviated serial title：Chongqing Jianzhu Daxue Xuebao

Volume：**30**

Issue：**3**

Issue date: June 2008

Publication year: **2008**

Pages: **22～26**

Language: Chinese

ISSN: 10067329

CODEN: CJGXEK

Document type: Journal article(JA)

Publisher: China National Publication Industry Trading Corporation, Beijing, 100011, China

Abstract: There are numerous shear walls with flanges in the high-rise **buildings** in P. R. China. The shear strength formula for shear walls in Chinese **design** codes lacks experimental data, while test results in other nations lack **aseismatic** shear strength test results for shear walls with flanges under axial force. In this paper, we report low-cyclic reverse load test results of shear wall models with large dimensions, one shear wall having an I-shaped cross-section and two with a T-shaped cross-section. We discuss why the **aseismatic** shear walls of high-rise **buildings** with large height-to-length ratios have small shear span ratios. We assess the reliability of the shear strength formulary in the Chinese codes for design of shear wall using the international shear wall test results.

Number of references: **6**

(2) 美国土木工程师学会(ASCE)数据库命中文献著录格式

Vibration Control of Tall Buildings under Seismic and Wind Loads

J. Struct. Engrg., Volume 122, Issue 8, pp. 948—957(August 1996)

Lih-Shing Fur

Aeronautical Res. Lab., Chung Shan Inst. of Technol., Taipei, Taiwan, R. O. C.; formerly, Res. Asst., School of Aeronautics and Astronautics, Purdue Univ., West Lafayette, IN 47907.

Henry T. Y. Yang

Prof. of Mech. and Envir. Engrg. and Chancellor, Univ. of California, Santa Barbara, CA 93106.

Seshasayee Ankireddi

Postdoctoral Res., Dept. of Mech. and Envir. Engrg., Univ. of California, Santa Barbara, CA.

A procedure for the design of a second-order dynamic controller is presented.

The proposed method is applied to the control of structures under earthquake and wind excitations. The controller gains are determined by minimizing the root-mean-square value of the response parameter of interest for the structure, assuming that the excitation is Gaussian white noise. Three examples of structures(of which two are assumed to be subjected to the N-S component of the 1940 El Centro earthquake and one is assumed to be excited by wind loads) are considered to illustrate the design technique. In the first of the earthquake engineering applications, the controller is used for active base isolation of a building modeled as a shear frame, while in the second, it is used to develop an active mass damper for a three-dimensional building with eccentric axes of inertia and rotation (and consequently coupled longitudinal, lateral, and torsional motions). The wind engineering application is the design of an active mass damper for a high-rise building modeled as a planar frame subjected to wind loads. Numerical results for the examples reveal that the actively controlled base-isolation system with velocity feedback has better performance than that with either acceleration or displacement feedback. Complete feedback(i. e., feedback using position, velocity, and acceleration) was used for the active mass damper designs, and the controller was seen to be quite effective in reducing displacement and acceleration levels for both the three-dimensional building(with various eccentric locations of the axes of rotation and inertia) and for the planar frame. For all examples studied the active control systems were observed to perform better than their passive counterparts. Comments on the performance and control effectiveness of these designs and closed-loop-system behavior are made.

五、获取原文

通过以上书本式检索工具和数据库的检索,获得了大量相关信息。对于书本式检索工具及题录、文摘型数据库的检索结果,需要根据检索结果提供的文献出处进而获取原文。对于全文型数据库的检索结果可以直接获取原文。

六、课题检索结果分析

根据课题内容要求,通过上述过程的检索,该研究课题的国内外文献收集比较齐全,能满足该课题的研究需要。

参考文献

1. 邓发云，杨忠，吕先竞. 信息检索与利用[M]. 北京：科学出版社，2010
2. 张振华. 工程信息检索与论文写作[M]. 北京：清华大学出版社，2009
3. 李四福，叶玖. 信息存储与检索[M]. 北京：机械工业出版社，2007
4. 陆宏弟. 网络环境下的文科信息检索[M]. 上海：上海交通大学出版社，2009
5. 赵丹群. 现代信息检索[M]. 北京：北京大学出版社，2008
6. 朱红，朱敬，李淑青. 网络信息检索与利用[M]. 北京：人民邮电出版社，2010
7. 王细荣，韩玲，张勤. 文献信息检索与论文写作[M]. 上海：上海交通大学出版社，2009
8. 王靖会，尚利平. 信息检索与应用[M]. 北京：北京理工大学出版社，2012
9. 计斌. 信息检索与图书馆资源利用[M]. 北京：人民邮电出版社，2013
10. 林燕. 现代科技信息检索[M]. 北京：机械工业出版社，2010
11. 李美文，邹武. 理工信息检索与利用[M]. 北京：人民出版社，2011
12. 凤元杰. 文献信息检索[M]. 北京：科学出版社，2010
13. 费业昆. 信息检索综合教程[M]. 北京：中国电力出版社，2013
14. 吴斌，刘和文. 文献信息检索理论与实践[M]. 合肥：安徽大学出版社，2010
15. 彭奇志. 信息检索与利用[M]. 北京：中国轻工业出版社，2013
16. 许福运，张承华. 信息检索理论与创新[M]. 北京：高等教育出版社，2012
17. 郑瑜，魏毅. 信息检索教程[M]. 北京：人民邮电出版社，2012
18. 陈氢，陈梅花. 信息检索与利用[M]. 北京：清华大学出版社，2012
19. 陈茁新. 信息检索与利用实用教程[M]. 北京：国防工业出版社，2011
20. 张永忠. 信息检索与利用[M]. 上海：复旦大学出版社，2010
21. 曹丽娟，白首晏. 信息检索与利用[M]. 北京：中国电力出版社，2011
22. 陈兰杰，王凯，刘钟美. 信息检索理论与方法[M]. 北京：中国水利水电出版社，2011
23. 王兰成. 信息检索原理与技术[M]. 北京：高等教育出版社，2011
24. 张怀涛，黄健，岳修志. 信息检索新编[M]. 武汉：武汉大学出版社，2012
25. 魏联华，孙艳美. 信息检索与利用[M]. 北京：知识产权出版社，2011
26. 王培义，蔡丽萍. 信息检索教程[M]. 北京：邮电大学出版社，2010
27. 邹广严，王红兵. 信息检索与利用[M]. 北京：科学出版社，2011
28. 黄如花. 信息检索[M]. 2 版. 武汉：武汉大学出版社，2010

29. 曾红岩，坤燕昌，罗明英. 信息检索实训教程[M]. 成都：四川大学出版社，2012

30. 靳小青. 信息检索[M]. 北京：人民邮电出版社，2010

31. 李玉莲，陈文. 信息检索与知识创新[M]. 重庆：重庆大学出版社，2011

32. 李爱明，明均仁. 信息检索教程[M]. 武汉：华中科技大学出版社，2012

33. 江友霞，常思浩，王涛. 信息检索教程[M]. 北京：人民邮电出版社，2013

34. 赵乃瑄. 实用信息检索方法与利用[M]. 2 版. 北京：化学工业出版社，2013

35. 杨青，乔冬敏. 信息检索与利用[M]. 北京：人民邮电出版社，2012

36. 曾英姿. 信息检索与利用[M]. 成都：四川大学出版社，2013

37. 袁曦临. 信息检索：从学习到研究[M]. 5 版. 南京：东南大学出版社，2011

38. 陈蔚杰，徐晓琳，谢德体. 信息检索与分析利用[M]. 3 版. 北京：清华大学出版社，2013